ASAHI SENSHO

朝日選書 820

# 源氏物語の時代

一条天皇と后たちのものがたり

山本淳子



朝日新聞出版

# はじめに

本書の題名「源氏物語の時代」とは、実在の帝、一条天皇の時代をさしています。彼は今からほぼ千年前に幼くして位につき、二十五年の長きにわたって治世を保ちつつも、わずか三十二歳の若さで逝きました。彼の時代には紫式部が『源氏物語』を作り、清少納言が『枕草子』を書きました。これらの作品や作者の名を知らない人は少ないでしょう。また彼の時代に貴族として最高権力者の座にあった藤原道長の名も、よく知られています。しかし青年天皇一条については、名前も知らない、または名前しか知らないという人が多いのではないでしょうか。あるいは、ご存じの方でも、権力者道長の陰に隠れた無力な天皇というイメージを持つ人がいるのではないでしょうか。

実は、彼の時代については、豊富な歴史資料が遺されています。また『栄花物語《えいがものがたり》』はじめノンフィクションの文学作品にも、彼自身やその治世が描かれています。さらに時代を下って、平安末期や鎌倉期以降に編纂された説話集にも、彼の時代の人物や出来事がしばしば取り上げられています。そのため、古代史や平安文学研究の世界では、一条天皇とその時代は、今やかなり輪郭の鮮明なものになっています。

それによれば、彼は天皇として課せられた使命に実に誠実に取り組む人間でした。道長など貴族たちとの協調にも努め、信頼を得ていました。私生活では漢詩を好んで自らも作り、また横笛の名手でした。お酒も多少嗜《たしな》んだといいます。そして当時の天皇としては珍しいことに、ただ一人の女性を一途に愛しました。彼らの愛情関係やその子どもたちを含めた家族関係は、平安時代の感覚を逸脱し、むしろ私たち近代以降の人間のもつ、「純愛」や「家族愛」という感覚に近いものと評されています。

本書は、この一条天皇と、彼をめぐる二人の后、定子と彰子の物語を、現存する歴史資料と文学作品によって再構成したものです。古代史を扱う世界では、天皇と正式に夫婦関係にあった女性については、総称して「キサキ」と呼び、カタカナで表記します。これは漢字をあてると特定の位を表すことになるためで、本書の副題のように「后」の字を使う場合は、キサキ中最高位の「皇后（別称・中宮《ちゅうぐう》）」のみをさしています。皇后は通常は一帝に一人とされていましたが、一条の時代には異例にも二人の后が立てられました。この経緯についても、多くの資料が書き留めています。

具体的に、本書が拠ったいくつかの資料の横顔を紹介しましょう。まずは歴史資料。『日本紀略』は、「六国史《りっこくし》」などから抄出した記事をまとめた、編年体の歴史書です。「略」とあるとおり、国家事業として編纂された「六国史」に比べ記述が略式ですが、太政官の公的記録である外記《げき》日記など役所で作成された確実な史料に従っていて、内容に信頼がおけるものです。一条天皇の時代の出来事を歴史的にうかがう根幹史料といえるでしょう。

また、当時の貴族たちは公務や儀式の次第を子々孫々にわたる知的共有財産として遺すため、日記をつけていました。この時代のものでは、藤原道長の『御堂関白記《みどうかんぱくき》』、政界のご意見番藤原実資《さねすけ》の『小右記《しょうゆうき》』、一条の右腕藤原行成《ゆきなり》の『権記《ごんき》』が今に残っています。「起床後、手水《ちょうず》等ののちは昨日のことを日記にしたためよ」（藤原師輔《もろすけ》『九条殿遺戒』）と子孫に訓戒した貴族もいて、これらの公家日記は、事柄をほぼリアルタイムに書き留めた、一級の史料ということができます。右の三つの日記は併せて「三記」と呼ばれており、独特の漢文で書かれながらも書き手三人の個性や立場や主情が文面ににじみ出、時代の目撃者にしか伝えられない生の情報をもたらしてくれる、貴重な古記録です。

文学作品では、まず歴史物語の『栄花物語』。正続全四十巻のうち正編三十巻は、藤原道長に近い女房の手により彼の栄花に至る道を描くもので、道長の死後まもなくの成立とされています。文体は柔らかく、ところどころ和歌なども盛り込まれます。また大きな特徴として、権力の陰に生きた女性の運命などに注目する傾向があります。時折事実誤認や時間の混乱などが見られるため、史料としての信頼性には欠けるとされてきました。確かにそれは認めざるを得ませんが、独自の歴史観で時代を斬り、人々の泣き笑いのドラマをこまやかに描く腕は侮れません。

同じ歴史物語の『大鏡《おおかがみ》』は、院政期成立とされ、文体や話題からみて男性の作です。『栄花物語』が時系列に沿った描き方「編年体」をとっているのに対して、こちらは「紀伝体」、つまり人物伝を並べる形をとっています。現代の男性総合雑誌にも似て、政治の話題を裏話や人物像からとらえるのがお得意です。本質は物語なので誇張や演出も多く盛り込まれ、読者を楽しませてくれます。

また、随筆・日記作品として、清少納言の『枕草子』と紫式部の『紫式部日記』があります。知られるように、清少納言は一条の后定子に、紫式部は彰子に仕える「女房」、つまり侍女でした。それぞれが雇われた身でもあり、また人情としても、我が主人への肩入れがあります。それを前提に読めば、二人の才女の頑張りはほほえましくも感じられます。どちらも、宮廷模様やその奥にある心情を、読者もそこに立ち会うかのように繊細かつ鮮やかに写し取った作品です。

説話としては、十二世紀初頭大江匡房《まさふさ》の『続本朝往生伝《ぞくほんちょうおうじょうでん》』が、一条朝を大きく取り上げた最初のものです。匡房は一条を「叡哲欽明《えいてつきんめい》」の帝と呼び、一条朝が輩出した各界の歴々の名を連ねて「皆これ天下の一物なり」と賞賛しています。一条はいったん死んだが蘇生し極楽に往生したとしているのは「往生伝」というテーマゆえですが、一条朝を聖代と崇拝する見方が根底にあって、こうした仏教的説話が発生するまでに至っていたことがうかがえます。

これらはみな、史料の記主や作品の作者、説話の発生や流布に携わった人々などが、それぞれの理由によって書き遺したものです。史料や文学作品は、古くはもっぱら書写されて伝えられてきたので、その写本の書き手、写し手、所有者などを含めれば、数え切れぬ人々が一条朝の伝承に関わってきたことになります。彼らそれぞれの〈伝えよう〉という熱意が、この時代を伝えてきました。さらに近現代に至って、研究者たちがこれら史料や作品を読解し、分析し、膨大な知の遺産を築き上げてきました。本書はそれらを受け継ぐものです。

史書のように客観的に事実を記しただけのものから説話のように荒唐無稽なものまで、多種多様な資料を集め、整理し、ストーリーとして紡ぎあげることで、本書の文章は成り立っています。その際、各資料の解釈や意味づけは、歴史研究者や文学研究者たちの成果に拠りました。また所々には、原文を大意により私《わたくし》に物語風に書き改めたものを掲げました。

本書がいざなう世界は、一見、歴史小説のそれに似ているかもしれません。しかし小説が本質的に小説家個人の想像力による創作物であるのに対し、本書は資料と学説のみに立脚し、あくまで〈伝えられてきた〉一条朝の再現を目指しています。何より心がけたのは、資料に耳を澄ますこと――史料や作品自体が持っている情感の世界を損なわずに、この時代をよみがえらせることです。幸いに、資料たちはみな雄弁でした。一条・定子・彰子という三人の主人公はもちろん、登場する脇役たちの人間性も生き生きと伝えることができたと思います。

実は、一条たちのドラマチックな物語は、かつて多くの教育現場で教えられてきました。それが『枕草子』はじめ当代の作品を読む際欠かせない知識だったからです。でも今、大学でこの話をすると「初めて聞いた」「こんなことがあったなんて」という声が圧倒的です。「断片的には知っていたけれど、それがつながった」「こういうことだったのか」という声もよく聞きます。言葉も生活もこれだけ古典世界を離れてしまった以上、今は研究者にこそ〈伝えてゆく〉責務があるのかもしれません。そうした思いに背中を押されて、本書を書くことを思い立ちました。

なにより、一条天皇の時代を味わってください。その時代の人になった気持ちで、考えるよりも感じてもらえばよいのです。彼らの試練と成長の物語は、必ず心を打ちます。そしてその後で『源氏物語』や『枕草子』を読むならば、その目はもう前とは違うものになっているでしょう。新しい発見やさらなる好奇心が生まれてくるに違いありません。

前置きが長くなりました。いざ「源氏物語の時代」……一条朝へ旅立ちましょう。時は千年前、舞台は喧騒に満ちた都市、平安京です。

源氏物語の時代　一条天皇と后たちのものがたり／目次

図版　フジ企画

## おもな登場人物（番号はxivページからの系図と対応。諸資料にもとづき、著者作成）

①**花山天皇**　十七歳で即位、十九歳の時に宮中から失踪し出家、退位。出家後も女性関係は華やかで、それが後に藤原伊周⑦らによる暗殺未遂事件を招いた。

②**一条天皇**　七歳で即位、三十二歳で退位。若年時は藤原兼家③・道隆④が摂政・関白。長じては藤原道長⑥を片腕として自ら政治にあたった。文才で知られる。

③**藤原兼家**　一条天皇②の祖父。陰謀により花山天皇①を退位させ、孫を即位させて摂政に就任、権力を握った。兄兼通との確執でも知られる。

④**藤原道隆**　藤原兼家③の本妻腹長男。美形で酒好きで女好き。妻は、家柄は国司階級と低いが才覚ある女官で、息子・娘にも漢文を修得させた。

⑤**藤原道兼**　藤原兼家③の本妻腹次男。色黒でひげが濃く腹黒とされる。兄道隆④の死後待望の関白となったが、疫病により急逝。世に「七日関白」と呼ばれた。

⑥**藤原道長**　藤原兼家③の本妻腹三男。平安貴族で最高の栄花を極めたが、それはライバルが脱落するという幸運と、娘を次々と天皇と結婚させ、天皇家と血族的に癒着したことによる。妻子への愛情は強い。「この世をば」の和歌で有名。

⑦**藤原伊周**《これちか》　藤原道隆④の本妻腹長男。頭脳明晰な貴公子。若くして父の威光により出世したが、父の死後、長徳の政変を引き起こして流刑に処された。

⑧**藤原隆家**　藤原道隆④の本妻腹次男。兄⑦とは正反対のやんちゃもの。兄から花山天皇①への恨みを相談され、暴力的手段に出て一家の没落を招いた。後年は政界に復帰。

⑨**藤原定子**　一条天皇②の最初のキサキ。藤原道隆④の長女。二十歳で家が没落、妊娠中の身で出家する。一年後に天皇の愛情により復縁したが、貴族たちからは非難された。三人の子を産み、二十四歳で出産により死亡。

⑩**清少納言**　定子⑨に仕える女房（侍女）。『枕草子』の作者。長徳の政変による定子の苦境の中

で執筆を始め、定子の死後も長く書き続けた。

⑪**敦康親王**　一条天皇②と定子⑨の長男。母と死別後は彰子⑫に育てられた。両親に似て学才豊かという。

⑫**藤原彰子**　藤原道長⑥の長女。十二歳で一条天皇②のキサキとなり、二人の男子を産んで、父の摂政就任に貢献した。

⑬**紫式部**　『源氏物語』の作者。娘時代はのびのびと育ったが、結婚後三年で夫と死別、人生観が一変して物語作家に。その名声で抜擢され、彰子⑫の女房となった。

⑭**敦成親王**　彰子⑫の第一子で、一条天皇②の次男。藤原道長⑥にとっては待望の外孫。のち、後一条天皇となる。

# おもな登場人物系図（数字は生没年、かっこ内は天皇の在位期間）

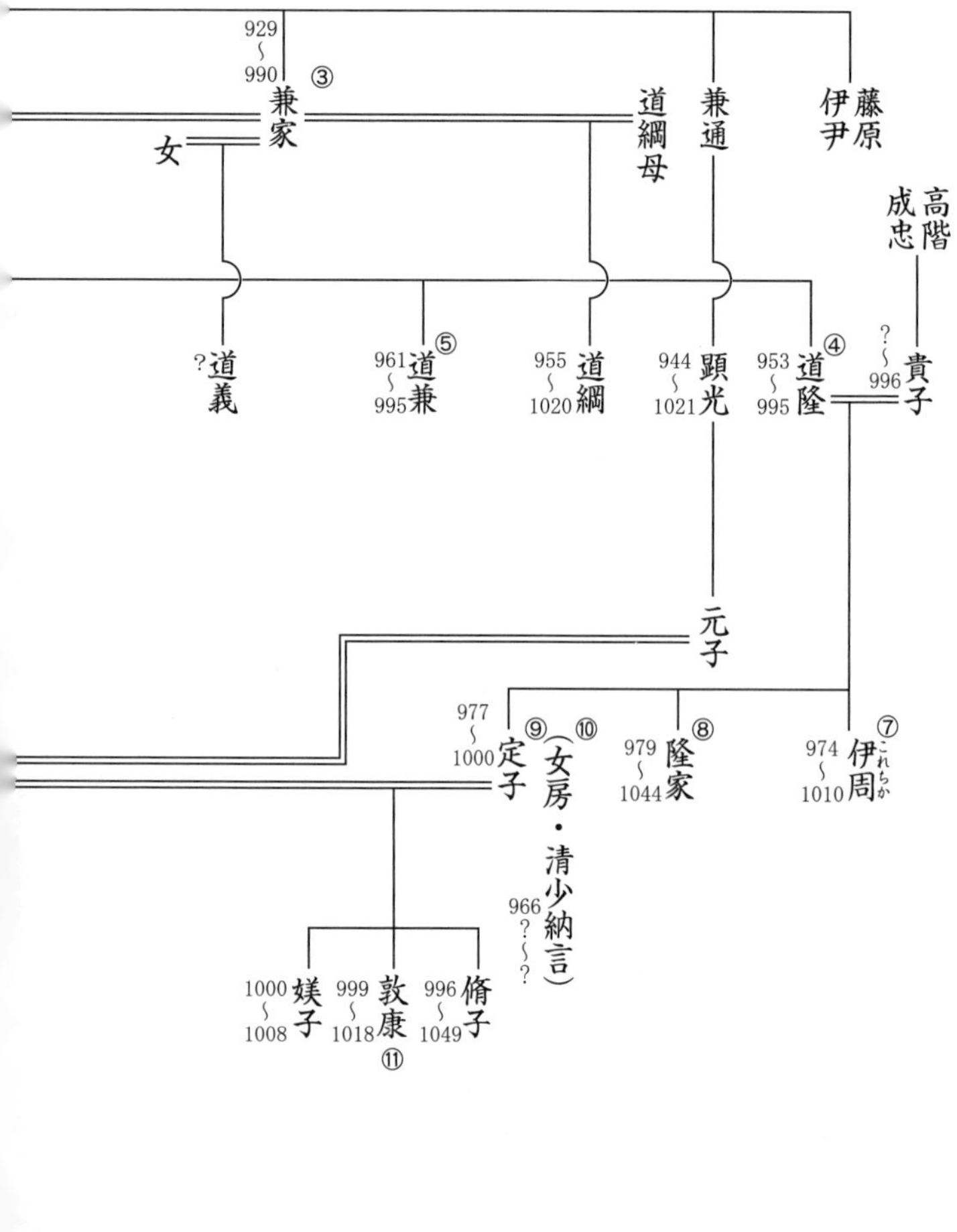

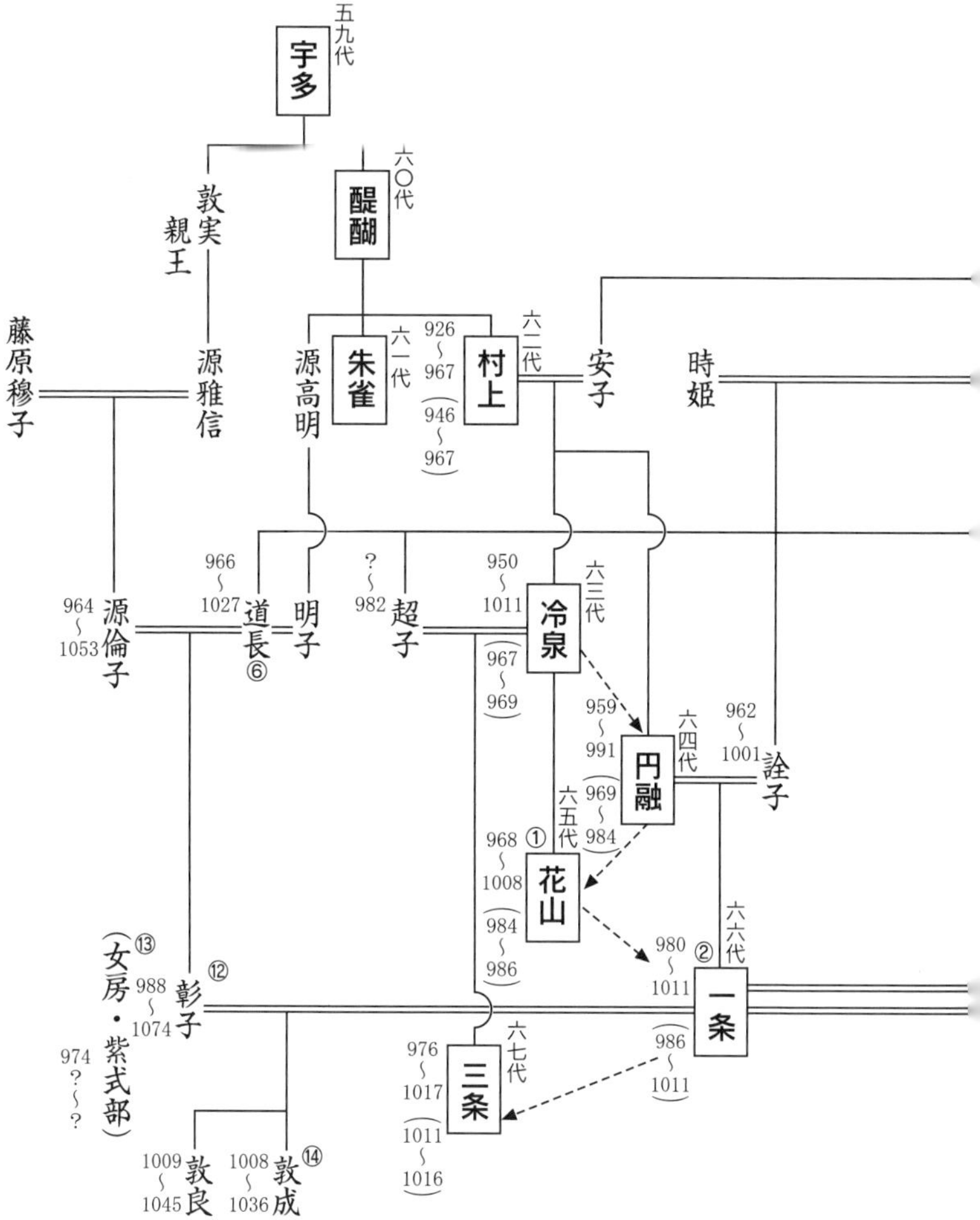
五九代
宇多
敦実親王
六〇代
醍醐
藤原穆子
源雅信
源高明
朱雀
六一代
926〜967
(946〜967)
村上
六二代
安子
時姫
966〜1027
道長⑥
明子
?〜982
超子
950〜1011
冷泉
六三代
(967〜969)
964〜1053
源倫子
959〜991
円融
六四代
(969〜984)
962〜1001
詮子
968〜1008
①
花山
六五代
(984〜986)
980〜1011
②
一条
六六代
(986〜1011)
(女房・紫式部)⑬
974?〜?
988〜1074
彰子⑫
976〜1017
三条
六七代
(1011〜1016)
1009〜1045
敦良
1008〜1036
敦成⑭

# 源氏物語の時代
一条天皇と后たちのものがたり

山本淳子

どの帝の御時《おおんとき》だったか。皇后・中宮・女御たちが居並ぶなかに、すさまじい逆境を抱えながら帝に全力で愛されたキサキがいた。

帝の名は一条天皇。今からおよそ千年前、二十五年の長きにわたり位にあり、「叡哲欽明」（『続本朝往生伝』一―二）と賞された天皇である。キサキの名は藤原定子。彼女は寵愛の絶頂にあったにもかかわらず、運命に翻弄されて自ら髪を切った。一条はそんな妻を見捨てることができなかった。彼女が尼になっても愛し続け、子を産ませた。だが貴族たちは彼らの強固な愛を歓迎しなかった。人々の白眼視と権力者藤原道長の圧力のなか、若い二人は静かに戦い、やがて力尽きた。

一条はなぜ、それほどに定子を愛したのだろう。また定子を喪《うしな》った後、彼の後半生には道長の娘彰子が寄り添ったが、彼女は一条の心の空洞を埋めることができたのだろうか。さらに、この三人を取り巻く人々、例えば藤原道長はじめ貴族の面々、周辺の皇族や上皇の歴々、忘れてならないのは清少納言や紫式部ら女房たち、彼らはどのような思いを抱いてこの時代を見つめていたのだろう。一条朝二十五年にわたる情念の群像。それを語るには、まず一条天皇の前帝、花山天皇の退位の一件から始めなければならない。

# 序章　一条朝の幕開け

## 前帝失踪

時は寛和二（九八六）年六月二十二日夜半、東の空に月がかかる頃である。

花山《かざん》天皇は、内裏清涼殿藤壺《ふじつぼ》の上の御局《みつぼね》から外に通じる小戸を開かれた。月光が一筋、まぶしく顔を照らす。その明るさに帝はひるむ。

「これでは丸見えではないか。どうしたらよかろう」

「だからといって、もう後にはひけません。神璽《しんじ》も宝剣も、天皇の御印はもう一条東宮《とうぐう》の所へ渡ってしまっております。今更お戻りになっても、帝の居場所はございませんぞ」

戸の内側からせかすのは、帝の近侍職蔵人《くろうど》の一人、藤原道兼殿だった。なに、本当は自分で一条東宮の元にもう運んでしまっていたのだ。今さら帝に計画を中止されては大変だから、こう促したのだ。だが平素あらわな場所に馴れない帝は、気後れを抑えられない。と、その時、月の顔に雲がかかり、ほの暗がりが辺りを包んだ。

「しめた。わが出家は成就するぞ」

とおっしゃって歩み出した瞬間、忘れ物に気が付かれた。去年七月に亡くした女御忯子様から生前に贈られた手紙、悲しみに大半は破り捨てたが、一部だけは捨てきれず肌身離さず持っていたものを、置いてきた。

「しばし」

言い残して取りに戻られた、その時だ。

「帝、愚かな。何でそんなものに執着しようとお考えなのですか。月はすぐにでもまた出てしまいます。今この闇を逃したら、もう内裏脱出の好機などないかもしれないのに」

と言って道兼殿は、泣きまねまでなさったのだ。

（『大鏡』「花山院」による）

一条天皇の時代は、先帝花山のひきおこした異常事態を受けて始まった。事件のほぼ五十年後に編纂された歴史書『日本紀略』には次のようにある。

花山天皇はひそかに禁中を出、天皇のしるしの剣と璽は新皇年七に渡された。

（『日本紀略』一条院・寛和二年六月二十三日による）

（花山天皇は）東山花山寺にて落飾、時に蔵人左少弁藤原道兼がお供した。

（『日本紀略』花山院・寛和二年六月二十三日による）

淡々と記してはいるが、これは尋常なことではない。まず、この時代天皇が宮中から人知れず外出することは考えられない。現代の天皇でもお忍びの外出など滅多にないことだが、平安時代半ばの天皇においてはなおさらだった。天皇の外出を行幸というが、その際は占いによって日取りや方角が決定されるなど、必ず前もって綿密な予定が組まれた。それが「ひそかに禁中を出」とは、要するに失踪《しっそう》ということなのだ。さらに、出家である。天皇は『古事記』が書かれた時代から天照大神の子孫、つまり神ということになっている。この平安時代にも、伊勢神宮に向かっての毎朝の礼拝をはじめ、諸神事を担っている。日本は「神国」と考えられており、天皇はその国家神道の中心だった。その存在が、仏教という異教の、信仰だけならともかく職業的専門家になることは、断じて許されなかった。出家したい場合は、位を降りることが前提となる。ならばこの「落飾」とは、つまり退位ということなのだ。なぜこのようなことがおきたのか？　知ろうとしても、歴史書には花山が失踪した理由も出家した動機も記されていない。

事件の背後に東宮一条を擁立する一家の野望があったことを記すのは、冒頭に掲げたとおり、歴史書ではなく文学作品、いわゆる「歴史物語」の『大鏡』である。自称百九十歳や百八十歳という翁たちが昔から当代に至る帝や貴族の噂話を大いに語る、その現場を写す形で、歴史を記している。院政期、男性の作とされ、史実に基づくが時に劇的な脚色もある。右の話にも、さらに安倍晴明が登場、目に見えぬ式神《しきがみ》を内裏に放って天皇退位を報告したと続く。


さて、大内裏土御門《つちみかど》から脱出、道兼殿は東を指して帝を導く。やがて安倍晴明の家の前を通過なさった時、家中から晴明本人の声が響いた。手をはたはたと激しく打って、

「帝が退位遊ばされたとの異変よ。天の相には、事は既に起こってしまったと見えるぞ。内裏に参上、報告せねば。車の用意、急げ」

聞く帝の心は、御覚悟の上とはいえ震えられたことだろうよ。

「とりあえず、式神一人、先に内裏へ行け」

晴明が申すと、目には見えぬ何者かが邸の戸を押し開けた。と、東にひた走る御二人の後ろ姿を認めたのだろう。

「たった今、この前を通過なさいました」

そう報告したということだ。その家は土御門大路と町口小路の角だから、まさに御二人の通り道に当たっていたのだった。


（『大鏡』「花山院」による）

晴明は延喜二十一（九二一）年生まれ。現代人には、母が「信太《しのだ》の狐」などという伝説や、小説・漫画・映画の主人公としておなじみである。だが現実の彼は、天体の動きなどから国家の異変を予測し対処する役

所「陰陽寮《おんみょうりょう》」に技術官として仕えた、叩き上げの国家公務員だった。陰陽道の新しい一派、のちの「土御門流」を立ち上げ、この寛和二年にはすでに陰陽寮天文道の責任者天文博士などを歴任、六十六歳になっていた。

『大鏡』の文面からは、彼は家で式盤（陰陽道の道具で天体の運行などを示す盤）を見、異変に気づいたと読める。「手をはたはたと」打つのは陰陽道の源流「呪禁道《じゅごんどう》」で「掌決《しょうけつ》」と呼ばれる呪法という。とはいえ、晴明がことに気づいた時には花山はもう出奔しており、彼は間一髪それを予知できなかったのだから、多少間の抜けた話ではある。史実としては、陰陽寮は花山の退位直前にも内裏で占いを行なっている（『日本紀略』同年六月一日）が、変異を発見できてはいなかった。当然だが、この逸話は作り事である。実は晴明に対する「カリスマ陰陽師」視は、ちょうどこの『大鏡』時代に始まった。その空気を反映して生まれた説話なのだ。「彼ならば、花山失踪に気づいていたのではないか」。そんな期待が、説話として結実した。その「期待」を「思い込み」あるいは「幻想」と言い換えてもよい。過去を物語として伝えようとするとき、そういった心の動きは多かれ少なかれあるものである。

ただ、場所的には現実性が無くもない。晴明の邸宅は、南を土御門大路、北を正親町小路、西を西洞院《にしのとういん》大路、東を町口小路に囲まれた区画の中の西南角地、東西二〇丈（約六〇メートル）、南北一五丈（約四五メートル）の敷地にあった（287ページ図版参照）。現在、晴明神社の立つ地をそれと思いがちだが、そうではない。南に少し離れた住宅街の一角とされている。土御門大路は大内裏上東門からまっすぐ東に延びる大路なので、天皇たちがここをひた走った可能性は確かにある。

さて、都大路を抜け賀茂川（鴨川）を渡り東山を越えて二人が着いたのは、現在の山科区北花山、JR西日本の東山トンネル出口付近にあった元慶寺《がんぎょうじ》、通称花山寺である。

花山帝が髪を剃《そ》ってしまうと、道兼殿は言った。

「私はちょっと出てまいります。父に出家前の姿をいま一度見せ、説明したら必ずまた戻ってまいります」

「道兼、朕《われ》をだましたな」

瞬間にすべてを悟り、帝はお泣きになった。お気の毒なことだ。道兼殿は日ごろから「天皇がご出家の際はお供して私も髪を剃り、弟子としてお仕えいたします」などと誓いつつ、腹の中では舌を出していたのだ。

道兼殿の父兼家殿は万が一の事態に備え、しかるべき弁《わきま》えをもった人物、何の某とかいう選りすぐりの源氏の武者たちを、二人の警護につけていた。彼らは京中では隠れて二人を尾行、賀茂川の堤辺りからは姿を現して護衛に当たった。そして寺に着くと、道兼殿が強いて出家させられないようにと、一尺ばかりの刀を手に手に抜きかけて殿を守ったのだった。（同）

内裏から花山寺までは直線距離でも七キロほどある。徒歩で行ったものか、牛車《ぎっしゃ》か馬を使ったのかは分からない。どちらにせよ、道兼はともかく外出に慣れない花山が、強盗が跳梁《ちょうりょう》し、野犬はもちろん狼すら潜んでいるという危険な道中を無事やって来られたのは、父の右大臣藤原兼家が密かにつけた護衛のためだった。兼家に近かった源満仲やその子頼光らと考えられている。やがて枝分かれし一派は鎌倉幕府を開く頼朝へとつながる源氏武者の、平安中期における姿がこれ、つまり武芸をもって権力者に出入りする用心棒であった。それにしても、『大鏡』の筆致はサスペンスに満ちている。まばゆい月光、「忘れ物」とひき返す花山、道兼の泣きまね。大路に漏れる晴明の声、目に見えぬ式神、そして道兼を守る武者たちの刃《やいば》。このように、見てきたように描くことこそ、物語『大鏡』の真骨頂なのだ。

ただし、時の右大臣兼家が計画し息子に実行させた周到な陰謀という点は、その後の展開を考えればほぼ真実と見てよい。兼家にとって花山天皇は血縁関係が遠く、うまみのない天皇だった。花山は祖父も母も既に亡くしており、藤原氏で彼の後ろ盾になってくれる存在といえば僅かに叔父の義懐《よしちか》一人。だが彼は花山の即位時にはまだ三十前の若さで、公卿《くぎょう》ですらなかった。ここで少し説明すると、公卿とは、平安時代の官僚制の頂上に位置するほんの二十人前後の人々で、彼らの会議で国政が決定する点からは、現在の内閣に相当すると言える。この時代のメンバーは、上位から順に、最高職の「摂政・関白」、天皇の意を受けて国政を助ける「大臣」、大臣を補佐するとともに天皇に大事を伝え、また天皇の言葉を伝達する「納言《なごん》」、会議に参加する「参議」、そして参議ではないが天皇から三位の位階を与えられている「非参議三位」の面々である。大臣には上から太政大臣・左大臣・右大臣・内大臣があって、定員は各一人である。また納言には大納言・中納言（少納言は秘書的な実務官僚で公卿に入れない）があり、それぞれ二人から四人程度置かれた。参議はさらに多く、花山の即位時点では七人である。義懐は花山即位の二カ月後、ようやく三位となって国政に参加、その後一年余りで参議、権中納言と引き上げられた。

義懐が花山に頼られてのし上がってきたとき、貴族たちは事実、あからさまに不快を表明し、協力を拒否した。なかでも兼家は冷淡だった。言ってみれば花山は裸の王様であり、若い義懐ひとりが奮闘するなか、長老貴族たちは裏で嘲《あざけ》り表でサボりを決め込んでいたのだ。こうした花山朝が長続きしないことは最初から見えていた。兼家は次に控えた東宮、自らの孫一条の一日も早い即位を、虎視《こし》眈々《たんたん》と狙っていたのであり、クーデターは遅かれ早かれ起こることだったと言える。

とはいえ、天皇の内裏脱出・出家など、そうやすやすと行なわれることではない。花山はだまされたとは言うが、もともと自ら出家を望んでいた。兼家らはその情につけ入り、背中を押してやっただけなのだ。仏道にのめりこんだ花山、それを促したのは、一つには彼の激しすぎる気性であり、直接には一人のキサキの死だったと、物語はいう。

## 花山のエネルギー

そもそも花山は逸話の多い人物である。父の冷泉《れいぜい》天皇は、藤原師輔《もろすけ》の娘の安子と村上天皇の間に生まれた、藤原氏待望の男子だった。が、彼は精神に障害があった。即位はしたもののやむなく二年で退位、跡を継いだのが冷泉の弟円融《えんゆう》天皇である。この治世が思いのほか長続きして、十五年にもわたった。花山はその間ずっと、東宮として出番を待たされてきた。

即位は十七歳の時である。ただこれは数え歳で、現在の満年齢で数えれば、十六歳の誕生日に二カ月足りない十五歳だった。高い自尊心に加え、父譲りか独特の性格も手伝って、彼はよく言って奔放、悪く言えば破壊的な若者に育っていたらしい。『大鏡』(「伊尹《これまさ》」)に記される批評は辛辣《しんらつ》だ。時々発作を起こしては人心地をなくす冷泉よりも、性格そのものが異常な花山のほうが救いようがない、そうこきおろす貴族もいたというのである。

花山はおそらく、自分自身でも持て余すほどのエネルギーの持ち主だったのではないか。彼の暴走を示す逸話は、まず即位式の話から始まる。

花山院はご即位の日に大極殿の高御座《たかみくら》の上で、儀式進行の合図の前に、褰帳《けんちょう》の命婦馬内侍《みょうぶうまのないし》を犯された。進行役藤原惟成《これしげ》は玉飾りのついた帯と冠がたてる鈴のような音に驚き、「お出ましの合図の鈴」と言って、儀式後半に行なう叙位のための申し文《ぶみ》を持参した。が、天皇は手を振って追い払った。結局惟成が自分の意のままに叙位を行なったということだ。

(『江談抄《ごうだんしょう》』一―二による)

高御座は天皇の玉座で、屋根があり周囲にとばりが下りるように作られている。即位式中、新天皇は三種の神器の剣と璽と共にここに入り、短時間こもる。やがて「褰帳の命婦」なる係の女官がさっととばりをあけると、神器から霊力を与えられて人間から聖なる存在へとめでたく変身を遂げた新帝が登場、大臣以下百官は最敬礼、となる。高御座は本来そういった演出のためにあった。ところが花山は、こともあろうにその中に女官を引き込み、犯したというのである。即位式の晴れの装束では、帝は玉をつなげた帯を腰に巻き、頭には下げ飾りの付いた冠をかぶる。行為に及んでそれらがちりちりと音をたてたというのが、さりげない表現ながら生々しい。続く関係者叙位は係が勝手に行なったというのだから、この説話ではその間も天皇はとばりの中、房事にいそしんでいることになる。

とばり一つを隔てて百官のひれふす前で、天皇が女官を犯し、進行役が我が意のままに叙位人事を行なう。こんなことが本当にあったとは、考えられない。即位式に出席した貴族による当日の日記も残っている（藤原実資『小右記』永観二〈九八四〉年十月十日）が、こういった事実は書かれていない。だが、一方でこの説話が存在することもまた事実だ。

『江談抄』は大江匡房《まさふさ》の談話を書き留めた説話集で、彼の最晩年、一一〇五年頃の成立。この説話は花山即位から百年余の間に生まれ、人の口から口へとまことしやかに伝えられて記されたことになる。その伝播《でんぱ》を支えたのは、語り手たちの熱意だ。花山院ならいかにもやりかねない。いやむしろ、彼には実にふさわしい。説話の世界では、合理性や事実性など、時に二の次にされるものなのだ。この話の場合も、言いたいのは、即位したまさにその瞬間から花山が爆発的なエネルギーを発揮したという、事実ならぬ「文学的真実」である。

天皇が色を好むことは決して悪いことではない。責務として血筋を残さなくてはならない立場としては、むしろ奨励されることですらあった。平安時代も初期の天皇は、キサキの多さも手伝って、信じられないほどの子だくさんだった。室町時代に作られた系図集『尊卑《そんぴ》分脈《ぶんみゃく》』を開けば、嵯峨天皇には皇子二十二人皇女二十七人の、なんと計四十九人。ほかにも仁明天皇には皇子十四人皇女十人の計二十四人。文徳天皇には皇子十三人皇女二十一人の計三十四人。十世紀なかばの、花山と一条にとって祖父に当たる村上天皇にも、皇子九人と皇女二十一人の計三十人も、子どもがいた。平安時代から数百年を経た系図で確認されるだけでこの数である。記載に漏れた人やいわゆる「ご落胤《らくいん》」を含めれば、数はさらに増えるだろう。性の力は聖なる力であり、同時に政治力でもあって、天皇の英雄性のバロメーターとさえ言える。花山はその点においては天皇の資質を備えていたのだ。

しかし彼は、その力の激しさをコントロールできなかったのではないだろうか。即位式の話どおり、彼は在位中にはもちろん退位後も、闇雲に女性を求めた。退位の際に出家したはずなのに、女犯《にょぼん》の戒律など全く無視だった。『尊卑分脈』には彼の子として四人の名が記されるが、みな彼の出家後の生まれである。しかもその母である二人の女性は、互いに母娘関係にあった。つまり、母と娘両方に通じたのだ。水無月大祓《みなづきのおおはらえ》の祝詞に人間界における罪のひとつとして「母と子と犯せる罪」と見えるように、これは当時としてもいかがわしいことだった。だが彼は二人を孕《はら》ませた。『栄花物語』巻八によれば、結果として母にも娘にも男女数人ずつ生ませたという。ならば母娘両方との同時進行関係はかなりの期間続いたのである。なお『栄花物語』巻四を見るとその二人の女性の女主人は花山自身の叔母で、彼は実はこちらとも男女の関係があった。近親婚はよくあったことでかまわない。だが忘れてはならない、彼は僧の身なのだ。しかも女房に手をつけ気まずくなるや、叔母のほうは弟に妻としてあてがってしまった。ちなみにこの弟とは、文学史上、歌人和泉式部との醜聞で知られる為尊《ためたか》親王である。「悪くない話」と喜んで娶《めと》ったというから、こちらの女好きもまた、腹違いながらさすがに花山の弟である。

私たち現代人は、歴史上の、しかも天皇や皇族というと、一様に優雅や上品というイメージを抱きがちではないだろうか。だが彼らも人間であり、個性があった。そしてなかでも花山という人は、このようにすこぶるつきの個性の持ち主だったのだ。

## 出家の理由

ところで、そんな花山にも一途に想った女があった。藤原為光の娘、忯子である。しかし彼は、人の愛し方を知らない。度外れたエネルギーを理性もなく注ぎ込み、その結果皮肉にも、最愛の女御を死なせてしまった。実はそれこそが出家事件の発端だともいわれる。

これもまた、当然だが記録や歴史書には書かれない。記すのはやはり「歴史物語」の『栄花物語』のみである。この作品は正続二編から成り、正編三十巻は藤原道長の出世と栄花を中心に描いて、道長没後間もなくの成立とされる。作者には紫式部の同僚でもあった女房赤染衛門《あかぞめえもん》が擬せられている。時に記事の年代を誤ったり、故意に事実と違えたりした部分があり、史料としての信頼性には欠けるとされてきた。確かにそれは否めない。が、花山・一条朝の記述は合わせて八巻と充実し、何より人々の関係や微細な心理に深い関心を寄せていて、見逃せない独自の情報も多い。

さて、忯子だが、彼女は花山に相次いで入内したキサキの中でも、激しく愛され最初に妊娠した。この時代、キサキは懐妊すると里に帰らなくてはならない。出産の準備というよりも、内裏を清浄に保つためである。当時の社会には死体や血液を特殊な不浄と見て忌み嫌う思想があった。これをケガレという。ケガレはそれに触れると忌まわしさが伝染すると考えられており、代表的な発生源は人や動物の死だった。出産は出血を伴い、しばしば子どもや産婦が死ぬこともあったので、妊婦はケガレた身とされた。いっぽう内裏はどこよりも清らかな場所でなければならなかったので、懐妊里下がりが行なわれたのである。多くは妊娠三カ月で内裏を出るのが普通だった。だが忯子の場合は違っていた。

『栄花物語』の語る事件はここからである。花山は、忯子と離れることを嫌がった。悪阻《つわり》の重い彼女をぐずぐずと内裏に引きとどめ、五カ月になってようやく暇を許した時には、忯子の体力は相当衰えていた。安定期に入ったというのに悪阻と同じ状態が続き、みかん一つ食べても戻してしまう。忯子はやせ細った。

帝は回復祈願の祈禱をあまたお命じになったが、その際、国庫の財宝を持ち出して祈禱料にあてられた。また夜も夜中もひっきりなしに彼女のもとに使いを送られた。それがあまりに頻繁なので、使い役を言いつけられる殿上人《てんじょうびと》や蔵人は悲鳴を上げた。少しでも使いが遅れると、出入り禁止・謹慎処分を言い渡される始末、もともと雑務のために雇われている六位蔵人はよいとして、それなりの家の貴公子などにはとても耐えられない。また女御は果物などさえ受け付けないのに、帝はどんどん送りつけて来られる。帝の寵愛は普通ではない、常軌を逸していると、女御の父大納言は天を仰いだ。

そうこうするうちにも帝は忯子様が気がかりで恋しくてどうしようもなく、「ただ宵の内に、ちょっとだけ」と参内を促された。大納言殿は問題外だと思われたが、当の女御が帝に会いたがる。ほんの一日二日ならと、懐妊中参内《さんだい》をお許しになった。あわただしく宿舎の飾りつけが行なわれるなか、「懐妊のケガレを帯びたものを入れるなんて、縁起でもない」と毒づくものもいた。

さて女御が参上なさるや、帝は嬉しさの余り、夜は夜通し昼も引き続き、食事もそっちのけで彼女を抱いて過ごされた。

(『栄花物語』巻二による)

参内のことは、五月十日に彼女が内裏北端の陣「桂芳坊《けいほうぼう》」で修法を行った記録が残っている(『小右記』寛和元〈九八五〉年五月十一日)ので、確かな事実だ。『栄花物語』によれば、滞在は予定を大幅に延長して七、八日にわたった。その間二人は離れることなく寝所で過ごした。やせ細り顔つきも変わり果てて気弱に泣く忯子を、花山は泣きつ笑いつ愛撫し続けた。衰弱した忯子の体にとって、これは甘美な拷問にも近い行為だったに違いない。許されて里に帰ったとき、忯子はもう枕から頭をもたげることすらできなくなっていたという。寛和元年七月十八日死亡(『日本紀略』同日)。時にまだ十七歳であった。花山は号泣した。

弘徽殿女御かくれ侍《はべ》りにける秋、雁《かり》の鳴くを
聞かせたまうて

なべて世の人よりものを思へばや　雁の涙の袖に露けき

弘徽殿の女御がお亡くなりになった秋、雁の鳴くのをお聞きになって
人一倍心に悲しみを抱えているからだろうか……雁の泣く声にさえ涙が流れ、袖が濡れてしまう。

（『新千載和歌集』哀傷 2218 花山院御製）

歌は彼の脆《もろ》くなった心をそのままに伝えている。忯子を失った喪失感で、十八歳の天皇の心にはぽっかりと大きな穴が開いた。

今井源衛氏の『花山院の生涯』は、膨大な資料から花山の人間像を浮き彫りにした名著である。同書は彼の退位・出家の動機を、第一に、すでに「前帝失踪」の項で触れたような政治の行き詰まり、第二に右のような愛欲の悲劇的結末、そして第三に宗教的理由と分析している。事実、忯子の死から半年足らずの寛和二年正月以降、驚くほど立て続けに、花山の知人や肉親が出家した。『日本紀略』の記事だけでも、正月に叔母の資子内親王、三月には参議源忠清の母藤原暁子、また大納言朝光《あさてる》の子で花山とは歳も近い藤原相中《すけなか》。四月には皇族の盛明親王、そのほか漢詩人として有名な慶滋保胤《よししげのやすたね》もいた。彼らを駆り立てたのは浄土教だった。浄土教の教えは、現世よりも来世を重んじる。この世を穢《けが》れた世界とし、死んで浄土に生まれ変わること、極楽往生を願う。そのために潔く世を捨て、念仏などの修行に励んだ。

『栄花物語』も、この状況に波立つ花山の心を記している。当時、一つの迷信があった。妊娠中や出産時に死んだ女性は成仏《じょうぶつ》できないというのである。日本のケガレ思想と流行の浄土教とが結びついたものと推測されるが、『栄花物語』はこれが花山の心をとらえたとする。忯子は身ごもったまま死んだ。忯子の魂は救わ

れることなくさまよっているのだ。何とかして供養してやりたい。彼は信仰にのめりこみ、花山寺の阿闍梨《あじゃり》厳久《ごんく》を侍らせて説経に聞き入るようになり、やがて失踪・出家に至ったという。

この厳久も実は、陰謀の共犯の一人だった。『栄花物語』と『大鏡』とを合体させると、謀《はかりごと》の全貌が見えてくる。厳久は花山を洗脳し、仏道にのめりこませた。いっぽう道兼はかねてより、父のスパイとして天皇側近職の蔵人になり様子を窺《うかが》っていた。そして機が熟したと判断するや、二人共謀して天皇に出家を持ちかけた。こうして迎えたのが、冒頭の場面、寛和二年六月二十二日夜半だったのだ。

『栄花物語』によれば、義懐ら花山側近が寺で彼を発見したのは翌朝のこと、目もつぶらな小法師姿でつくねんと座っていたという。義懐はその場で出家。例の即位式で進行役を務めた惟成も後を追った。結局花山の時代は、たった二年足らずで終わりを告げた。

## 即位式の生首

一条天皇は天元三（九八〇）年生まれ。名は懐仁《やすひと》である。厳密には「一条」はじめ帝の呼び名は亡くなってからつけられるものなのだが、煩瑣《はんさ》なので本書では最初から一条と呼んでしまっている。父は円融天皇、母は藤原氏きっての豪腕政治家藤原兼家の娘、詮子である。

さて、花山天皇の後を受けて寛和二（九八六）年六月二十三日位に即《つ》いた時、彼はまだ七歳。しかも数え歳である。数え歳は、誕生の時すぐに一歳と数える。したがって、現在の満年齢よりも必ず一歳は歳の数が多くなる。さらに誕生日ではなく正月に皆一斉に歳をとる。そのため極端な場合、大晦日に生まれた子が生後二日目で二歳、などということもありえた。一条は六月一日生まれなので、即位の時、満では六歳の誕生日を迎えたばかりだった。現代ならばまだ幼稚園の年長組である。平安時代で彼以前の幼帝といえば、清和《せいわ》天皇が九歳（満八歳）、陽成《ようぜい》天皇が九歳（満七歳と十一カ月）、最も幼い朱雀《すざく》天皇で八歳（満七歳と二カ月）であるから、一条はこの時点で最年少即位記録を作ったことになる。

清和や朱雀の場合には、先帝の崩御を受けての緊急即位だからしかたがなかった。が、一条の場合は事情が微妙である。本来ならばもう少し成長してからの即位のほうが、本人にも負担が少なく世間的にも格好がつくというものだろう。花山退位の謀略はその時まで待ってもよかったのではないか。

しかしそこに関わってきたのが、祖父兼家の年齢だった。兼家は、一条即位後こそ長年追い求めてきた我が世の春と見ている。それをできるだけ長くしたいと思うのが人情である。花山退位の陰謀を企てた時、彼は五十八歳。父や二人の兄は四十代後半から五十代前半にかけて亡くなっている。自分にもそう先はない。この際一条の未熟には目をつぶり、花山の動きだけをにらんで実行命令を下した。結果が七歳幼帝の即位だったのだ。

しかし陰謀という強引すぎる方法には、反対派もいたと思《おぼ》しい。『大鏡』だけが記す記事では、天皇交代の一カ月後、一条の即位式は彼らによって妨害されかけた。花山の即位式の奇譚《きたん》でも舞台になったあの高御座に、何と「髪つきたるものの頭」……生首が転がされていたというのである。式場設営責任者は仰天し、何はともあれ兼家に連絡を送った。

大変な報告を受けたというのに、兼家殿は急にひどく眠そうな顔になったかと思うと、そのままものもおっしゃらない。もしや聞こえなかったのかともう一度言い直したが、今度は眠り込んでしまってなおさら御返事がない。連絡係は困った。おかしい……それほど深く寝入っていらっしゃるご様子でもないのに、この大声が聞こえないとは一体どうされたというのだ。しばらくその場に突っ立っていたところ、兼家殿は出し抜けに目を覚まされた。「おい、もう準備は終わったのか?」連絡係ははっとした。そうか、何も聞かなかった、だから何も知らない。兼家様はそういうことにしておこうというおつもりなのだ。

後年だが、その設営責任者はこう語られた。「実際問題、あれだけの晴れの祝事が当日になって中止だなんて縁起でもない。生首を見つけたときに、現場の判断で隠してしまえばよかったのさ。それを真っ正直に報告しようなんて、考えなしなことをした。兼家様もあきれたことだろうな」

(『大鏡』「雑々物語」による)

まさか史実ではあるまいが、実によくできた話だ。内裏で死体が見つかることは、実はそれほどありえなかった話ではない。子どもの遺体が一部損傷した状態で発見されるといった記録も残っている(『日本紀略』長保二〈一〇〇〇〉年九月二十一日)。むろんこの生首は偶然そこにあったわけではない。何者かが調達し、高御座を血でケガレさせるために密かに置いたものなのだ。首には血がついていたというのだから、ひからびた死体を探して持ってきたのではない。このために人を殺したのだ。従者や武士たちを使えば無理ではなかったろう。平安貴族は決して心底から優雅柔弱なわけではなかった。暴力は、自らの手を穢さない「呪《じゅ》詛《そ》」という形でしばしば行なったし、血を見る喧嘩や殺人事件も、起こすときには起こしたのだ。だが事実はともあれ、要するに物語が言いたいのは、兼家のやり方に反発しそれを何らかの忌まわしい形で示す誰かがいた、そして兼家はその事実を無視するという形で握りつぶした、ということだ。ケガレを忌むことが当然であった平安貴族のなかにあっての、彼の剛胆ぶりを伝えたいのだ。今はただ一条の即位式を滞りなく済ませることだけが重要だ。ここには、それを貫いた兼家の、強いリーダーとしての人物像が示されている。

だがそれにしても、読み手としてはこの後の場面を空想せずにいられない。まだ幼い一条が、おそらく何も知らされぬまま、ケガレた高御座に座る。彼の即位が祖父の起こした謀略に基づくことを考えれば、これは何と象徴的な光景ではないだろうか。

## 兼家の執念

兼家は、『蜻蛉《かげろう》日記』の作者、道綱母の夫でもある。『蜻蛉日記』には多情な夫への怨《うら》みが綴《つづ》られているが、それだけではなく彼に惚れ惚れするシーンも描かれているので、それなりに魅力的な人物だったのだろう。彼女を含め、彼の妻・妾は、資料上明らかな女性だけで九人はいた。九人に同時に通っていたわけではないが、道綱母がやきもきするのもよく分かる。次の歌は『大鏡』にも載り、百人一首にも採られてよく知られる。

嘆きつつ一人寝《ぬ》る夜の明くる間は　いかに久しきものとかは知る

溜息をつきながらあなたを待つ一人寝の夜が明けるまでの時間がどんなに長いか、あなたはご存じですの？

（『蜻蛉日記』上巻　天暦九〈九五五〉年）

女を待たせた彼だが、実は、政治の世界では彼こそが待たされてきた。しかも十四年もの間である。彼は藤原家九条流と言われる師輔一家の三男で、五歳上に長兄伊尹、四歳上に次兄兼通《かねみち》がいた。長兄は逸材で、四十七歳で摂政の座に就いた。しかし次兄の能力は兼家より明らかに劣っていた。朝廷の歴代公卿名簿『公卿補任《ぶにん》』によれば、兼家は四十歳のとき非参議ながら従三位《じゆさんみ》に叙せられ、次兄をさしおいて公卿の仲間入りをした。次兄も翌年には参議となったが、二週間後には兼家はその上の中納言となった。またも兄を超えたのである。当然、次兄は兼家を激しく憎悪した。ポスト長兄の座は絶対渡さない、そう心に誓った。兼家を二度にわたって出し抜き、「待ち」状態に拘束したのは、この次兄の恨みだった。それを語るのはやはり『大鏡』である。

一度目は天禄三（九七二）年、長兄が思いがけなくも四十九歳の若さで没したときだった。次兄兼通は、一枚の文書を時の天皇に見せた。文面には「関白は兄弟順に従って任命するように」。書いたのは天皇の亡母藤原安子で、兼家にとっては姉、次兄兼通には妹に当たる。彼女はすでに康保元（九六四）年に死亡していた。兼通はその前に、弟が自分の地位をおびやかすことを予想して、この一筆を書いてもらっていたのだ。ずっと御守りのように首にかけていたというから執念だ。母思いの天皇は、公卿でも下から三番目の権中納言だった彼を、何と一気に関白・内大臣へと大躍進させた。公卿たちは皆一泡吹かされた。もちろん兼家もである。なお、このことは『大鏡』「兼通」に載るが、実は作品の成立当初にはなかった記事だ。兼通に共感する後人によってのちに増補されたと思しく、『大鏡』本来の立場とはずれるので、本書では以下出典に『大鏡』流布本と記して区別する。

二度目はその五年後の貞元二（九七七）年である。兼通は重病にかかり、今や瀕死の床に臥《ふ》していた。と、東の方から「おーし」「おーし」と声がする。牛車の通り道を空けるようにと、下僕が先を払う声である。聞けば兼家の車らしい。この家に向かってやって来る模様だ。見舞いに来てくれるのだ、と兼通は驚き、少しほろりとした。

あいつとは長年仲たがいばかりしてきたが、さすがに俺が危篤と聞けば見舞いに来てくれるのだ。兼通殿は枕元の見苦しいものを片付けたり寝床を整えたりと心遣いして、弟君の到着を待った。ところが、牛車の声はすぐそこから聞こえたというのに、兼家殿はなかなかやってこない。召使に確認させると「もう通り過ぎてしまいました。ここではなく内裏にお出ましでした」（『大鏡』流布本「兼通」による）

兼家邸は兼通邸の一軒おいて東にあった。家の前は二条大路で、内裏に通じている。兼家が内裏に行くにはどうしても兼通の家の前を通ることになる。つまり、弟が見舞いに来ると思ったのは兼通の勘違いだった。最初から内裏に行くつもりだったのだ。しかも大声で先を払わせて。あまりのことに、兼通の胸にふつふつと怒りが湧いた。

見舞いに来たら、関白の地位を譲るとも言おうと思っていたのに。あいつがこんな奴だから、長年不仲が続いてきたのだ。あきれた奴だ。このままでは済まされない。

「起こせ」

危篤状態にもかかわらず、兼通殿は命じた。人々はいぶかった。

「牛車の用意だ。先払いをさせよ」

すわ憑《つ》き物かご乱心か。わけが分からず周囲の見守るなか、兼通殿は冠を被り袍に着替えると、内裏に向かわれた。

牛車を降りると息子に肩を借りて、滝口の陣から清涼殿に入る。廊下伝いに行き昆明池の絵の障子に差し掛かったところで、兼家殿の姿をとらえた。案の定、昼の御座所で帝と話している。

実は兼家殿には、兄はもう死んだとの情報が入っていた。そこで今度こそ関白就任の陳情にと、帝のもとを訪れたのだった。ところが死んだと思っていた兄が、目をかっと見開いてやってくるではないか。帝も兼家殿も度肝を抜かれた。兼家殿は兄を一目見るや席を立って隣室に逃れた。

兼通殿は、帝の前に畏《かしこ》まって座った。苦虫を嚙み潰したような表情で「最後の除目《じもく》（人事異動）を執り行ないに参りました」と言うと、文書担当の蔵人を呼ばれた。そして自分の関白の後任には従兄弟の頼忠殿を就けること、また兼家殿の現職を取り上げ、閑職の治部卿《じぶきょう》に転任させることを決めると内裏を後にし、ほどなく亡くなられたのだった。（同）

『大鏡』流布本を信じれば、このとき見舞いにさえ行けば兼家は関白職に就けていたのだった。それをみすみす逃してしまった。だが原因は早とちりばかりではない。兄のプライドを踏みにじり続けた彼の傲慢《ごうまん》が、結局は足元をすくったと言える。このとき兄に擁立されて関白になった従兄弟は温厚な人物で、翌年には兼家を閑職から復活させ、右大臣にまでひきあげてくれた。しかし関白職までやすやすと明け渡してくれるはずもない。兼家の「待ち」はさらに八年続いたのだった。

だが、彼はただ待っていたわけではない。兼家は政権取りのため娘を「活用」した。娘を天皇に嫁がせ、天皇家と姻戚関係で癒着する方法をとったのである。当時、摂関を狙う者なら誰もがとった方法ではある。が『日本紀略』を見ると、最初に長女超子を冷泉天皇に入内《じゅだい》させたとき、兼家は従三位に叙位される一カ月前で、つまりまだ公卿にもなっていなかった。その分際で野心をはっきり示したのだ。さらに次女詮子は円融天皇に入内、二人の娘は兼家の期待通りそれぞれに男子を産んだ。次女詮子の子が一条。この外孫が彼の切り札となった。結局、一条を即位させたことで、彼はいわゆる「外祖父摂政」の夢を実現した。

平安時代、摂政とは天皇に代わりすべての政《まつりごと》を代行できる職だった。関白は摂政と対のように言われるが、天皇の補佐役であって決定権まではなかった。だが摂政は天皇の所に集まる文書すべてに目を通す権限を持った。またそれらを天皇に代わって決済する権利も、人事権も持っていた。摂政の職権が確立されたのは藤原良房の時代である。彼は天皇の外祖父で、幼い孫に代わって政治をとった。藤原北家の栄花は、この良房から始まった。後になって、孫の清和の即位のため良房が激烈な祈禱を行なったとか、位を争った惟喬《これたか》親王側を欺いたとかの説話が発生、『平家物語』などで今に伝えられるのも、清和天皇時代の彼の権力が絶大だったからにほかならない。

　良房が摂政の勅命を受けたのは貞観八（八六六）年。以来、藤原氏の権力者は彼の形を理想形として目指した。次々と天皇家に娘を入れ、男子を産ませ、自らにとって孫に当たるその子を即位させて、外祖父摂政になろうとした。しかし挑戦した全員が、志半ばに死ぬなどで実現していない。良房と兼家の間に摂政着任者はいるが、みな天皇とは伯父甥やそれより遠い関係である。兼家の外祖父摂政は、実に百二十年ぶりの達成であった。そのうえ一条即位と同時に、長女の子居貞《いさだ》親王を東宮に立てたのだから、帝・東宮両者を擁する外祖父摂政である。これは史上初のことだった。

　強権を手にするや、兼家は息子たちを立て続けに昇進させた。結果、長男道隆三十四歳は従三位非参議から正二位権大納言へ。花山をおびき出したあの次男道兼二十六歳も、正三位権中納言へ。いずれも驀進《ばくしん》といえる出世である。そして最後に控えていたのが、末子で弱冠二十一歳の道長、従五位上蔵人からのスタートだが年内に従四位下まで三階級を駆け上った。

　この「従五位上」や「従四位下」とは位階で、地位の上下を示す。ここで改めて言うと、平安貴族とは皆、朝廷に勤務する官僚、つまり国家公務員である。官僚は地位により上は正一位から下は少初位下まで三十階級の位を与えられ、これに基づいて給料を支給される。「大納言」や「蔵人」など実際にあたる仕事、つまり官職も、位階に見合うものを担当する。このように位階が基本の社会だから、貴族社会は典型的にして徹底的な階級社会なのだった。道長の場合、初めて官人となった十五歳の時（天元三〈九八〇〉年）、既に従五位下を与えられた。この従五位下から上の位を持つ人を、官僚の中でも特に「貴族」と言う。初任で貴族となったのはむろん父のおかげだ。貴族の子や孫には優遇制度があり、その名も「蔭位《おんい》の制」という。六位以下は「下級官人」つまり下っ端役人で貴族とは厳しく区別されたので、従五位下は官人の第一の目標となった。

第二の目標が、公卿昇進である。従三位以上の位階を得るか参議以上の役職に就けば公卿となる。国司などの中流貴族はこれを一生の目標とした。だが兼家の息子たちは、右のようにやすやすとその壁を突破した。道長の公卿昇進は翌永延元（九八七）年九月のことと、兄たちより随分後れをとった。が、兄たちのように陰謀の褒賞めいた出世でなく、父の地歩が固まってからの公卿デビューだったため、彼だけは清潔な貴公子のイメージを纏《まと》った。この「育ち」の差が、やがて彼に二人の兄とは違う道を選ばせていく。父の成功は息子たちにとってレースの始まりだった。

## 清少納言のときめき

花山の唯一の外戚だった貴公子義懐については、前にすこしだけ触れた。花山の退位をうけて、彼は世を捨てた。潔く出家したのである。実は『枕草子』によれば、清少納言は花山失踪・退位事件のほんの数日前に、この義懐と遭遇している。

そのころ清少納言はまだ女房として出仕する前だった。推定年齢二十一歳。十六歳ごろに結婚して一男を儲けたが、どうもこのころは離別して家に帰っていたと思しい。『枕草子』は出仕後書いたものなので、この段のことは古い回想になる。なお『枕草子』日記章段は、視点こそ主観的であるものの、書かれている事件は原則として事実と見てよい。

さて、それは藤原済時《なりとき》の小白河邸で大々的に催された法会《ほうえ》、すなわち仏教イベントの「法華八講《ほっけはっこう》」でのことだった。先にも浄土教が流行したと記したように、当時、仏教信仰はお洒落《しゃれ》なイメージを持たれ、そのイベントは人気を博した。「法華八講」は経典『法華経』八巻の連続講義。今のカルチャーセンターよろしく、人気のある僧が講師に起用されると大人数が詰めかけた。朝夕一コマずつで、四日で完結する。この法会は特に前評判も高く、清少納言も夜明けの露とともに起きて出かけたが、果たして邸内は立錐《りっすい》の余地がないほど牛車で満杯となった。史書『本朝世紀』には、ほとんどの公卿が仕事を休んで参加したため政務が中止になったとさえ記される〈寛和二〈九八六〉年六月二十日〉。ただ『枕草子』は、「左右大臣を除いて」全員がいた、という。清少納言の目は鋭い。陰謀実行を数日後に控えた右大臣兼家は姿を見せなかったのだ。

講義前の聴衆のざわめきのなか、義懐は一際目立つ存在だった。華やかな装束《しょうぞく》で、女性仕様の車と見ると熱い視線を送り、時に言葉をかける。自分がいま最も注目される存在であることを、十分に意識しているのだ。また人々も、彼が女車《おんなぐるま》とやりとりする間、年寄りや公卿までが固唾《かたず》を呑み「どうだどうだ」「早く」「失敗するな」など声をかけたり笑ったりした。衆目のもとで女と風流をかわす義懐は遊び心と自信に満ち、大衆は彼の華麗なる洒落者ぶりを興味津々で見守ったのだ。

そんな義懐が、清少納言に声をかけた。朝の部終了後、家に残した用事のため彼女が早々《はやばや》と帰ろうとした時のことである。貴重な講座を中座する彼女は、嘲りや非難の声を浴びた。

声々に耳を貸さず口答えもせず、狭い通路にむりやり牛車を通して外に向かった。すると義懐様が、「いやはや、退座するのもまたよし、だ」と言って微笑まれるではないか。なんと素敵なんだろう。しかしそれも聞き流し、暑いなかとりあえずあわてて外に出てから、使いをやって答えた。「義懐様だって五千人のなかのお一人でしょうに」

（『枕草子』「小白河といふ所は」による）

義懐と清少納言の謎かけのようなやりとりは、この法会で講釈された『法華経』の中の一場面に引っ掛けたものである。釈迦の説経中、五千人の人々が席を立って帰ろうとした。もう十分に悟りを得たと思ったからである。釈迦は彼らに言った。「かくのごとき慢心した人々は退座するのもまたよし」。その言葉を、義懐は中座する清少納言に投げかけたのだ。つまり彼は聴衆の前で釈迦を演じたことになる。しかも講義されたばかりの、皆が分かる場面を持ち出して。この即興のおもしろさ、堂々たる受け狙い。清少納言の大いに好むところである。彼女はそれを切り返し「お釈迦様のおつもりですか？　ならばあなたこそ慢心していらっしゃる。あの五千人と同類でしょう」と答えた。これもまた、一介の中流貴族の娘にしては堂々たる返答である。この時のことが評判となって後に定子に仕える道が開けたと推測する説もある。
義懐の運命については、清少納言は多くを語らない。『枕草子』にはこうあるだけである。

さて、その月の二十日過ぎに義懐様が法師になってしまわれたのは、実に胸にしみることだった。桜が散るのをはかないというけれど、このはかなさには比べ物にならない。（同）

## 紫式部家の災難

花山時代、長老政治家たちが非協力の態度を取ったことは、先に述べた。これは逆に実務官僚の出番を呼んだ。漢文を学びその技能を持つ人々、いわゆる文人には、思いがけなく飛び込んできたチャンスだった。当時の朝廷の正式文書はすべて漢文を使う。現在の官庁で外国語が必要とされる度合いをはるかに超えて、漢文は官僚にとって基本かつ重要な技能だったのだ。紫式部の父藤原為時はこの文人の一人だった。仲間たちが重職を得、為時自身も式部省のナンバー3、式部丞《じょう》に任ぜられて意気揚々だった。

遅れても咲くべき花は咲きにけり　身を限りとも思ひけるかな

たとえ遅咲きでも、咲くべき花は咲くのだなあ。この私も、我が身をもうこれまでと見限っていたよ。

（『後拾遺和歌集』春　147　藤原為時）

諦めていた我が世の春。歌は手放しの喜びに満ちる。これは為時が道兼邸の宴に呼ばれて詠んだものである。だがその道兼が花山政権の幕を引くことになるとは。花山退位と同時に、為時は職を失った。酔い痴《し》れるうちに春は終わったのだ。堅物で不器用な為時には、再就職の根回しなどできようもなかった。家はさびれ庭は荒れ果てた。

家は旧《ふる》く門閑《しづ》かにして只蓬《よもぎ》のみ長《た》けたり
時に謁客《えつきやく》無く事条《じでう》空し

家は旧く、門前もひっそりと静まり返って、ただ雑草だけが生い茂っている。
訪れる客も無く、世の俗事も皆無だ。

（『本朝麗藻《ほんちようれいそう》』巻下閑居部「門閑かにして謁客無し」藤原為時）

花山退位の年、紫式部は推定年齢で十代前半、そろそろ大人になる時期を迎えようとしていた。その矢先の災難である。父は嘆いただろう。貧家の娘は嫁《ゆ》き遅れるものだからだ。とはいえ、父の悩みをよそに式部はすくすくと育っていった。後年記した『紫式部日記』によれば、父が兄に教える漢文を、門前の小僧よろしくすっかりマスターしてしまった。ところがこれも父を嘆かせた。

「お前が男だったらなあ……」

能力があるのに嘆かれる。父の言葉が娘の心を傷つけ、女という性に失望を感じさせたとは、現代の研究者の解するところだ。女は男より生きにくいのだろうか？　紫式部の心にそんな疑問が点灯した可能性は確かにある。実際女は公卿や殿上人にはなれない。当時の大多数の女性は、才能があっても人に見せず、家という狭い世間の中だけで、父や夫に従って閉塞的な人生を生きるしかなかった。「女ほど生き方が窮屈で哀れなものはない」とは、後年彼女の描く『源氏物語』中で、女主人公紫の上がしみじみと呟《つぶや》く言葉である（「夕霧」）。

だがこの時、『源氏物語』も女房生活も、式部にとってまだまだ遠い先のことだった。

# 第一章　清涼殿の春

## 元服、定子との出会い

一条天皇は正暦元（九九〇）年正月に元服した。男性のいわゆる成人式である。数えで十一歳、満ではたったの九歳半。だが今後は一人前の大人として扱われるのだ。その月末に結婚。初めてのキサキになったのは、兼家の長男道隆の娘、定子であった。一条の母は道隆の妹なので、二人はいとこ同士にあたる。定子は時に十四歳（『権記』長保二〈一〇〇〇〉年十二月十六日）。一条より三歳年上だった。

天皇の結婚は、政略結婚であることが当然である。一条と定子の場合も、典型的とさえいってよい。だが政治の問題とは別に、彼女との出会いは一条の人生を大きく変えた。男女間の「純愛」は明治以降に輸入された概念だというが、一条と定子との関係を表すにはこの言葉がもっとも適切なように感じられる。それは筆者のみならずこの時代を研究する人々の多くが口にすることだ。二人の結婚期間は十年と、そう長くない。

しかしその間はもちろん、定子の死後までも一条の想いは続いた。彼にとって、憧れ、慈しみ、引き裂かれても求め続けずにいられなかった女性、それが定子だった。

## 定子の父母

ところで、ここで改めて当時の女性の名について記しておかなくてはならない。平安時代中期の資料に載る女性名は「~子」という形のものが圧倒的である。そしてそれは明らかに「~こ」と読まれていた。「テイシ」や「ショウシ」ではない。だが、では個々の名をどう読むか、それが一筋縄ではいかない。例えば清和天皇のキサキ「高子」は、「たかこ」と読みそうなものだが「たかいこ」という。また文徳天皇のキサキ「明子」に至っては「あきらけいこ」である。これらは『伊勢物語』に登場する関係上、偶然読み方が史料として残ったものだ。しかし資料のない名については、軽々に読めない。読めば誤読する恐れが高いのである。そのため文学や歴史の世界では、女性名を音読みするのが習慣となっている。そうした便宜的措置に反対して読みを記す書物もあるが、その読みはつまり仮説としての読みである。読みたいが読めない。そんなジレンマの上に立って、本書ではあえて女性名に振り仮名を付けないことにした。

さて定子の人柄については、その父母を紹介すればわかりやすい。『栄花物語』『大鏡』によれば、父道隆はすこぶる美形で女によくもてたという。いっぽう母は高階貴子といい、当時の最上層貴族の正妻のなかでは異彩を放つ存在だった。

国司を歴任する高階成忠は、学識豊かだが人に煙たがられる性格だった。子だくさんな中でも最も可愛がっていた娘の将来を考えたとき、彼は思った。普通に結婚させるのはいかがなものか。男心は信用ならぬ。よし、宮仕えさせよう。というわけで、円融帝の時代に内裏の内侍司《ないしのつかさ》の女官、つまり女性国家公務員トップ部署の職員として働きに出した。女ながら、父に鍛えられ漢文さえこなす知性は男顔負けで、やがて部署のナンバー3、「掌侍《ないしのじょう》」に昇進、「高内侍《こうのないし》」と呼ばれた。そして出会ったのが道隆殿である。多情な殿が、彼女への思いは特別で、すぐさま正妻にお迎えになったのだった。

(『栄花物語』巻三による)

つまり彼女は、平安のキャリアウーマンだったのである。それが職場結婚で藤原氏九条流の御曹司を射止めた。二人の結婚はまだ兼家が「待ち」状態にあった時代だったとはいえ、大きな玉の輿である。道隆には仕事をこなす彼女が新鮮だったとも思えるが、それにしても恋達者の彼にしてこの選択、正妻とは特別扱いである。正妻の出自は子どもの血統を左右し、家の格に大きな影響を与える。家格の低い女とは遊びで済ませるのが当時の普通のやり方だ。その点から考えて、むしろ道隆には意図があったとの説もある。父のように外祖父摂政を目指すには、まず天皇家に嫁がせる娘が必要だ。それも天皇に気に入られる魅力的な娘でなくてはならない。自分には美貌も血統も権力も性格のよさもある。ほかに必要なものは？　知性だ。そう考えて彼女を選んだというのだ。確かに、歴史物語や『枕草子』などの描く彼は決して知性派ではない。ひっきりなしに冗談を飛ばしたり、飲み友だちともども酔い乱れては冠を脱いだりと、気取らない陽気さがとりえの人だ。ちなみに無冠は当時、裸頭といい、現在のズボンを脱ぐに匹敵する無作法な姿であった。牛車の簾《みす》を上げてそんな姿を人目にさらしたという彼だが、結果から見れば確かに妻選びの先見の明はあった。

すなわち、定子を育てた家庭は、藤原摂関家と国司階級高階家という別々の個性が合体した雰囲気を持っていた。前者から流れ込んだのは品格、プライド、優雅さ、美貌、そして明朗さ。後者からは庶民性、抜群の知性と教養、そして躊躇《ちゅうちょ》なき自己主張。国司は地位にありついて現地に赴任さえすれば（これを「受領《ずりょう》」という）稼ぎが多く、金遣いも派手、流行にも敏感である。道隆と貴子は男三人女四人の子宝に恵まれた。子どもたちは家の気風を我が物として、明るく開放的な性格に育っていった。その際、実際大いに功を奏したのは正妻貴子の子育てだった。貴子は男の子にはもちろん女の子にも漢文を教え込み、子らはそれに応えた。こうして、キサキ史上まれに見る漢文素養の持ち主、定子が誕生したのだった。

一条の年齢を考えれば、最初は名ばかりの夫婦だったろう。しかし彼は思春期にさしかかっている。定子は十四歳、幼心にもまぶしく映ったのではないだろうか。加えて、彼は生真面目で自分を抑えるタイプの性格だった。快活な定子は彼の心を解き放っただろう。『枕草子』によれば、定子は明るく実によく笑う人だった。

## 両親の不和

時間は少し遡《さかのぼ》るが、一条は元服の六日後、父上皇のいる円融寺へ行幸した。定子入内以前とはいえもう制度上は大人、だが母詮子は従来同様、息子と一つ輿に乗り込み同行した。

父円融は既に五年前、病気を機に出家して法皇となり、現在の竜安寺付近にあった円融寺で自適の生活を送っていた。この行幸で一条は父に純金の念珠箱を贈った。また父からは笛を贈られた。「赤笛」と号する陽成院伝来の品だ（『朝覲行幸部類』）。父は息子が笛を嗜《たしな》むのを知っていた。一条は父の前で演奏を披露した。父は嬉しかったことだろう。一条の笛の師匠は褒美として位を引き上げられた（『御遊抄』）。この師匠はやがて『枕草子』にも一条と二人での演奏姿を描かれる藤原高遠、「大弐高遠《だいにたかとお》」の通称で歌人としても著名な人物である。

太上《だいじょう》法皇となった父、皇太后となった母、今上の息子。いかにも一家団欒《だんらん》の様子だが、この両親には冷え冷えとした時期が長くあった。一条が生まれた頃である。当時、父円融は現役で天皇の位にいた。後宮には一条の母詮子と並んで有力な女御がいた。関白頼忠の娘、遵子である。二人のどちらが男子を産むか、どちらがキサキ最高位の「中宮」の座を射止めるか。兼家と頼忠一家がそれぞれに期待を込めて見守るなか、詮子が一条を出産。中宮の座は彼女に大きく傾いたと思われた矢先、円融は遵子を立后、つまり中宮に立ててしまった。『大鏡』は遵子の兄（藤原公任《きんとう》）が兼家邸前で言ったという言葉を載せる。「こちらの女御はいつ立后なさるのかな？」（「頼忠」）。得意満面の嫌味である。もちろん兼家らは穏やかではない。

経緯を詳しく載せる『栄花物語』は、この時、詮子の父兼家が右大臣、いっぽう遵子の父頼忠は関白太政大臣で、円融は頼忠の心に配慮した、と説明する。兼家の中で、以前から円融に抱いていた不信感が募った。

兄兼通の意を入れて自らの「待ち」状態を長くされた恨みは忘れていない。またここへ来て、天皇は頼忠への遠慮が強すぎるのではないか。兼家はひねくれてみせた。どうせ私は「一の人」ではないのだ。娘を内裏に帰す必要はない、ずっと実家に引き止めてやる。こうして詮子と一条を抱え込み、円融との仲を阻む方法に出たという（巻二）。

兼家一家と円融の関係の険悪化は事実で、詮子も遵子の立后に強い衝撃を感じていた。円融には子はたった一人。その子を、しかも男子を産んだ自分をさしおいて、「素腹《すばら》の后」を立てるとは。現在伝わる『円融院御集』には彼女の嘆きの歌が収められている。

梅壺の女御、きさいになり遅れ給ひて嘆かせ
給ふ頃、雨の降るに
雨もよにふりはへ訪はむ人もなし　なきに劣りて生ける身ぞ憂き
（『円融院御集』47）

梅壺の女御（詮子）が中宮争いに敗れて嘆いていらっしゃった頃、雨の降る折に
雨模様のなか、わざわざ私を訪ねてくる人もいない。死ぬよりもっとひどい状態で生きているこの身が
憂わしい。

「亡きに劣りて生ける身」とは決して大げさな表現ではなかっただろう。平安時代開始以来、後継の男子を

産んだキサキをさしおいて、子も無く皇族でもない女御が立后した例はない。前代未聞の事態を彼女は味わわされたのである。家集《かしゅう》には歌の後に詞書《ことばがき》で「おほんかへし」とあるので、円融による返歌があったはずだが、残念ながら伝わらない。詮子は実家に帰ったまま、内裏に上らなくなった。いっぽう円融の傍らには遵子がいた。

やがて兼家は強硬な態度に出た。右大臣職にありながら政務をボイコット、息子たちにも出仕を止めさせ、円融朝に一切協力しない態度を明らかにした（『栄花物語』巻二）。おそらくここには、怒りだけではない魂胆があった。兼家が長く「待ち」の状態にいたことは前に述べた。しかし今や娘が天皇の男子を出産、もう一手か二手進めば、孫の即位というゴールに持ち込める。そのためには、円融にいつまでも天皇でいてもらっては困るのだ。

緊張状態が続いた末、円融は位を降りる決意を固めた。まだ二十六歳の若さだったが、兼家に根負けしたうえ、彼も父として一条の将来を確実なものにしてやりたかったもの、と考えられている。譲位の意志を兼家に告げたとき、円融は言ったという。

「現東宮・師貞《もろさだ》（花山）が即位されたら、若宮（一条）を東宮に据えようぞ。そちらも思い通りになるわけだ。さらに怠りなく祈禱などさせるがよい。それにしても、息子を思う私の親心をわかりもせず、どこのといつかが悪意をちらつかせているのは、実に心外である。たくさんいてさえ、人は子を可愛いと思うものだ。ましてや若宮は私のたった一人の子。どうして粗略に思うことがあろうか」

（『栄花物語』巻二による）

思惑通り、一条が東宮に。兼家一家は喜びに沸き立った。しかしこれではまるで、円融は一条を人質にとられていたようなものではないか。子を思う父の心に兼家はつけ込んだのだ。

和解が成り立ち、円融が詮子の住む実家、東三条邸を初めて訪れたのは、一条が六歳の寛和元（九八五）年。この年円融は二度、東三条邸に行幸し、二カ月後、出家した。中宮遵子はこのとき円融のもとを離れたが、それは同時に詮子と彼との夫婦関係も終わったということだった。

こうして、幼少時、一条は父とほとんど没交渉で育った。そんななか母は常に彼の横にいて、即位後もしばしば内裏に出入りした。『大鏡』は詮子を「天下を自分の思い通りにしていらっしゃった」（「兼家」）というが、それは一条の即位によって実現したことである。詮子は息子の達成に我が身を重ね、息子のおかげで権力を手にした。子どもが母に頼るのは普通のことだが、この二人の場合、母から子への精神的依存のようなものがちらつく。そうした母の強い影響力のなかで、一条は育ったのだ。

それが、変わった。定子の存在が彼の生活を一変させたのである。

入内と同年の十月、定子は早くも中宮となった。ほかのキサキが誰もいない間に、一条のキサキの最高位を射止めたのだ。もちろん政治的な意味ゆえだが、一条の意志なくして成立することではない。

この五月、祖父兼家は病で引退、七月には亡くなっていた。跡を継いで最高権力者の座に就いたのは定子の父道隆。彼の一家、通称「中関白家《なかのかんぱくけ》」の栄花の始まりである。

## 一条のいたずら

この時期のエピソードで、一条の性格の片鱗をうかがわせるものがある。『枕草子』に載るものだが、実は清少納言はまだ出仕していない。勤め出してから聞いた昔話を書き留めたわけで、一条周辺で語り草になっていたと推測される。

正暦二（九九一）年、触れ合う機会は少なかったものの一条に愛を注いだ父円融法皇が、三十三歳の若さで亡くなった。話はその翌年、世を挙げての一年の大喪がようやく明けようという時のことである。一人の女官のもとに怪しげな使いが手紙を持ってやってきた。見れば坊主めかした独特の書体で、次のように書いてある。

これをだに形見と思ふに都には　葉替へやしつる椎柴《しひしば》の袖

今となっては、この椎柴の袖……喪服だけが、亡き帝を偲ぶせめてもの形見。私はそう思っているのに、都のほうでは薄情な、着替えをしてしまったのですか？

（『枕草子』「円融院の御果ての年」）

この歌は、仁明天皇の喪明けに歌仙僧正遍照《そうじょうへんじょう》が詠んだ次の歌によっている。

皆人は花の衣になりぬなり　苔のたもとよ乾きだにせよ

人々は皆喪服を脱いで、色とりどりの華やかな衣に着替えてしまった。だが私は着替えない。涙にぬれて苔むした私の衣よ、せめて乾いておくれ。

（『古今和歌集』哀傷　847　僧正遍照）

遍照は仁明天皇の死に殉じて自ら出家した。だから皆が喪服を着替えても自分は僧服のまま哀悼の涙を流し続ける、という有名な歌である。これをふまえて「で、皆は着替えてしまったのですか?」と。「遍照のような忠誠心はなかったのか」である。受け取った彼女は仰天した。確かに喪服は脱いだが、日に限りもあり当然のことなのに、何と嫌味な歌だろう。誰の仕業だろう。故法皇と親しかった仁和寺の僧正か。いやいや、お住まいのお世話をしていた大納言藤原朝光か。ともあれ天皇と定子様に言いつけてやる。

女官は手紙を持参し、天皇もご在席の場で中宮に見せた。中宮は無表情で目を通し、

「あなたが疑っている大納言の筆跡ではなさそうね。きっとお坊様だわ。昔よく言った、怨念を抱いた鬼か何かがしたみたい、怖いわ」

真剣にそうおっしゃる。女官は不審で、

「では、誰のしわざでしょう。人をからかって。こんなに酔狂な趣味のある公卿方やお坊様は、どなた

でしょう。あの方……それともこの方？」

など詮索しきりである。するとその時、天皇が、

「……その紙、このあたりで見かけた色紙によく似ているね」

にっこり微笑んで、棚にあった同じ紙を手に取り、指差されたのだった。

（『枕草子』「円融院の御果ての年」による）

女官への手紙は一条がいたずらで書いたものだった。女官はすっかり担がれたと知り、恨むやら怒るやら。結局はなんだか可笑しくなって笑い出してしまった。一条と共謀して演技していた定子も笑う。女房たちも大笑い、例の怪しい使いも正体を突き止められてにたっと笑い、濡れ衣を着せられた大納言朝光も、事実を聞いて笑い興じたという。

この女官は藤原繁子といい、兼家の腹違いの妹である。母親の出自が低かったのか女房として働きに出、最初は一条の母詮子に仕えた。やがて兼家の次男道兼と叔母甥関係で結ばれ娘を産んだものの、その娘は『栄花物語』巻三によれば「何とも思さず」と無視されていたというから、早くに破綻したのだろう。一条の即位後まもなく内侍司次官の典侍となり、後には三位という高位にも上るので、女官としては成功したと言えるが、生まれや結婚を考えれば、心に複雑な思いを抱えた人物だったようである。そのことは後にむすめ尊子を一条に入内させる執念からも窺える。しかしここにはそうしたひがみも野心も描かれない。少年の一条にころりと騙《だま》されて笑いこけている。

この歌は『後拾遺和歌集』巻十哀傷にも見えて、詞書には右のエピソードも明記されたうえ「一条院御製」とされている、まぎれもない一条の作である。他人を装って手紙を書き反応を楽しむのは、子どもがよくするいたずらである。僧の筆跡をまねるという工夫も、いかにも知能犯を気取ってやりそうなことで、思わず苦笑してしまう。『枕草子』が書き留めた意図も、そうした彼とその周辺の和気《わき》藹々《あいあい》を描くことにあるのだろう。一条の少年らしい素顔が覗くエピソードである。

## 抑制という個性

だが、それを認めたうえで、私にはそれだけではないと感じられてならない。この事件には、ただ子どもっぽいだけではない、一条の大きな個性が覗いている。それは、歌の心情とその披露の仕方のギャップから見えてくることだ。歌は「喪服だけが父上をしのぶよすがだったのに」「みんな喪服を脱いでゆく。父上を忘れてしまうのか」と言っている。一条と円融は縁の薄い親子だった。それでも、いやそうであるがゆえになおさら、父の死は無念なものだっただろう。喪の一年という時間はそれなりに一条の心を癒しただろうが、さて皆が喪服を脱ぎ替える時期になれば、寂しさが胸をよぎっただろう。歌ににじむ、父の死がこうして過去のことになってゆくのだという哀感は、嘘ではない真情だったと察せられる。

ならば、その思いを素直に、最初から自分の気持ちとして吐露すればいいではないか。だが彼はそうしなかった、つまり一条は、本音をむき出しにしなかったのだ。まず真情を遍照の歌にかこつける。それは歌としてよくある手だが、さらに彼がしたのは、これを差出人不明の手紙というミステリーで包むことだ。これで女官の目は、歌の意味より差出人探しのほうにひきつけられた。そして彼女の困惑ぶりを一目見てしまえば、すぐに悪びれず種明かしである。哀悼の歌は、こうして笑いで迎えられる歌に転じた。

いつまでも父を悼んでほしいと願う気持ちは、それが純粋な心情であろうとも、そのままに語ることはできない。彼が天皇だからだ。喪服を脱ぎ替える人々に少しでも非難めいた言葉を投げかければ、それがそのまま相手の運命をさえ変えかねない。それが天皇というものだ。そうした窮屈さは時に重圧でもあったろう。しかし一条はそれを受け止め、洗練とユーモアによって自分の哀しみにベールをかけて示したのだと感じる。

一条は人生を通じて、基本的には静かに自分を抑える人間だった。その結果が二十五年の長きに及ぶ安定的在位をもたらした。このエピソードに見る父への哀感の表し方にも、既に後の性格の片鱗が覗いているようである。それにしてもこの時、彼の周りを何と多くの笑顔が取り巻いていることだろうか。父の喪明けの二月、人々の喪服は一斉に花の衣へと変わり、内裏はまさに春だった。

## 清少納言登場

正暦四（九九三）年冬、定子付き女房に新しいメンバーが加わった。清少納言である。前章でも触れたが生没年は不詳、推定年齢でこの年二十八歳である。考証によれば既に一度は結婚、子もなしたが離別。一説には、再婚したものの主婦生活に甘んじることができず宮仕えに憧れ続けてきた、とされている。『枕草子』の多くの章段で女房魂のかたまりのように見える彼女も、実は勤めはじめの頃は初々しかった。

定子様に初めてお仕えした頃、何かと気後れすること数知れず、半泣き状態で、昼は目立つので夜な夜な参っては、三尺の御几帳《みきちょう》の後ろに隠れていた。ところが何と定子様が、絵など取り出されて私にお見せになるではないか。私は緊張して手を差し出すこともできない。定子様は構わずに、これはああだこうだ、あなたはどう思うか、誰の絵か彼の絵か、などと親しげにお話し下さる。

夜だし暗いと思って出てきたのに、低い燭台に火が点《とも》されているから、照らされているところは逆に昼より明るく、私の気になる癖毛もはっきり見えてしまっている。すごく恥ずかしい。でも我慢して、定子様の指される絵を見たりしていた、その時だ。定子様のお袖からほんの少し覗いた指先が、私の目をとらえた。とても冷たい時節だったからだけれど、何ともいえずほんのりと色づいた薄紅梅色。「何て美しいんだろう……」。世間知らずの主婦としては「こんな人がこの世にいらっしゃるなんて」と、目も覚めるほどの感動でまじまじと見入ってしまった。（『枕草子』「宮にはじめてまゐりたる頃」による）

定子が清少納言に声をかけたのは、新米の硬く縮こまっている心をほぐし、職場になじませてやろうとの気配りだろう。絵を見せて意見を聞いたのも、とりあえず能力の程を測ろうとしたものだ。ほかにも、後日、兄の藤原伊周《これちか》が清少納言にちょっかいを出して困らせた時には、さりげなく声をかけて引き離してやるなどの気遣いも見せている。清少納言が期待の新人だったこともあろう。が、常に目を配り、女房の気持ちや状態を考え、主人自らが手も取り話もして、この後宮を作ってゆく、それが定子のやり方だったのだ。

わずか十七歳の女主人だというのに、『枕草子』を見るかぎり定子には女房指導の基本精神が一本しっかりと通っていて、ぶれがない。女房には一人の主人に長年勤める者もいたが、より条件のよい職場を求めて勤め先を転々と変える、「渡り職人」ならぬ渡り女房も少なくなかった。そんな海千山千を束ねる方法は、母貴子が職場経験をもとに教え込んだに違いない。定子は、女房一人一人が自分の能力を存分に発揮する後宮を目指して指導した。

そしてそれは、清少納言には即座に効果があったようだ。定子によって緊張をほぐされた目が見つけた、定子の指先の、肌の内側からほんのり染まった血色の美しさ。誰もが見逃してしまうようなところに、彼女は鮮烈な美を見出したのだ。『枕草子』「木の花は」で梨を観察し、花びらの端にすてきな色あいがほのかについていると発見したり、「月のいと明きに」で、月光のもと川を渡る牛車について「牛の歩むままに、水晶などの割れたるやうに水の散りたるこそ、をかしけれ」と瞬間のきらめきを見て取る、そうした鋭い美意識が、もう発揮されはじめている。いうなれば、清少納言は定子に認められ自信をつけて才能を伸ばし、ここからやがて『枕草子』作家に育っていったのである。

職場が楽しいかどうかは、サラリーを別にすれば、一に仕事への適応、二に上司との相性、三に同僚との関係だろう。清少納言は女房として資質も意欲も十分だった。定子を崇拝し、定子からも目をかけられた。そして同室の先輩は、局《つぼね》に引っ込んでいた清少納言に、

「まったく見てられないわねぇ。そんなに引っ込んでちゃだめ。ここは誰でも簡単にお勤めできるところではないの。それをあなたはあっけないほど簡単に採用されたんだから、それだけ定子様が期待していらっしゃるってことよ。せっかくの御気持ちにそむいて、定子様をがっかりさせないで」（同）

と、気持ちいいほどびしっと言って、局から叩き出している。厳しいが応援しているのだ。素質のある後輩をさらに伸ばすタイプの先輩だ。定子女房集団は、定子からの期待を自らのプライドとしつつ、風流と機知を競うプロ集団だった。

## 積善寺供養

明けて正暦五（九九四）年二月、関白道隆は父兼家の遺した積善寺《しゃくぜんじ》で大規模な法要を営んだ。清少納言が新米時代に経験した行事の中では、これは最大のイベントだった。

行事に先立ち定子は内裏から二条の宮へ移った。定子のために父が自邸の敷地内に建てた、新築の御殿である。清少納言もお供したが、朝起きてまず目に入ったのは庭の満開の桜だった。まだ梅の盛りの季節なのに、早い。よく見ると、なんと作り物のディスプレーなのだった。一丈、約三メートルという高さで、一目ではわからないほど本物そっくりに作ってあったというのだから、実に手の込んだ装飾である。梅の季節に桜、しかも枝ではなく木全体を作って飾ってしまう。この派手さ・豪華さ・大盤振る舞いは、中関白家のお得意である。また、こんなに手のかかったものを屋外に飾り、やがて雨でだめになってしまえば惜しげもなく捨てるというこだわりのなさも同様である。
さて、清少納言が桜に目を丸くしているところへ、関白道隆がやって来る。今のズボンにあたる指貫《さしぬき》はシックな青鈍《あおにび》に地模様、上は白の表地に裏地の赤が透けて見える若々しい桜襲《さくらがさね》の直衣《のうし》、その下にシャツにあたる紅の単衣《ひとえ》を三枚ほど重ねた、くつろいだ姿だ。迎える定子や女房たちは、一様にピンクや紅や濃紫の衣装である。『枕草子』はこの色合いの装束が実に好きだ。華やぎと繁栄を色に象徴させているのだ。道隆は女房一同を見渡して、

「中宮よ、何一つご不満はございますまい。大勢の美人がたを抱えて、並べて御覧になっているのだから、いや羨《うらや》ましい。誰一人、十人並みの者はいない。これみな良家のお嬢さん方ですぞ。たいしたものだ。よーく目をかけて使ってやりなされ。それにしても皆さんは、この中宮の本性をどれだけご存じで、こんなにもお集まりいただいたのですかな。いやもう、けちで細かい中宮ですぞ。私は中宮のお生まれになった時から、ひとすじにお仕えしてまいりましたが、まだ使い古しの着物一枚下さらない。なになに、陰口ではございません、本当のことで」

（『枕草子』「関白殿、二月二十一日に」による）

女房たちは大笑いだ。そこへ内裏からの使いがやって来る。一条の文《ふみ》を持ってきたのだ。受けとった定子は性急に開けて見ようともせず、父が隣室に去ってからゆっくりと読んで返事を書く。紙は今日の衣装と同

じ紅梅の色目である。受けとる彼の目にこの色の衣装をまとった定子がありありと浮かぶだろう。中宮の配慮に清少納言は溜息をついた。

法要の当日には、陽光が明るく差すなか、定子は輿に乗って会場の寺に向かった。屋根に飾った金色の葱《ねぎ》の花が日光を受けて輝く。緋色の綱が凜《りん》と張られ、十余人が前後の轅《ながえ》を担ぐ。ゆらりと動きはじめた時、清少納言は髪の毛が逆立つほどの感動を覚えた。恍惚《こうこつ》とした頭の隅を「何でこんな大変なところに就職できたんだろう」という思いがよぎる。輿が動くと、一斉に同行者たちの牛車の轅が上げられ、清少納言らも出発である。輿の後に続いて練り歩くのだ。寺に着くとまた度肝を抜かれた。大門の前で雅楽による出迎えである。高麗《こうらい》・唐の曲に獅子・狛犬《こまいぬ》が舞い踊り、速いテンポで鉦《かね》や鼓が打ち鳴らされ、笛が響く。「ここはどこ？　生きたまま仏の国にでも来てしまったの？」清少納言は音楽とともに自分の体までが空に舞い上がって行く心地だった。

法事ならば法事の場面が詳細に書かれるべきなのに、『枕草子』のこの段には、肝心のその場面はほんの少ししかない。それも「一日中見ていて目が疲れた、ぐったり」との消極的なコメント付きである。たぶん清少納言にとっては、一切経の供養などどうでもよかったのだ。こんにち華やかに行なわれるパーティーでも、主催者や一部の客を除く、その他大勢的出席者にとっては、会の名目などより参会者の顔ぶれや衣装や料理など細かい部分のほうがずっと興味津々だ。「里人《さとびと》（家にいる人）心地」つまり主婦の感覚が抜け切らない清少納言が驚き感動に震えたのは、定子はじめいわゆる上流階級の人々の豪華な装束やこなれた会話、ふりまく圧倒的存在感などだった。それを軽薄と笑うことはいくらもできよう。それでも彼女の感動が、当時の一女房の精神が体験した素直な真実であることは動かない。

行事の終わる頃、内裏から使いが来て、定子は二条の宮に寄る予定を変更し、そのまま内裏に帰ることになった。積善寺供養のために定子が内裏をあけたのは二月初旬から法事当日まで二週間以上になる。その間、一条からは日々使いがあったという。最終日は痺《しび》れを切らし、もう一晩も待てないということなのだろう。このころ彼らの関係がどこまで男女のものになっていたか推測もつかないが、定子は少なくとも一条の心を独占していた。

さて、華やかな中関白家の描写ばかりが続くこの段で、別に気を吐いている人物がいる。道隆の末の弟、藤原道長である。清少納言と同年で時に二十九歳。彼は定子の立后とともに中宮職の大夫《だいぶ》、つまり長官に就任していた。その後の展開を知る『栄花物語』は、道長がこの人事を不本意として職務をサボりがちだったという。が、積善寺供養には彼も参加していた。ところが、先に触れた輿での移動の際、彼のせいでずいぶん時間が遅れたというのである。実はこの日、定子とともに一条の母が法要に参加していた。道長は道隆ら一同とともに、一旦、彼女を東三条院に迎えに行き、合流後は定子について寺に出発した。その際、一度人前に見せた下襲《したがさね》のままで再び出ては見劣りがすると言って、別のものを用意させ着替えていたというのである。下襲には「裾《きよ》」と呼ばれる大きな尻尾《しつぽ》のような部分があり、これを後ろに引いて歩く。男性の正装では最も装飾的な部分で、特に後ろ姿ではよく目立つ。定子は「たいそうお洒落さんでいらっしゃること」と笑っているが、道長もこの時点で彼なりの存在感を示しているというべきか。やがて定子と並び立つ中宮となる愛娘彰子は、この時まだ数え歳七歳だった。

## 貴公子伊周《これちか》

中関白道隆は父兼家と同様に身びいきで、息子や親戚ばかりを出世させたので、他貴族からの受けはよくなかった。なかでも最も批判を受けたのが、貴子腹の長男伊周の扱いである。彼は一条即位と同日に初めて清涼殿への出入りを許され、翌永延元（九八七）年には天皇側近職の蔵人になった。一条八歳、伊周は時に十四歳だった。定子が入内した正暦元（九九〇）年には十七歳で蔵人のリーダー、頭中将《とうのちゆうじよう》。翌二年正月に参議となって公卿にデビューしたと思ったら、九月には五人を飛び越して権中納言、翌三年にはさらにまた五人を飛び越して、二十七歳の叔父道長と並ぶ権大納言になってしまった。たった十九歳で、である。この年の全公卿三十余人中、最年少であることは言うまでもない。しかし伊周は高いプライドを保ち、批判に動じなかった。

『枕草子』に、この頃を描く有名な章段がある。

大納言伊周様がいらっしゃって、帝と漢詩のことなどお話しなさっているうちに、いつものことながら夜遅くなってしまった。天皇・中宮の前に控えていた女房たちは、一人減り二人減りして、次々御屏風や御几帳の後ろなどに隠れて休んでゆく。私は一人タイミングをのがして、眠いのを我慢してお前に控えていた。

すると、深夜に時を告げる役の官人が「丑《うし》四つ」と言うのが聞こえる。

「明けてしまいそうですわ」

（『枕草子』「大納言殿参り給ひて」による）


正暦五年、一条十五歳、伊周二十一歳の夏のエピソードとされる。「丑四つ」は今の午前二時半。宮中では夜半亥《い》の一刻（午後九時）から寅《とら》の四刻（午前四時半）まで、近衛府の係官が清涼殿の南の庭で一刻ごとに時刻を奏上することになっていた。それが聞こえたことから、本段の舞台は清涼殿、清少納言たちがいるのは定子の控え室に当たる「上の御局」と推定されている。現在の日付は午前零時をもって翌日に変わるが、平安時代は丑の刻と寅の刻の間、午前三時をもって日付の変わる時刻とした。まだ夜が明けるわけではないが、日が変わりそうだ。清少納言はそうつぶやいたのだ。ところが、それを聞きとめた伊周から『明ける』んだから、いまさら寝るな」と混ぜ返される。いらぬことを言ったと心中舌打ちしたが、ほかに人はいないし、ごまかして眠るのは無理だ。


天皇は柱に寄りかかって、うとうとなさっている。伊周様が、

「あれを御覧なさい。もう日付が変わってしまうのに、あんなふうに眠っていていいのでしょうかねえ」

と申されると、定子様も、

「本当ね」

と笑っていらっしゃる。それにも気づかず、天皇は眠り込んでいらっしゃった。

ところがそうこうするうちである。雑用係の娘が鶏を捕まえてきて家に持って帰ろうと隠してあったのが、何のはずみか犬に見つけられてしまった。追っかけまわされて廊《ろう》の棚に逃げ込み、「コケコッコー!」とけたたましく鳴きわめく。何事かと女官らも皆起き出してやって来た。天皇も目を覚まされて、

「どうして鶏など?」

など、ただされたその時だ。伊周様が、

「声、明王の眠りを驚かす」

と朗々とお詠《うた》いになった。なんと気の利いた朗詠。王様ならぬ私の目もぱっちりと開いてしまった。天皇も中宮様も、

「実にぴったりの文句」

と喝采をおくられたのだった。

（同）

伊周のとっさの一言は、この時から百年余り前の漢詩人 都良香《みやこのよしか》の名作の一節である。

鶏人《けいじん》暁に唱ふ　声明王の眠りを驚かす
鳧鐘《ふしょう》夜鳴る　響き暗天の聴きを徹す

官人が暁を知らせる　その声は賢帝の眠りを覚ます
深夜に鐘が鳴る　その響きは闇を貫いて人々の耳に達する

（『和漢朗詠集』禁中　524）

これを彼は高らかに朗詠した。朗詠とは漢詩の一部や和歌にメロディを付けたもので、高尚な趣味として特に男性の間で流行していた。『和漢朗詠集』はその歌詞集で、一条朝直後に編纂され、この良香の句も載っている。詩では「鶏人」は時刻を知らせる役の官人で、唱える声とは、清少納言が「丑四つ」と聞いたあれである。「鶏」人という官人、しかし実際には人ならぬ本当の鶏の声が、天皇の目を覚ましてしまった。状況はまさにぴったりで、さらに天皇に対し「明王」という賛美の言葉までついている。一条が感嘆するはずだ。定子も漢詩をよく知るから、一緒になって興じた。博識な者は多くても、それを絶妙のタイミングで取り出す力はまた別物である。伊周は誰が何と言っても漢文においては当代きっての名手だった。そしてその力を、このように躊躇なく誇示する人間だった。

## 妻と兄のくれたもの

ところで、右のようなエピソードはエピソードとして、この章段は細部に重要な点を多く含んでいる。まず、一条が伊周を清涼殿の上の御局に入れていたという点である。「上の御局」とは、キサキが帝の清涼殿に参ったときに使う部屋である。そこに伊周がしばしばやって来ている様子は、定子に与えられた後宮の殿舎だけではなく清涼殿が、一条夫婦とともに定子の実家の家族の場になっていることを示す。伊周は一条八歳の時から天皇秘書官に当たる蔵人を務めてもおり、一条にとっては長年親しんだ気の置けない相手だった。

次に、一条は伊周に漢文の話をしに来させ、それが例によって深夜に及んだという点である。当時の上流男性にとって文学の第一は何と言っても漢文だった。特に一条はこれを好み、彼の代には貴族宅でも日常茶飯事のように漢詩の会が営まれた。その結実は当代の名作漢詩集『本朝麗藻』などの作品にも見えている。天皇には公設の家庭教師が付くので、一条の勉強もそこから始まったのだろう。が、おそらくそれよりも日常的に、彼は伊周から教わっていたのである。それも一条からせがんで、夜遅くになるまで勉強を続けていた。伊周の漢才が、一条の漢才を育てた。一条は伊周を師として慕い信頼していた。定子を介した義兄であることも含めて、伊周は一条にとってかけがえのない「兄」だったのである。

その信頼は、さらに次の点、一条が定子と伊周の前で居眠りをしたところにもうかがえる。自分から勉強をせがんでおきながら、眠気に負けてうつらうつらするなど、なんとあどけない姿だろう。無防備に天皇の鎧《よろい》を解ききった少年に過ぎない。伊周と定子は、眠る一条を見て軽口を叩き笑っている。ここには確かに団欒がある。妻と義兄との、心を許し合える温かいひととき。一条が実の父母とは決して分かち合えなかったその関係を、中関白家はもたらしてくれたのだ。

そして最後に、一条とともに伊周の才気を讃える定子である。彼女は兄の朗詠を聞いて、何の説明も受けることなく自然に反応した。都良香の漢文「漏刻」を、彼女も知っていたのだ。漢文は朝廷の文書など公的世界の言語であり、公的世界は女官を除きほぼ男性のみの社会だった。そのため世には、漢文は男性の文化という通念があった。女性が漢文を習得することは、紫式部など漢学者の家の娘か内侍司に勤める専門の女官を除いては、まれであった。ところが定子は、母がそうした女官だったために、漢文の素養を持っていた。これが男性同士の会話に口をはさめるキサキをつくることになった。彼女は一条と伊周が語るのと同じ言葉を持ち、同じ趣向を理解し、共感できた。それは他の女性には到底まねのできない、定子だけの魅力だった。ちなみに後に一条の后となる彰子は、結婚後八年たっても屏風に書いた詩一つ読めなかった。これが良家の女子の常態だったのだ。

『枕草子』は、伊周と定子の漢文教養をめぐるエピソードに満ちている。夜半、清少納言を局へと送る道々、「遊子なほ残りの月に行く（有明の月光の下、旅人は行く）」と朗誦した伊周（「大納言殿参り給ひて」後半）。折しも月明かりが皓々《こうこう》と彼を照らしていた。また、御前に殿上人《てんじょうびと》を集めての演奏会で、琵琶の楽が終わった時、「琵琶、声やんで、物語せむとすること遅し」と詠いあげたこともあった（「御仏名のまたの日」）。白楽天「琵琶行」、奏手が述懐を始める場面の一節である。このように日常の何気ない一瞬をとらえて、状況の通う漢詩を持ち出しその場を演出するのが、彼のお得意なのだった。当意即妙という賛辞がぴったりである。なお男性社会におけるこうした知的お洒落の隆盛は、当然周辺の女性にも影響を及ぼし、貴族と渡り合う女房や貴族社会に憧れる女たちには漢詩文をかじりたいと思う者もいた。清少納言はそうした一人なのだろう。名句を一覧できるお手軽な書物もあったので、洒落た知識を仕入れるだけならその気になれば可能だった。

定子で即座に浮かぶのは、「少納言よ、香炉峰《こうろほう》の雪いかならむ」と呼びかけ、清少納言が御簾《みす》を上げればにっこり微笑む有名な場面（「雪のいと高う降りたるを」）だろう。また殿上人が一日管弦で暮らした夜、琵琶を立てて彼らから顔を隠し、その仕草が「琵琶行」詩中の女と同じだと清少納言が気づいた時にも、やはり笑いを返した（「上の御局の御簾の前にて」）。前者では白楽天が雪見する場面、後者では薄幸の琵琶名手が琵琶を抱える場面を、自らが演じ、わかる者と共感し合って楽しんだのだ。どのエピソードにおいても、漢文は伊周にとっても定子にとっても、窮屈な「学問」などというものではなかった。堅苦しくも小難しくもない、日常を豊かにする、華やかな娯楽だった。

## やんちゃ者隆家

中関白家の家族で、もう一人紹介しておかなくてはならない人物がいる。定子の弟、隆家である。歳は一条の一つ上。この正暦五（九九四）年八月に十六歳で従三位に叙せられて、公卿の仲間入りをした。気取った兄とは対照的な性格で、やんちゃなほど元気がある。

前帝花山を覚えているだろうか。彼は退位後、正式に法皇となり、熊野などで修行を積んだ後、正暦三年か四年ごろ再び都に帰ってきた。奔放な気質は出家してもそのままである。「いくらお前でも、我が家の門前を通り抜けることはできまい」と隆家に言いがかりをつけて、争いになった。こんなにばかばかしく思えることがなぜ争いの種になるのかは、実のところまだ解明されていない。門前が私的空間（家）と半公半私的空間（道）の接する微妙な場だったためとする説もあるが、はっきりしない。ともあれ、売られた喧嘩は買うのが隆家である。とうとう日を決めて勝負することになった。

当日、隆家殿は特に車輪の頑丈な牛車を用意し、選り抜きの牛をかけた。烏帽子《えぼし》も直衣《のうし》も派手にそろえ、赤紫の織物の指貫を格好よく牛車の御簾から覗かせて出発である。いよいよ近づくと前板に身を乗り出して袴の裾を長々と踏みしだき、御簾を高々と巻き上げられた。袴の裾のくくり紐《ひも》など地面に引きずってゆく。牛車の前には従者を五、六十人ばかり、あらん限りの声を張り上げ張り上げして、道を空けさせる。

受けて立つ花山院のほうも尋常ではない。形容のしようもない荒くれ坊主らや猛々しい壮年青年の寺男どもなど、総勢七、八十人ばかりで門前の道を封鎖する。院は彼らの手に手に大きな石つぶてや五、六尺もの長さの杖を持たせ、近衛大路側の正門、勘解由小路《かげゆこうじ》側の南門、東洞院《ひがしのとういん》大路は築地に沿って花山邸前と向かいの小一条殿の前の両側に、隙間なくずらりと並ばせた。門の内側でも、出入りの用心棒武士や若く屈強な坊主らの限りが集結し、準備万端整えて待機している。日ごろから暴力沙汰の大好きな者どもが運よく今日の日に巡り合ったのだから、気合の入れようは実際どれほどのものだったか。とはいえ双方とも、武器はつぶてと杖だけで、本物の弓矢までは持ち出させなかった。

隆家殿は東洞院通り沿いに北進の策をとり、しばらく牛車を停めて様子を窺った後、突進された。勘解由小路との交差点を突破、さらに北進して正門のすぐ近くまで車を乗り入れる。しかしその後はどうしても通ることができなかった。院方に集結の夥《おびただ》しい数の者どもは、心を一つにして隆家殿を睨みつけ見守る。ついに隆家殿が車を退却させると、「は！」と一斉に笑いののしった。その声といったら、いやはや大変なものだった。
（『大鏡』「道隆」による）

基本的に武を軽蔑し文を尊重する傾向の強い平安貴族のなかで、隆家は際立って体育会系の人物だった。後年のことだが、志願して着任した大宰府に刀伊《とい》（女真族）が来襲した時には、いちはやく九州中の豪族に召集をかけて応戦、敵に多大の損害を与え退散させている。それにしても、隆家に勝負を売った花山は、出家もしており既に二十代後半という年齢なのだから、もう少し落ち着きがあってもいいのではないか。叔母や女房たちと通じるなど乱脈な女性関係を復活させたのもこの頃である。

門前突破勝負は単なる遊びで、特に禍根を残したわけでもなかった。しかし隆家のこの好戦的な性格は、やがて中関白家にとって致命的な事件をひきおこすことになる。それには花山院が再び関わってくるのである。

さて、平穏に過ぎてゆくように見える中関白家栄花の日々だが、一家の外には不吉な兆しが広がりはじめていた。正暦五年二月、先に触れた積善寺供養の直前に、内裏後宮の弘徽殿と飛香舎が何者かにより放火された（『日本紀略』同年二月十七日）。一条の住む清涼殿の北隣、定子の登花殿の南隣の二殿舎である。現政権への反発がこのような形をとって表されたのである。

さらに恐ろしいことには、疫病が正月以来猛威を振るいだしていた。この年『日本紀略』の疫病関連記述は十八回にのぼる。流行は九州に始まり国内に蔓延した。都でも路上に病人があふれ、一条は命令を出して彼らを施設に入れた。罪人の大赦を行ない、国民の税を軽くし、老人には穀物を支給するなどの手当ても行なった。諸所で祓をし、伊勢はじめ諸社に幣《ぬさ》を奉り、天皇家の祖先を祀る山陵に使いを送り、読経を命じた。が、神も仏もこの病を鎮圧してはくれなかった。路上に死体が転がり、死臭が鼻を突き、屍肉《しにく》にたかる犬やカラスさえ、やがて食べ飽きるほどだった（『本朝世紀』同年四月二十四日）。三条南油小路西の井戸の水が疫病予防に効くとデマが飛び、人々が押しかけたこともあった（『日本紀略』同年五月十六日）。翌長徳元（九九五）年に至って、この疫病は公卿たちに襲いかかり、政界の大変動をひき起こすことになるのである。

そしてまた中関白家の内部で、足元が大きく崩れようとしていた。正暦五年十一月、道隆が持病に倒れたのである。疫病ではない。長年の大酒がたたった、飲水病（糖尿病）である。日に日に細ってゆく道隆のために、正妻貴子はあらゆる手を尽くした。道隆の失脚を望む者による呪詛とも考えたが、祈禱も秘法も効果がない。すべてを支える大黒柱が倒れかかっている。華やかな中関白家に、今や暗雲がかかろうとしていた。

## 清涼殿の青春

もう少しだけ、中関白家が頂点にあった日々を見ておきたい。この幸福はじき瓦解《がかい》するのだから。そして一条の一生にとって、素直に幸福と言えるのはおそらくこの時期以外にはなかったから。

清涼殿の丑寅（北東）の角の、仕切りに立ててある衝立《ついたて》は、荒海の絵だ。恐ろしげな生き物の「手長」「足長」などが描いてある。上の御局の戸を開けてあるといつも見通せて、私たちは「嫌ねぇ」などと言って笑う。欄干のもとには大ぶりの青磁の瓶を置き、美しく咲き誇る桜の枝をいくつも挿してある。五尺（一メートル半）ほども長さのある枝なので、欄干の外にまで花が咲きこぼれている。

（『枕草子』「清涼殿の丑寅の角の」による）

高校の教科書にもしばしば取り上げられる章段である。正暦五（九九四）年春。清少納言は内裏に慣れはじめ、鬼門封じに置いてある中国妖怪図の衝立を笑うまでになっている。青磁の青と桜の色のコントラスト、大きな瓶とたっぷりした枝は、いかにも中関白家好みである。室内には定子と一条と、清少納言ら女房たち。そこへ伊周がやってきて、天皇に遠慮して縁側に座る。時刻は午《うま》一刻（午前十一時）、天皇の朝食の時間である。うらうらと照る日差しの中、食事を運ぶ蔵人の足音が高い。最後の膳を運び終えた蔵人がやって来て、天皇に告げる。天皇は定子のもとを離れ「昼《ひ》の御座《おまし》」に食事に行くが、すぐに食べ終えると、給仕が片付け役を呼ぶか呼ばないかの間に帰ってくる。この段は文学作品には珍しい宮廷の食事時を舞台に、一刻も惜しんで定子の傍らにいたい一条を描いている。

定子は、村上天皇と女御が交わしたという風流のエピソードを語る。村上は一条の祖父に当たる。彼の時代には、勅撰和歌集の『後撰和歌集』が編纂されたり宮廷での詩会や大規模な歌合わせが行なわれたりと、文化が隆盛した。彼の父醍醐《だいご》天皇も同じく勅撰和歌集『古今和歌集』を作らせている。醍醐と村上の治世は合わせて「延喜・天暦の治」と呼ばれ、一条朝には特にあがめられた。さて、その村上帝の女御藤原芳子は、入内に先立ち父に命ぜられて、「御学問」として『古今和歌集』全二十巻の歌すべてを暗記したという。そのことを小耳に挟んだ村上は、物忌みで退屈なある日、抜き打ちテストを思いついた。ちなみに「物忌み」とは、おもに陰陽道の占いにより、活動を慎しまなくてはならない状態を言う。重いものから軽いものまでいろいろあったが、「物忌み」と書いた紙や木の札を、冠に付けたり部屋の御簾や屋敷の門前に掲げたりして、できるだけ外との交渉を断《た》った。ここでは天皇が物忌みなので、政務が休みとなり、私的な時間が生まれたのである。

「帝が『古今集』を持っていらっしゃって、女御との間に几帳を立てて遮られるので、女御は『いつもと違う。妙だ』とお感じになったけれど、帝が草子を広げられ『その月、何々の折、誰それの詠んだ歌は、何だ』と質問なさったから、『そういうことか』と合点がいったのですって。でも『もし覚え違いをしていたり、忘れたところがあったりしたら大変』と、随分緊張なさったでしょうねぇ」（同）

和歌の道に明るい女房たちを審判に立て、正解の数を碁石で示す。次々と質問が出され、女御は答えてゆく。一首も誤答がない。村上はだんだん苛立《いらだ》ってくる。「少しでも間違えたらそこでおしまいにしよう」と思っているうちに、とうとう十巻まで終わってしまった。諦めて一旦は休戦、明日に後半を持ち越しとしたが、帰って床に入っても気になってならない。明日の準備をされては抜き打ちテストの意味が無い。やはり今日決着をつけよう。

「帝は試験を再開され、灯火のもと深夜までずっと『古今集』を読み続けられました。でも、女御は結局一つもお間違えにならなかったの。試験が再開になった時、お付きの女房が女御のお父様に連絡したから、実家のほうでも大慌てなさって、仏のご加護をといって寺にお経を読ませたり、ご自身でも内裏のほうを向いてお祈りしたりと、大変だったということです。雅びを追い求められた、感動的なお話ですわ」

天皇は、定子様がお話しになるのにじっと耳を傾け、感嘆なさった。

「僕なら三、四巻もテストできないな」

（同）

聖代が風雅に打ち込んだ話を、定子はキサキの立場から女御に共感しつつ語った。父の心配など、身につまされるところもあったのだろう。キサキたちは皆、家を背負って入内している。帝の愛を受けられるかどうかに、一家の命運がかかっている。一方、一条は帝の立場から、村上への尊敬を心に抱いた。そこまで文芸にこだわるとは。さすがに文化政策を重視した村上帝だ。今の自分にはとてもできない。

一条は後年、天皇として高く評価され、「延喜・天暦」に並ぶ聖主と賞せられるようになる。それには彼の資質も人徳もあろう。が、定子のこんな話が、いにしえの父祖たちへの憧れを高まらせたこともあるのではないか。このような点においても、定子は一条に強い影響を与えたのである。

書中に往時有り

しづかに典墳に就きて日を送るうち
その中の往時、心情に染む
百王の勝躅《しょうちょく》、篇を開けば見え
万代の聖賢、巻を展《の》ぶるに明らかなり
学び得て遠く追ふ虞帝《ぐてい》の化《くわ》
読み来たりてさらに恥づ漢文の名
多年稽古、儒墨におよぶ
なにによりてか此の時泰平ならざらむ

書物の中には往時が有る

古典に向かって心静かに日を過ごしていると
書中に書かれた過去の出来事が胸に染み入ってくる。
ページを開けば、代々の王たちの素晴らしい業績が見える。
巻物を広げれば、往古からの聖者も賢人も、ありありと姿を現す。
遥か遠く慕うのは伝説の帝王虞帝の教え。
読むにつれてますますわが身を恥じる、漢の文帝の誉れには。

だが私も長年いにしえの道を考え、儒学の本道や墨子の寛仁の政治を学んできた。
そんな私の世が、どうして穏やかに治まらぬものか。きっと治めてみせる。

（『本朝麗藻』巻下書籍部「書中に往時有り」御製）

一条がこの詩を書いた年代はわからない。しかし詩に込められた、治世の泰平を目指す志は真剣である。しばしば一条朝の漢文は、文章や儒学を活かしてよりよい政治を目指すというよりも、上層貴族たちの交歓の道具であり知的アクセサリーに過ぎなかったと批評される。確かに道長はじめ一部の貴族たちにはそういった傾向が否めない。しかしこの詩に見えるように一条は、中国の古典を熱心に読み、古代の聖帝の政治に憧れ、ひるがえって自分を戒める、そんな一途さで学問と政治に取り組む人間だった。そうした彼の学びの原点は、おそらく定子や伊周との幸福な語らいの中にあったのである。

# 第二章　政変と悲劇

## 嵐の一年

長徳元（九九五）年は、権力の流れが中関白家からそれた年だった。替わって台頭したのが藤原道長である。とはいえこの年正月には、道長はまだ政治家中七、八番目の中堅どころに過ぎなかった。上には最高位関白に長兄道隆四十三歳、左大臣に源氏の長老源重信七十四歳、右大臣に次兄道兼三十五歳がいた。そしてその次に控えていたのが、弱冠二十二歳ながら内大臣の伊周である。この職「内大臣」は常設の職ではなく、次代を期待される出世株に対して特別に用意されるものだった。道長は三十歳、伊周より八歳の年長だが、職は権大納言で二階級も下だった。『大鏡』中の老語り手で自称百九十歳の大宅世継《おおやけのよつぎ》は当時を振り返り、混迷を極めた政局を「とにかくはらはらしたりぎょっとしたりの連続だった。物心ついてこの方、あんな時代はなかった」（下巻「道長」）とコメントしている。

## 「間」と「替」の綱引き

道隆は苦悩していた。昨年十一月から悪化した病は流行の疱瘡《ほうそう》（天然痘）ではなく持病の糖尿病だったので、短期間で死に至るものではない。しかし先が見えている。自分が生きている間に、何とかして中関白家の屋台骨をしっかりさせておきたい。道隆が打ち出した策は、自分が引退して伊周の地歩を固めることだった。この年二月に二度の辞表を提出（『本朝文粋《ほんちょうもんずい》』巻四　表106・107）、文面には病による辞職とある。病の重さは正直な話で、正月以来出勤も滞っている。しかし一方で道隆は、床の中で伊周擁立策を練っていた。

このころの緊張した状況を克明に書きとめた公家日記がある。まずはその内容を読もう。

辞表を受けとらず考えあぐねていた一条だが、病床の道隆と連絡をとり合った結果、三月に命令を発した。「関白が病の間、文書はまず関白に見せ、次いで内大臣伊周に見せるように」。天皇に先立って公文書に目を通す業務を「内覧」という。平安時代も現代同様、役所は文書で回っている。だからそれをすべて見て内容をつかむことは、政治の全体を掌握することを意味した。いきおい天皇から意見を求められることにもなるので、この業務こそが摂政や関白の土台とも言えた。一条はそれを伊周に補佐させようとしたのだ。

だが、これを聞いた伊周は色をなした。話が違う。「関白が病の間は『専ら』私に任せると、既に承りました。それを先ず関白、次いで私とは、一体どういうことなのでしょうか」。事前の話では、伊周一人で行なえとなっていた、というのである。少しの違いで自らの重みがまったく変わったのを伊周は見逃さなかったのだ。一条は故意に文面を変えたのだろうか。もしもそうならば、一条が政治家として信頼を置いたのはやはり道隆であり、この状態に及んでも第一には彼に頼むところが大きかった、逆に言えばすぐさま伊周への全権委譲には踏み切れなかったということになる。しかし内実はともあれ、伊周に鋭く突かれてここでは一条が折れた。「道隆の意見を聞き、それに随《したが》う」。伊周の言い分が通ったのである。

ところが翌日、思ってもいなかった第二ラウンドが発生した。そこでは、一条は頑として譲らなかった。ことの次第はこうだ。

詔勅の文書を作成する機関を弁官局といったが、その現場での作業中、不審な指示が発せられた。昨日のやりとりの結果修正された文面は、「関白病気の間、諸文書は内大臣に見せよ」。その「関白病気の間」の「間」という字を削除、「関白病気の替」とするようにというのだ。「間」を「替」とすることは、「その期間」という条件を「交替して」とすること、つまり道隆がたとえ回復しても、あるいはまた病死した場合も、伊周が内覧を続けることを意味する。一文字で、臨時の措置が政権交替へと変わるのである。

これを指示したのは道隆の妻貴子の兄弟、つまり伊周のおじ高階信順である。高階家は伊周とともに、道隆政権の身びいきを象徴する存在だった。貴子の父成忠は人望のない人間でありながら引退直前に参議に滑り込んだし、信順はじめ兄弟たちは軒並み国守の地位に就いて富を我が物にした。そうした高階家にとっては、道隆から伊周へできるだけ迅速円滑に権力が委譲され、中関白家の栄花が続くことが望ましい。信順はちょうどこの弁官局に中間管理職として勤めており、その立場を利用して文書の書き換えを狙ったのである。

しかし、担当の部下は不審を覚えた。「これは頭弁《とうのべん》様から帝のご指示を伝達されてその通り書いているもの。頭弁様の指示を仰がないと改められませぬ」。頭弁とは帝の秘書に当たる蔵人の二人いるトップ（頭）の一人で、本職が弁官である人物を言う。蔵人として、帝の最も身近にいて彼の言葉を公卿や官僚に伝え、また逆に公卿や官僚の言葉を天皇に伝え、いっぽうでは弁官として、政務を実際に動かすための書類作成に当たるのだから、激務だった。ちなみにこの時の頭弁は源俊賢《としかた》。一条朝を支え、のち権大納言まで上る若手の賢臣である。

話は担当官から俊賢を経由して一条の耳に入った。一条は許さなかった。あくまで彼の意思は、道隆が病気で内覧できないことへの「応急措置」だった。高階氏は引き下がらざるを得なかった。それにしても、書類作成の実務者に現場で指図して勝手に書類を書き換えようとは。貴子の父が漢文を修め、貴子も女官であったことは先に述べたが、高階氏は一様に漢文に明るく、つまり宮廷の文書作成のしくみにも通じていた。その「特技」を活かして姑息な手に出たのだが、水際で食い止められたのだった。

右の一連の記事を記すのは、藤原実資の日記『小右記』（長徳元年三月八・十日）である。実資はもともと藤原北家では本家筋に当たるものの、兼家系によって傍流的存在に追いやられてしまった小野宮家《おののみやけ》の当主である。時に三十九歳。うるさ型の人物で几帳面な日記を膨大に遺しており、なかには権力者への歯に衣着せぬコメントも記されることがありおもしろい。この事件は頭弁俊賢から直接聞き、第一ラウンドで一条が伊周に折れた時は「大いに奇異の極みなり」と眉を吊り上げ、第二ラウンドの高階家の策謀には「謀計の甚だしきこと、何人かこれにまさらん」と罵倒している。注意したいのは、伊周や高階家のみならず一条自身が批判の的になっていることだ。天皇はその血統ゆえに、貴族とは全く別格である。だがそれですべてが許されたわけではない。天皇の政治にも生活にも常に目を光らせ、時には容赦なくこきおろす、それが貴族たちの実態だった。

そんな貴族たちの目に、一条の態度はどう映っただろうか。第一に、中関白家との打ち合わせ通りでない勅を出そうとした。彼らの操り人形ではなく自ら考える帝であろうとしていると見える。第二に、しかしそれに固執しなかった。伊周に追及されれば、道隆の合意を前提に引く。独裁ではなく、あくまで協調を重視する姿勢なのだ。更に、決まったことには文書の一字をもゆるがせにしない。数え歳十六歳、満では まだ十四歳半ながら、彼の心には天皇としての自覚と責任感が生まれていたと見てよい。

かつて、摂関期の天皇には政治的実権は無かった、と言われたことがあった。今も何となく彼らを「お飾り」と見る目が残っているように思う。だが一条は、それが違うということを私たちに教えてくれる。彼は明らかに、政治判断を下す天皇だった。そして定子の兄であり、私的にはあれほど心を許している伊周に対しても、公の問題では決して馴れ合い的でなかった。私情に引きずられることなく、峻厳《しゅんげん》な態度で公務に当たろうとしていたのだ。

## 嵐の前のにらみ合い

内覧事件直前の二月二十八日、一条の母詮子が石山寺に参詣した。大勢の貴族たちとともに、伊周は牛車で、道長は騎馬で随行した。が、伊周は用事のため途中で引き返すことになり、詮子に一言挨拶を、と車を降りた。

伊周殿は詮子様の牛車のもとに近づいて轅に手をかけると、暇乞《いとまご》いの挨拶をなさった。詮子様の牛が足を止め、隊列が滞る。と、騎馬で前を進んでいた道長殿が、やおら馬をUターンさせて牛車のほうへやって来た。そして伊周殿の襟首辺りに馬の鼻先をぐっと寄せると、牛童《うしわらわ》に向かって、

「早く出せ。日が暮れてしまうぞ」

と命ぜられた。その無礼さに、伊周殿はけしからんと振り返る。道長殿は馬上から見返す。伊周殿に気《け》圧《お》される風もなく、すぐに馬を退かせもしない。随行の貴族たちが見るなか、にらみ合いが続いた。

「日が暮れる。早く早く」

道長殿は動じず命じた。伊周殿ははらわたが煮えくり返る思いだったが、どうしようもなく、しぶしぶ退かれるしかなかった。

（『大鏡』「道長」による）

この出来事は人々の関心を集め、史料にも書き留められた。例の実資は寺に随行しなかったが、同行した俊賢からいちはやく聞き及んでいる（『小右記』長徳元年二月二十八日）。俊賢の感想は「其の故有るに似たり（訳ありの様子でしたよ）」。伊周と道長のにらみ合いは、貴族たちにとっていわば格好の土産話となったのだ。道隆時代の終わりはもう誰の目にも見えている。では跡を継ぐのは誰か。息子か、それとも兄弟か。まさにその二派閥が火花を散らしたのが、このにらみ合いだった。権力の頂上は藤原氏の中でも兼家一家に独占さ

れてしまった。そしてそれを、今は兼家の子と孫が奪い合っている。外野に置かれた者としては高みの見物ということだったろう。

『大鏡』は、帰京した伊周が道隆にこのことを報告、「大臣をばかにする奴に先などないさ」と言われたと記す。まるで幼児が親に泣きついて慰められているようだ。だが言った道隆にしても、道長に抗議一つできないのだ。病はそれだけ進んでいた。十日後、伊周が内覧の宣旨を賜った時には、道隆は報告の勅使を迎えるために敷居をまたぐことすらできなくなっていた。それでも何とか踏ん張って、かずけ物の女装束を手に取り、作法通りに渡した。勅使は頭弁俊賢である。美形の道隆は死の床の病人になってもやはり美形だった。それが彼の高貴さを最後まで守った。「容姿というのは、病気のときこそ必要なものだと思ったよ」。俊賢はその後幾度となく語ったという（『大鏡』「道隆」）。

四月十日、道隆は死亡した。享年四十三歳。酒に命をとられたというのに、死に際まで飲み友だちのことを口にし、「あいつらも極楽に行くかなぁ」と言ったという（『大鏡』同）。実際、彼らは道隆と前後して死亡している。疫病を病んでいたのだ。今わの際のこの一言に、『大鏡』は「酒のことばかりいつも考えていたからだろう」とあきれた口調だが、それは彼をことさらにおとしめる筆法だろう。どんな時にも笑いを、それが道隆なのである。彼は自らを貫いた。ある意味、天晴《あっぱ》れではないか。しかし、この冗談を聞いていつものように笑ってくれた家人はいたのだろうか。

道隆の死を受けて、一条は早急に関白の後任を決めなくてはならなくなった。候補は二人。一人は道隆の息子伊周、そしてもう一人は、道隆の次弟で花山退位の時に活躍した道兼だった。実はこの時点においても、道長は明らかな候補にはなっていなかった。

伊周はあからさまな対抗意識を見せ、様々な修法を行なわせたという（『栄花物語』巻四）。母貴子の父、高階成忠は出家しており、自ら祈禱をしたり秘法をしたりして外孫を応援した。だが旗色は悪かった。一条の母に、道兼に肩入れする意向があったもようである。

一条は迷ったのだろう。道隆の死から半月以上過ぎた二十七日、ようやく決断を下した。関白は道兼。伊周は膝を抱えて意気消沈した。世間は挙げて道兼を訪れ、世の中の馬や車が残らず押し寄せたような賑わいとなったという（『栄花物語』同）。大方の貴族は、心中では道兼を応援していたのだ。皆、一足飛びに若い世代に権力が移ることを嫌ったのである。もちろん道長もこれを歓迎した。

ただ当の道兼は、喜びに浸りつつもどこか気分が優れないのを感じていた。既に疫病にかかっていたのだ。しかしそうは考えたくない。「風邪だろう」と煎じ薬などを飲んでごまかしつつ、来客の応対をこなしたという（『栄花物語』同）。そして五月二日（『公卿補任』同年）、一条への挨拶言上の日がやってきた。

道兼殿は多少気分が悪いとは思ったが、たまたまのことだろう、今日の慶賀を中止しては縁起が悪いと考え、我慢して内裏に参上なさった。ところが、その道でも容態は悪化するばかりである。帝との謁見まではようやっとこなしたものの、礼に従って清涼殿の殿上の間の階段を降りることができなくなってしまった。しかたなく御湯殿の渡り廊下の戸口まで召使を呼び、その肩を借りて朔平門まで行き、そこから牛車にて退出となった。一体どうしたことかと一同は不安の面持ちで見送った。

いっぽう御屋敷では、いつもより盛大に主人を迎えようとあれこれ用意して待ちうけていた。ところが道兼殿は人に寄りかかり、冠も崩れ襟紐も緩めて、ひどく苦しげな様子で牛車を降りていらっしゃるではないか。出発時とは余りの変わりようだ。とはいえ皆、「いくら何でも、まさかのことはあるまい」と囁《ささや》き合うほかない。胸には不安が渦巻きながら、表面は新関白一家として嬉しげな顔を装って過ごしたのだった。

（『大鏡』「道兼」による）

病はどうしようもなかった。挨拶からわずか七日で、道兼は死んだ（『日本紀略』長徳元年五月八日）。あれほど望んだ関白の座を手にしたのに、執念で生きながらえることができなかったのだ。「七日関白」とは世が彼につけた名である。

前年来市中で猛威を振るっていた疫病は、この年に入って一気に貴族層に広がった。左は長徳元（九九五）年当初の公卿上位メンバーだが、うち×印のあるのはこの年上半期の死亡者である。日付は命日を表す。

関白　×藤原道隆　四月十日　四十三歳（持病）

| | | | |
|---|---|---|---|
| 左大臣 | ×源重信 | 五月八日 | 七十四歳 |
| 右大臣 | ×藤原道兼 | 五月八日 | 三十五歳 |
| 内大臣 | 藤原伊周 | | 二十二歳 |
| 大納言 | ×藤原朝光 | 三月二十日 | 四十五歳 |
| 同 | ×藤原済時 | 四月二十三日 | 五十五歳 |
| 権大納言 | 藤原道長 | | 三十歳 |
| 同 | ×藤原道頼 | 六月十一日 | 二十五歳 |

（『公卿補任』正暦六年〈長徳元年〉による）

関白以下権大納言までの八人のうち、実に六人までが死亡。政界の中枢部は文字通り壊滅的な打撃をうけてしまったのだ。「生き残り」はたった二人——内大臣伊周と、権大納言に過ぎない道長であった。道長は平安貴族として最も有名でもあり、最高権力者になるべくしてなったように思われている面がある。しかし実際は、こうした異常事態があったからこそ浮上した幸運の男だったのだ。

## 母の意地

道隆の次の関白が道兼に決まった時、風は道長に向かって吹きはじめたと考えてよい。政権の行方に、中関白家の親から子へではなく、兼家の長男から弟へという道筋が見えたからである。とはいえ、道長はいまだ権大納言だった。大臣より低い地位の者が突如関白になった例は滅多になく、一方、内大臣から関白就任と言えば、道隆もそうだった。伊周は望みを捨てなかった。道兼の死を幸運と喜び、祖父にはよりいっそう祈禱に力を込めさせた。祖父もまた今度こそと伊周を励ました（『栄花物語』巻四）。

一条は迷っていた。貴族たちの承認がより多く得られるであろう叔父の道長か。あるいは、内大臣の地位を持ち、自分との個人的信頼関係も厚い義兄伊周か。そんな一条に働きかけ、強力に道長を推したのは一条の母詮子だったと、物語はいう。

もともと女院詮子様は道長殿に特に目をかけてかわいがっていらっしゃったので、伊周殿のほうでは詮子様を疎みがちだった。一条帝が定子様を溺愛しているつながりを利用して、明け暮れ帝のもとに入り浸り、道長殿はもちろんこの女院様のことまでも、何かにつけてあしざまに吹き込まれた。いきおいそれは女院の知るところとなったようだ。不愉快にお感じになったのももっともなことである。

（『大鏡』「道長」による）

伊周が本当にこうした卑怯な行動にでていたのか、真偽のほどはわからない。だがいずれにせよ、詮子は定子と一条と伊周の「団欒」の噂を聞き、強い疎外感を感じていたのだろう。詮子は夫円融と不仲だった。中宮の地位ももらえなかった。が、息子の即位によって、中宮を飛び越して皇太后の地位を得た。それからは、父兼家とともに息子を支えてやってきた。幼く何一つできなかった息子。行幸も彼女が一つ輿に乗って行ったのだ。ただ、当然の事ながら息子は成長し、やがて一人前になる。国母《こくも》の権力は権力として認められようが、その比重は軽くならざるを得ない。一条を支えることを自らの支えとしていた詮子は、巣立たれる寂しさから中関白家を悪者に見なしたのだろう。彼女は感情的になっていた。加えて政治的にも、道長は父邸で一条と四人長く暮らした、気の置けない弟だった。彼が権力の座に就けば、詮子も今以上に安泰なのである。

道長殿に政治を執らせることを帝はひどく渋っていらっしゃった。道隆殿が亡くなったことで中宮定子様が後ろ盾を失い、世から手のひらを返したように軽んぜられでもすれば不憫だと案じていらっしゃったのだ。道兼殿に関白の詔を発するのが遅くなったのもそのためだ。しかし女院は兄弟の順に従うのがよいとの御考えだったし、伊周殿に不快感を持ってもいた。それで、道長殿への決定を渋る帝に詰め寄った。

「どうしてそんなふうにお考えなのですか。道長は、伊周に頭越しに大臣になられたことだけでも本当にかわいそうだったのに。わかっていますとも。あれは道隆お兄様がごり押しでやってしまったのです。帝も、それで口をはさめなかったのでしょう？　でも今、帝はご自分で、最初道隆お兄様、次に道兼お兄様、と順に関白を命じておいて、道長にだけさせないとおっしゃるのですか。ならばそれは、道長がかわいそうというよりも、帝のためになりませんよ。何より世間がそう言います」　（同）

詮子が呼びつけてはやいのやいのと言うものだから、一条もうんざりしてしまい、やがて母からの呼び出しには応じなくなった。すると詮子は業を煮やし、とうとう道長を連れて清涼殿に乗り込んできた。

女院は道長殿とともに上の御局に上がった。が、帝をそこにお呼びにはならなかった。自ら帝の御寝室に踏み込んで、涙ながらに訴えられたのだ。道長殿は一人で上の御局に控え、なかなか出てこない姉君を待ちながら胸もつぶれる思いだった。と、しばらくして、戸を押し開けて姉君が出てきた。顔は紅潮し涙に濡れて光っている。だがその口元は嬉しげに微笑まれ、

「やったわ。決定が下りたのよ」

そうおっしゃったのだった。（同）

母は強かった。口説きの次は泣き落としである。寝室にまで入り込まれたのでは、一条も逃げようがなかった。もともと一条は、毎年正月には母宅への行幸を欠かさない孝行息子なのだ。おそらく詮子もそれをよく承知していた。だからこそ、上の御局ではなく寝室という極めてプライベートな場で、二人きりの話し合いを持ったのだ。詮子はこの密室での説得に、母としての自分を懸けていた。そして彼女は勝ったのである。それにしても、この説話も実に『大鏡』らしい。詮子の泣き濡れた勝利の笑顔が目に浮かぶようだ。平安の人々は、詮子と一条との母子関係、また一刻を争う状況下での人事の駆け引きと妥協とを、このように見ていたのだ。

## 器の大小

こうして五月十一日、一条は道長に「内覧の宣旨」を発した。三月に伊周が賜ったあの業務を、今度は道長に任せるということだ。さらに六月十九日、太政大臣・左大臣が空席の状態で右大臣に任命（『公卿補任』同年）。道長は公卿の頂点に立ったのである。三十歳の若い権力者の誕生だった。一つ断っておけば、道長は一条朝では最後まで関白になっていない。別格扱いの関白よりも公卿の中に大臣として席を置くことを、道長自身が望んだものと考えられている。また一条朝の後にも、道長は摂政にはなるが、関白を務めたことはない。だから道長を関白と呼ぶのは厳密には誤りである。しかし、役所の事実はどうあれ、世人にとって彼は実質「関白」だった。彼を生で知る時代の作者によって作られたとおぼしい『栄花物語』正編にさえ、そう呼ばれている。

とはいえ、この時点ではまだ、後年彼が昇り詰めたような栄耀《えいよう》栄花が約束されたわけではなかった。道長に敗れたといっても、摂関家長男筋の伊周の正統性は否定されていない。一条と定子はむつまじく、そのうち男子が生まれれば、伯父として伊周が再浮上する可能性は十分にあった。道長の娘彰子はまだ八歳、後宮対策で打つ手はない。伊周は、「待ち」に入ればよかったのだ。祖父兼家がそうしたように。しかし彼は、祖父と違ってこれまでが恵まれすぎていた。試練を知らず、ほしいものは性急に手に入れたがった。高階一族からおだてられすぎたのもよくなかった。『栄花物語』が言うには、おじたちは「道長だって道兼の二の舞で疫病にかからないとも限らない」と囁き、祖父の高階成忠は「わしの目の黒いうちは諦めなさるな」と焚《た》きつけたという。成忠のする修法《しゅほう》が法に触れるものであったとは、後にわかったことである。

『大鏡』流布本「道長」は、「瓜を請はば器ものをまうけよ、と申すこと、まことにあることとなり」と記す。関白の職がほしいならそれにふさわしい「うつわ」がなくてはならぬ、伊周はそれに欠けていた、というのである。強靭な意志と行動力こそ政治家の要件とする『大鏡』流布本の目は、線の細い御曹司型の伊周に対しては実に厳しい。

七月、伊周は会議の場で道長と口論となった。激昂してあわやつかみ合いの状況に、公卿や官人は壁の後ろに群がり、聞き耳を立てた（『小右記』七月二十四日）。

同じ頃、隆家と道長の従者同士が七条大路で「合戦」を演じた。弓矢が使用されたというから、花山天皇との遊びとは訳が違う。いったんは引いたものの事件は後を引き、数日たっても収まらぬ隆家の従者が道長の従者を殺害したとあっては、一条も処分を下さないわけにはいかなかった。下手人をかくまった隆家に、翌日即座に参内禁止が言い渡された（『小右記』七月二十七日・八月三日）。公正を貫き平和を保とうとする一条の努力とはうらはらに、中関白家の息子たちの鬱憤は爆発寸前に達していた。

### 花山法皇暗殺未遂事件

明けて長徳二（九九六）年正月十六日。実資の日記はただならぬ記事で終わっている。後年「長徳の政変」と言われる事件の発端である。彼はそれを道長からの連絡で知った。

花山法皇・内大臣伊周・中納言隆家が故一条太政大臣の家の前で出くわし、乱闘事件発生。法皇側の童子二人が殺害され、首を持ち去られた模様。

（『小右記』逸文、三条西家重書古文書一「諸記録集」中『野略抄』長徳二年正月十六日による）

刃傷沙汰《にんじょうざた》の末相手の首を切断し持ち帰る。鎌倉武士顔負けの残虐事件が勃発したのだ。しかも被害者側に前帝が絡んでいる。下手人は隆家の下人だが、伊周も現場にいたようだ。なぜこんなことが。事の経緯を語るのはまたしても文学作品『栄花物語』である。

故一条太政大臣為光殿の三女「寝殿の方」は見た目も気立てもよく、「女は容姿第一」としていた亡父からも溺愛されていた女性だが、最近内大臣伊周様が彼女に接近、愛人にして通っていらっしゃった。いっぽう花山院はその妹、四女に恋文を送り交際を迫っていらっしゃった。出家と恋など問題外と四女は拒絶したものの、院は自ら押しかけて来ては、今時の若者めいた振る舞いを繰り返される。噂を耳にした伊周様は、変に勘ぐってしまわれた。

「相手はおそらく四の君ではあるまい。我が恋人、三の君に違いない」

法皇が自分の愛人に横恋慕していると思い込んだのだ。

穏やかでなくなった伊周様は弟の中納言隆家様に相談なさった。中納言様は一言、

「よし、俺に任せとけよ、兄さん。朝飯前さ」

腕の立つ従者二、三人を従えて待ち伏せ、月明かりの下、法皇が姉妹の住まいから騎馬で帰ろうとするところを襲撃したのだ。もちろん、ちょっとばかり脅かしてやろうと思っただけだった。しかし使った道具がいけない。弓で射掛けてしまった。矢は法皇の衣の袖を貫通した。さしもの法皇も、これには縮み上がった。一目散に逃げ帰り、呆然として震えられるばかりだった。

（『栄花物語』巻四による）

『日本紀略』同日には、「花山法皇が密かに故太政大臣為光公の家に行っていたところ、伊周・隆家の従者等が法皇の居場所を射た」とあるのみだ。ただ、花山の現場行きを殊更に「密かに」と記すあたり、裏事情の存在がにおう。『栄花物語』は事実と見てよいだろう。両者の下人は現場に残り乱闘、被害者の首は「仕事」の証拠として持ち帰ったと推測される。そもそも事の起こりは伊周の勘違いだった。伊周の愛人は三女、花山の狙いは四女で、痴話げんかにもならぬことだったのだ。ただし伊周の推量にも根拠が無いわけではない。

伊周と花山が通った姉妹は故太政大臣藤原為光の娘である。その今は亡き長女が忯子だった。かつて花山が帝位にあった頃、彼に狂おしく愛され身ごもって死んだあの女御である。彼女の死はもう十年も前になるが、花山退位に大きく関わっていた。伊周はおそらくこう推理したのではないか。花山はいとしかった忯子の記憶から、その面影を求めて忯子の姉妹と付き合うことを思い立った。ならば姉妹の中で最も美しいと評

判が高い我が恋人に、当然白羽の矢が立つ。花山は我が恋人を奪うつもりだ。いかにもそれは考えられることではあった。しかし現実は違ったのである。

そもそも伊周も相談した相手が悪かった。弱冠十八歳、しかも血気盛んな弟、隆家に打ち明けて、ことが穏便に済むはずがないではないか。むしろそこから察するに、兄は最初から暴力に訴えたいと思っていたのではないだろうか。そこで腕に覚えのある弟に持ちかけた。弟も嫌いなほうではなく、花山とは「門前突破勝負」で戦闘の真似事をした因縁の間柄でもある。ここ最近の鬱憤も手伝って襲撃計画を請け負った、そのあたりが真相だろう。被害を受けた花山だが、僧の身で女性がらみの喧嘩はさすがに恥ずかしく、事件をひた隠しにしようとした。が、隠しおおせるはずもない。情報はすぐさま広まり、道長の耳を経て、当日のうちに実資にまで伝わった。

実は実資は、この頃ちょうど検非違使《けびいし》庁の長官を務めていた。職務は京中警護、今で言う警視総監にあたる。そのおかげでと言うべきか、『小右記』は担当官ならではの情報に満ちている。彼によれば事は意外な方向に発展した。伊周が関係者宅に「兵」を隠している疑いが浮上したのである。

二月五日、一条は実資に捜査を命じた。「身分あるものの邸宅でも、いちいち捜索許可を仰がずともよい。迅速に事に当たれ」。検非違使たちは関係者宅を家宅捜索し、八人を逮捕、武器を証拠品として押収。さらに逃走した七、八人を追って付近の山々まで捜査網を広げる事態となった。実資は驚きつつも、京の治安の悪さに備え、伊周が警備のためにしたことか、と慮《おもんぱか》っている(『小右記』同日)。だが正直なところは、「馬鹿な伊周が、クーデターか何かでもしでかすつもりだったと勘ぐられても仕方がない。大体こんな物騒な者どもを従えているから、些細な喧嘩が流血の大事になるのだ」、嘆息交じりのこうした思いだったのではないか。

二月十一日、一条は「花山院下人と乱闘の事件に関し、内大臣伊周と中納言隆家の罪名を法律担当官に調べさせよ」との指示を道長に伝えた。いわゆる「立件」である。事件が事件として扱われ、二人が何の罪に当たるか捜査される段階に入ったのだ。満座の公卿たちはうなだれたり声を上げたりした（『小右記』同日）。誰もこの指示を事前に知らされておらず、驚いたのだ。一条は自分ひとりで考えて、義兄と義弟を罪人として処罰する決断を下したのである。

数え歳十七歳になった一条は、既に天皇としての強固な責任感を持ち、委細にわたるまで人任せにせず政務に当たろうとしていた。だがその内心は察するに余りある。定子の兄弟を処分することは、一条自身にとっても身を切られるようにつらいことであったに相違ない。しかし身内だからといって大目に見ればどうだろう。彼は天皇である。私情を優先したときの影響は大きすぎる。世は信頼できるものを失い、秩序が一気に乱れるだろう。苦しみのなか、一条は天皇の責務を貫くことを決めたのである。

一条が二人を有罪と決めたその日、神事を控え、喪中の定子は内裏を出て、中宮関係の役所「中宮職」の建物、「職御曹司《しきのみぞうし》」に移ることになっていた。しかし当日になって、退出は突然延期となった。前日、一条から指示があったためという（『小右記』二月十一日）。筆者は、一条が定子をひきとめたと想像する。決意に至った自分の思いを少しでも説明しようとしたのではないか。しかし、もしそうだとしても、結果的にはそれは役にたたなかった。月末、定子が職御曹司に下がり、次いで三月上旬、伊周と隆家のいる実家に帰った後になって、事件はさらに拡大したのである。

## 明暗の自覚

定子が二月二十三日に内裏の梅壺から職御曹司に移った後、清少納言は一人とどまっていて、時の蔵人頭《くろうどのとう》、藤原斉信《ただのぶ》の訪問を受けた。蔵人頭は通常二人置かれ、一人は先に見えた文書作成官を兼務する「頭弁」、もう一人は武官の「近衛中将」を兼務する「頭中将」であることが多い。斉信は後者「頭中将」である。この役職は、たびたび物語の登場人物の役職に使われるように、りりしくて華やか、女性にもてる貴公子というイメージを持っていた。イメージだけではなく実際に、公卿候補のエリートがつく役職でもあった。そして斉信はその典型だった。頭弁源俊賢とともに、やがて一条朝の名臣と称せられるに至る人物である。この時三十歳。

清少納言が室内から呼ぶと、彼は春の光を浴びながらやって来た。狭い縁に片膝乗せて腰掛け、もう片足は下に落として、御簾もとに軽くにじり寄る。この体位を実際にとってみていただきたい。重心を保つために自然に体が前に傾く、つまり御簾の内にいる女に迫る姿勢になる。「これこそ、絵に描き、物語に褒める貴公子そのもの」と清少納言には見えた。

御簾の内でこんな方の応対をするのが、一筋の乱れもない髪が肩にこぼれかかる若々しい女房だったりすれば、見た目にもいいし素敵だったろう。しかし現実には、盛りも過ぎた老け女で、髪なども地毛が細って付け毛を足しているから所々縮れている私。一同喪中の時期だから、服もどうでもいいような薄鼠色に、コーディネート無視で数ばかり多い重ね着。着映えしないどころか、中宮様の留守中だから裳も着けていない。私のみすぼらしさがこの場面を台無しにしている。

（『枕草子』「かへる年の二月二十余日」による）

清少納言は自分と彼の不釣り合いを痛感する。その理由を、彼女は年齢や美醜などとしか言わないが、本当はそんなことではないのだ。庭には紅白の梅が咲き、日はうららとのどかだった。だが清少納言は暗い室内にいる。格子の上半分だけを上げた「半蔀《はじとみ》」から、外の光の世界を覗いている。斉信のいる縁側が光にあふれている一方、清少納言のいる室内は薄闇に包まれている。この明暗の対照が彼女の心を象徴している。前途洋々、身に一点の曇りもない彼。だが私の主の家には翳《かげ》が差している。世界が違うのだ。主家への不安が、清少納言をこんなに弱気にさせている。

夕刻、清少納言が職御曹司に参上すると、女房たちは大勢で物語批評の最中で、『宇津保物語』の登場人物のことなどをわいわい語っていた。定子も批評に加わっている。こんな時に悠長な、と思われるかもしれない。しかし罪人の家族になったからといって、日常生活を続ける以外何ができるのだろう。それだけでも努力を要したに違いない。表面は楽しげに興じながら、実は誰の心も不安に満ちていたことだろう。まして定子の気持ちは、推し量りようもない。だが、清少納言が斉信の美しさを報告すると、女房たちはそのあまりのひいきぶりを笑い、ひとしきり彼の噂に盛り上がったという。

暗い時こそ笑いを。その道隆一家らしさは保たれていたのだ。ただ、この時の「笑い」が他意のないものだったかどうかは分からない。後に述べるように、斉信らとの親交はやがて清少納言を苦境に立たせることになるのである。

三月四日、定子が里の二条北宮に退出したとき、お供をするはずの左馬寮の役人たちは来なかった。公卿もたった二人。激しい雨のなか、到着した里で恒例の宴が催されることもなかった。公卿たちはそそくさと帰っていった(『小右記』同日)。定子は父の生前とは手のひらを返したような世間の冷淡に耐えなくてはならなかった。

三月末、一条の母詮子のかねてよりの病が悪化、死を覚悟するまでになった。病は詮子を怨む何者かの呪詛のせいとの噂があり、寝殿の床下を掘り返したところ、案の定呪いの道具が見つかったという(『小右記』三月二十八日)。詮子には伊周を嫌い道長を内覧に推した経緯がある。伊周に疑いがかけられるのは当然だった。

さらに四月一日、伊周が「太元帥法《たいげんのほう》」をやっているとの告発があった。一条は参考人を呼び、取り調べた(『日本紀略』同日)。告発したのは小栗栖《おぐるす》法琳寺、同法はこの寺と宮中においてしか催行が認められておらず、天皇家以外が催してはならない秘法だった。『栄花物語』が繰り返していた祖父成忠による秘法とはこれのことと推測されている。それにしても伊周も、天皇家独占催行の決まりを知らなかったわけでもないだろうに、なぜ行なってしまったのだろう。太元帥法は「逆臣を退け国の怨敵を降伏し国王の威力を増進せしめるために修する」とされる。平将門の乱にも効力を発したという。あるいは成忠と伊周は、道長を逆臣にでも見立てて調伏しようとしていたものか。真相はまったく不明である。

ともあれ、義兄たちの罪状はもはや痴話げんか云々の域を超えていた。一条は決断しなくてはならなかった。

## 処分決定・家宅捜索・逮捕

四月二十四日。『栄花物語』（巻五）によれば、この日、内裏はものものしい雰囲気に包まれた。警備官詰め所の「陣」に集結したのは異様な面々である。武門の手だれどもに召集がかけられたのだ。御伽草子《おとぎぞうし》「大江山の鬼」で有名な武将、源頼光もその中にいた。彼らはおのおの配下の武士たちを率い、陣を固めた。東宮警備隊や宮中滝口の武士たちも控えている。関所も閉じられた。天下大事の時になされる措置である。

一条は公卿らを召集し、決定を伝えた。二人は流罪。花山法皇を射たこと、母后女院を呪詛のこと、太元帥法を私的密行のことにより、伊周を大宰権帥、隆家を出雲権守に降格のうえ、配流（『小右記』同日）せよとの詔勅であった。

なぜ一条は、二人をここまで厳しく断罪したのか。この前年、隆家の従者が道長の従者と乱闘したときには、同じ傷害致死事件でも隆家の罪は軽かったではないか。筆者の考えは以下のとおりだ。まず今回の暗殺未遂事件が、単なる喧嘩ではなく計画的犯行だったことである。だがそれだけではない。何より前帝が相手である。加えて詮子への呪詛、これも天皇家一員を標的にしている。そして太元帥法、天皇にしか許されぬこの法を行なうことは、天皇権威への侵犯ともとれる。つまり伊周たちの犯罪は、偶然ながらそろいもそろって普通の犯罪ではなかった。天皇家に楯突くものだったのだ。だからこそ、一条は天皇家当主としてこの事件に対応し、公に天皇の権威を示さなくてはならなかった。なお、死刑が実質行なわれなかった当時、大宰府への流罪は最高刑だった。流刑者としては菅原道真や源高明《たかあきら》が有名だが、彼らの罪は濡れ衣とはいえクーデター計画の首謀、つまり国家転覆罪だった。伊周は、少なくとも刑の厳しさにおいては彼らと同等の大罪人とされたことになる。

伊周、隆家とともに定子のいる二条北宮に一条からの勅使が遣わされ、詔《みことのり》を読み上げた。邸内は号泣に包まれた。包囲する検非違使どもまでが同情の涙を流したと『栄花物語』（巻五）はいう。『小右記』も詳しい。配流決定の日、伊周は重病と称して時間の猶予を欲しがった。一条は許さなかった。が、翌日も伊周は出てこようとしない。宮の周辺は野次馬でごった返し、中には車でやって来る者までいて、二条大路は人がき、車がきで囲われたようになった。みな伊周逮捕の現場を見ようとして集まったのだった。二十八日。「中宮様と権帥伊周が手を取り合って離れません。引き離して権帥を引っ立てることができません」。勅使は何度も一条のもとに使いを走らせ、指示を仰いだ。貴族から下々に至るまで都人が挙げて集まったかのようで、宮周辺は混乱を極めた。邸内からは人々の泣き声が漏れ、聴く者も涙を拭《ぬぐ》った（『小右記』各同日）。

実はこの前後から『栄花物語』の記述は事件の日次を違える。情報の錯綜のためとも、独自の演出のためともされるが、本書では『小右記』『日本紀略』のいう史実日次に従って述べてゆくので、以下の『栄花物語』記事の口次については、作品内で当該記事の記す日次からずれることを断っておく。

五月一日、二条北宮の家宅捜索命令が下された。伊周が姿をくらましたのだ。

「隆家は邸内にいる模様ですが、伊周の所在がさっぱりつかめません」。報告を受け、帝は「とんでもないことだ。中宮をしかるべき場所に移した上で、納戸を開け天井裏まで調べよ」と命令を重ねる。検非違使の伝えに、女房らももうどうしようもないと諦め、それなりに几帳などを立てて中宮様の身を囲った。とはいえ邸に踏み込まれるのだから、どうしても姿は露《あら》わなのだ。検非違使どもだけではなく、むくつけき下種《げす》どもを使って納戸の戸を叩き割る音が、忌まわしく嘆かわしく、やりきれない。

(『栄花物語』巻五による)

「下種ども」とは、検非違使庁に雇われていた犯罪者たちである。彼らは「放免」と呼ばれ、処刑免除と引き換えに警察の最下層業務にあたった。『小右記』によれば、この捜索は定子自身の寝室の壁を壊し、天井や床をはがす徹底的なものだった。定子は家から出され、中宮職役人の牛車にかくまわれていたというが、それでも「后に無限の大恥を為し奉る」と同情されることだった。家を破壊する音は牛車の中までも響いただろう。女たちは悲鳴と号泣を連ねた。捜索の末、隆家はみじめな姿で発見され、湧く雲のごとき見物人のなか、配所へと送られた。この事態に定子は絶望し、発作的に髪を切った(『小右記』五月一日・二日・五日)。

自ら鋏《はさみ》を取ってのことと『栄花物語』はいう。

一条はそれを使いから聞いた。


「かわいそうに……定子は普通の体ではないのに、どれだけ彼女を苦しめてしまったことか」

思いが次から次へとわきあがる。思わずこぼれる涙を、帝はお隠しになった。（同）

定子は折しも妊娠していた。身も心も極限に追い込まれての出家だったのだ。平安朝の都人には自殺という文化がない。人生に絶望したときには出家する。その意味で出家は心の自殺であり、定子はまさにその道を選んだと言える。出家により俗界を捨てることで、政治を含む世事から自己を抹殺したのである。だがそれは同時に、女性としての彼女の抹殺をも意味した。一条の待ちに待った第一子は、女ではなくなった妻、名ばかり「中宮」と呼ばれる尼によって産まれることになった。

「自分が彼女をここまで追い込んだ」と、一条は自分を責めた。だがその涙を、彼は隠したという。なぜなのだろう。天皇権威を踏みにじった家の一員である妻だからか。衝動に身を任せ身勝手に女を捨てた妻だからか。天皇たるもの弱腰を見せてはならぬということなのか。『栄花物語』に説明はない。だが重要なのは、ここで涙を見せてはならない、それが一条自身の自らに課した天皇像だったと、物語が示していることである。


伊周は三日後に姿を現した。逃亡を企て愛宕《あたご》山中に潜んでいたとも、父の墓に懺悔《ざんげ》するため宇治木幡にいたともいう。『小右記』五月四日によれば、帰った時には出家姿だったが、実は虚偽の出家だった。いざ配流となると母とともにゆきたいと願い出、一条に却下されると勝手に一緒に出発してしまった。年老いて病弱な母貴子を、伊周は置いて行けなかったのだろう。一条の使いが後を追い、旧長岡京付近でようやく捕え引き離した（『小右記』五月五日）。家宅捜索の日、貴子は敢えて邸内にとどまり身を隠さなかった。気丈な姿は見る者の涙を誘ったという（同）が、本人の受けた精神的打撃は察するに余りある。結局彼女は数カ月後、悲嘆の中で没することになる。

六月、追い討ちをかけるように定子の二条北宮が火事で全焼した。定子は下男に抱きかかえられて避難、高階のおじの家に身を寄せた。実資は書いている。「昨日は宮中、今日は破滅。古人いわく『禍福はあざなえる縄の如し』」。定子の凋落《ちょうらく》は彼の目にもあまりにめまぐるしかった（『小右記』六月九日）。

## 清少納言引きこもる

定子が出家後のどん底にいたとき、清少納言は何をしていたのか。実は彼女は彼女で自分の苦しみの中にあった。

関白殿たちがお亡くなりになったのち、事件が起こり騒がしくなって、中宮様も内裏に上がらず小二条殿というお邸にお住まいだった頃、何となく嫌なことがあって、私は長く実家に帰っていた。仕事をするにもおぼつかなく、とても耐えられなくて休職してしまったのだ。

（『枕草子』「殿などのおはしまさでのち」による）

「小二条殿」は定子が二条北宮からおじの家に身を寄せて後、住んだ所である。だが清少納言はそこに勤めず、長く自宅に引きこもっていたというのだ。あれほど定子を崇拝し、女房勤めを楽しんでいた清少納言だったはずなのに。一体何が起きたのか。

清少納言は自宅に右中将源経房の訪問を受けた。彼は定子を訪れた帰りらしく、その模様を語った。

「今日定子様の宮に参りましたが、実に風情がありましたよ。女房たちの装束は、裳や唐衣も季節に合わせ、たゆまずお仕えでした。御簾の隙間から覗きますと、八、九人ほど、朽葉の唐衣・薄色の裳に紫苑重ねや萩重ねなど素敵な装いでずらりとお並びでした。御前の草がひどく茂っているので『どうしてこのように。全部刈ってしまえばよろしいのに』と申しますと、『宮様が露を置かせて御覧になるとおっしゃるので、わざとそのようにしてございますのよ』とお答えになったのは、宰相の君さんの声でした。おしゃれでしたね」

（同）

中宮も女房たちも逆境にめげずやっていたのだ。しかし露をめでるために雑草を払わないとは本当だろうか。事件以来、中関白家では主人を見限って出てゆく下仕えが続出した。草を払わせる下男にも不自由していたというのが正直なところだろう。

「『清少納言さんがお暇を取っているのは大層残念です。宮がこうした所にお住まいの折節には清少納言さんこそは何があろうと必ずお側にお仕えするものと、宮もお思いでいらっしゃるのに、そのお気持ちの甲斐もなく』と口々に言ったのは、私に伝えよということでしょうな。行ってみなさいな。しみじみしたお住まいでしたよ。台の前に植えられた牡丹などの綺麗なこと」などおっしゃる。「さあ、参上できますかどうか……。人が私を憎いと思っているのが、私のほうでもまた憎らしいものですから」。私がそう答えると、中将はおっとりと笑って返した。（同）

同僚らは、定子の信頼を裏切って欠勤を続ける清少納言を口々に非難した。それを「清少納言に伝えよ」との指示と感じた経房は、気を利かしてやって来たというわけだった。だが清少納言は曖昧《あいまい》に言葉を濁す。経房は事情を知っているのかいないのか、それ以上強いて出勤を促しもしない。実は欠勤の理由は、当の同僚たちにあったのだ。

皆は定子様のお気持ちを考えろというけれど、定子様にはお怒りのご様子などない。むしろ問題は周りに仕える彼女たち自身だった。

「清少納言は道長様方の筋の人なのよ」

と言って、皆で集まって話していても、私が局から来るのを見るとふっと黙って、のけ者にしている感じだったのだ。今までになかった仕打ちに腹が立ち、私は引きこもった。中宮様から何度「来い」と仰せごとがあっても耳に入れず、長い時が過ぎた。そのため宮周辺の女房たちは、私を完全にあちら側の味方に仕立てて、根も葉もない嘘まで作り出しているものと思われた。（同）

そういえば、定子が二月末に梅壺から職御曹司に下がった時、清少納言は一人で御殿に残っていて、翌日合流した。既にこうした「いじめ」が始まっていたから、一人になりたかったのかもしれない。ただ、同僚たちの疑念にも根拠がないわけではなかった。清少納言は宮仕え当初から、自他ともに認める道長のファンだった。また二月のあの時も、清少納言は頭中将斉信の訪問を受けていた。彼は伊周と隆家に配流が言い渡された当日、そのポストを埋めるように参議に昇進した（『公卿補任』同年）、まさに「道長側」の人物である。一人で彼と逢っていたというだけでも勘ぐられて当然なのだ。勤務先の屋台骨が揺らぐとき、雇われ人の間には仲間割れや疑心暗鬼が起こりやすい。清少納言はその標的になってしまったのだった。職場で挫折《ざせつ》を知らなかった清少納言だけに、仲間はずれは心にこたえた。

定子からの出勤を促す仰せもいつしか間遠になり、いよいよ孤独をかみしめていたある日のことだった。雑用係の下級女官が手紙を持ってきた。定子からのものらしいが、ここに来てまであたりを憚《はばか》っている。よほど秘密の手紙ということなのだろうか……清少納言ははやる胸を押さえつつ封を解いた。するると、紙には何も書かれていない。山吹の花びらただ一重が包んであり、それに「言はで思ふぞ」との文字があった。

山吹の花色衣ぬしや誰　問へど答へずくちなしにして

山吹の花の色の衣、持ち主はどなた？　聞いても答えない。なぜって、山吹色はクチナシの染料で染める……「口なし」で答えられないからね。

（『古今和歌集』雑体　誹諧歌　1012　素性法師）

心には下行く水の湧き返り　言はで思ふぞ言ふにまされる

心の中には秘めた思いが湧きかえる。口に出さずに想う気持ちは口にするよりも強いのだ。

（『古今和歌六帖』五　雑思　いはで思ふ　2648）

「山吹の花」の和歌は笑いを誘うシャレの歌だし、「言はで思ふぞ」は秘めた恋の歌で、どちらもよく知られている。定子はその二つを使って、清少納言に我が思いを伝えた。「おまえは何を問うても答えない。『口無し』のように何も言えずにいるのですね」。でもそれは、「口に出すよりもっと強く、心で思ってくれているのですね、わかっていますよ」と。定子の清少納言への信頼は失せていなかった。それどころかこうして人目を憚ってまで、信ずる気持ちを伝えてくれた。

長く打ちひしがれていた清少納言の心は、一瞬で晴れ渡った。舞い上がるような思いで返事を書き、やがて勇気を出して参上した。御前に出るとさすがに気が引けて几帳に体半分隠れていたところ、定子は目ざとく見つけ、「あれは新人か?」と笑った。「お前がいなくては少しの間も心が休まらない」。そう言う定子には「変はりたる御けしきもなし」、昔と変わるところは何もなかったと『枕草子』はいう。

そんなはずはあるまい。清少納言の欠勤は、数カ月にわたったとされる。その間、定子の身に異変は数多くあったに違いない。収入が滞っていたともいう。住まいが変わり不自由をかこってもいただろう。また何より、妊娠中の体だった。しかし清少納言が「変はりたる御けしきもなし」と記すのはそのような外見ではないのだ。清少納言は定子の心一つを見つめ、変わっていないと描いたのだ。それは清少納言から定子への絶対の信頼でもあった。

## 『枕草子』の誕生

『枕草子』には、この引きこもりの時期に関わるとおぼしい章段がほかに二つある。一つは次の段、場面は中宮や同僚の前での清少納言のおしゃべりに始まる。

「私、世の中がむかむかするやらむしゃくしゃするやらで、片時も生きていたくなくて『もう、どこでもいいから行ってしまいたい』と思うような時でも、普通の紙の真っ白なのに上質の筆、ほかには白い色紙とか陸奥紙《みちのくにがみ》なんかが手に入ったら、すっかり機嫌が直ってしまうんです。『まあいいか。もう少しこのまま生きていてみようかな』なんて気になってしまいます」（『枕草子』「御前にて人々とも」による）

そのとき定子は「簡単に癒されるのねぇ」と笑って返したことだった。

ところが時が経《た》って、「心から思ひ乱るること」があって自宅に引きこもっていた時、清少納言のもとに贈り物が届いた。極上の紙である。定子からの「早く出ておいで」との手紙が添えられていた。返事をしたため、その紙を「草子」に作りなどして騒いでいるうちに、ふさいでいた気は紛れてしまった、という。清少納言が悩んで実家に引きこもるというのはそう何度もあったことではないので、これは長徳の政変での引きこもりと同じ折の事とされている。

もう一つは「跋文《ばつぶん》」（あとがき）である。

この本は、私の目に映り心に思うことを、「誰も見やしない」と思って、一人寂しい里居の間に書き集めたものだ。あいにくと、人にとって不都合な言い過ごしになってしまいそうな所々もあるので、ちゃんと隠しておいた、と思っていたところが、思いがけず世にもれ出てしまったのだ。

（『同』跋文による）

この「跋文」に従い、『枕草子』は清少納言が徒然な思いで実家にいた時、つまり長徳二（九九六）年のひきこもりの時に集中的に執筆されたということが、現在最も基本的な理解となっている。「跋文」はさらに次のように『枕草子』誕生のいきさつを記す。

内大臣伊周様が中宮様に紙を献上なさって、中宮様が「これに何を書けばよいかしら。帝にも差し上げたようで、あちらでは『史記』という漢籍を写していらっしゃるのよ」とおっしゃった。言葉尻をとらえ、「なら『枕』でございましょう」と私が申したところ、「では、お前が受け取りなさい」と下さったのだった。（同）

これが『枕草子』の発端だと清少納言は言う。紙を受け取ったのは、伊周が内大臣の頃とあるから事件の前、正暦五（九九四）年八月からあの流罪までの間のことである。「枕」とは何だろう。『史記』を受けて「しきたへの枕」という枕詞のしゃれ、紙束が分厚いので「枕にでもしましょう」との笑い、「枕言」（題詞）の意味……と様々考えられているが、結局分かっていない。はっきりしているのはこの作品が最初から清少納言に「枕」と呼ばれ、定子にもそれを認められて出発したということだ。

三つの段を合わせて、『枕草子』の成立は今、およそ次のように考えられている。かつて伊周から献上された分厚い紙束。清少納言は「枕を書けばよい」と言って、定子からそれを受け取った。「あなたがお書きなさい」との指示と見て、少しずつ書きはじめる。が、多忙な宮仕え期間、執筆の時間はつくりにくい。やがて事件が起こった。引きこもる清少納言。心は乱れ、最初は何も手に付かずにいる。ところがそこへ、定子からの二度目の「紙」が贈られてくる。定子の真心に触れ、清少納言に気力がよみがえる。清少納言は紙を「草子」に仕立て、膨大な里居の時間、一心に筆を走らせる。こうして現在の作品の一部にあたる原『枕草子』が完成した。

加えて「跋文」は、この作品が世に出たきっかけをも記している。来客に敷物を勧めようとしたところ、たまたまその上に草子が乗っかっていて、そのまますっと御簾の外に出てしまった。あわてて取り入れようとしたが客が興味を抱き、懐に入れて持ち去った。後で返してもらったが、どうも自分の知らないところで出回ってしまったようだ、という。実はその客というのが源経房、前項で引きこもる清少納言に定子女房たちの様子を伝えたあの人物なのだ。私は、草子を出してしまったのは偶然ではなかったと想像する。経房は定子方と清少納言、どちらにも親しい。その彼から定子に渡してくれという、清少納言のシグナルだったのではないか。作品を献上して定子を安堵《あんど》させ女房たちの誤解も解いたところで職場復帰という算段である。なぜ作品を見せれば誤解が解けるのか。それは『枕草子』という作品が、清少納言個人というより、定子後宮のためのものだからである。

定子は清少納言に紙を与えた。それは中宮に成り代わって書けという意味だとも解される。和歌などでも、文才に秀でた女房に主人が代作をさせるのは、よくあることだ。依頼された女房は名誉と感じ、主人に成り代わって作品をつくる。たぶん定子は、清少納言の感性と表現力こそ自らの後宮の財産だと信じたのだ。清少納言の手によって定子後宮文化から新しい作品が生まれることを期待し、だからこそ紙を取らせたのだ。清少納言はそういった期待も含めすべてを思い出したのだろう。そして実家で二度目の紙を受け取った時、書いた。定子後宮のために、定子後宮が沈みかかっているこの時にこそ。

「時節は？」

正月。
三月・四月・五月。
七・八・九月。
十一・二月。
すべて、折々につけて、一年中素敵。

（『枕草子』「ころは」による）

「降るものは？」

雪。
霰《あられ》。
霙《みぞれ》は嫌い。だけど、白い雪まじりで降るのはすてき。

（『同』「降るものは」による）

「心臓に悪いもの」

競馬観戦ね。
それから、紙で細いこよりを縒《よ》るの。

親の具合が悪いと言い出して普通でない状態。特に流行り病とかの時は、心配で何も考えられなくなっちゃう。

（『同』「胸つぶるるもの」による）

リズミカルな詩のような、またはおしゃべりのようなこうした「ものづくし」は、あるいは同僚たちと交わした会話に原点があるのかもしれない。風流と機知と笑いに満ちていた定子後宮。次々と湧く発想、飛躍する話題。正統派かと思えば笑いに転じ、そうかと思えば時には人情を覗かせる。中関白家は傾き、中宮の姿は変わった。しかしそれで、誇り高い定子後宮のすべてが打ち砕かれたわけではない。輝かしい過去の記憶はいまだ心に新しく、知性や感性はたゆみなく保たれていた。美しいもの素敵なものへの嗅覚や表現力においては、定子女房たちは依然としてトップランナーだった。

『枕草子』の感性を当時の常識と思ってはならない。それは伝統や通念をふまえつつも、その枠には収まりきらない、最先端の感性なのだ。例えば、あまりに有名な「春は、あけぼの」で始まる初段。

春は、あけぼの。やうやう白くなりゆく山ぎは、少しあかりて、紫だちたる雲の、細くたなびきたる。

（『同』「春は」）

春といえば、ふつうは何を思い浮かべるだろう。『古今和歌集』は、梅や鶯《うぐいす》、もちろん桜を挙げる。これがこの時代の常識だ。だが『枕草子』初段には、それらは一つもない。伝統的美意識を見事に乗り越え、それによって読者を挑発する。この作品はスリリングな前衛なのだ。

初段の春は、たぶん清涼殿の春だ。暖かな短か夜を管弦やおしゃべりで明かし、気がつくと白みかけている空。東山の稜線《りょうせん》が輝きだし、紫の雲が細くたなびく。新しい一日が生まれる瞬間。混沌《こんとん》の闇から万物が生まれる、希望に満ちた瞬間。清少納言は壮大な「世界」と「時」をこのように手中にとらえ、作品の冒頭にかかげた。思えばあの初出仕の日以来、彼女の感性の大半を培ったのは定子後宮だ。ならば清少納言が書くものは、定子文化そのものの産物だ。清少納言は自らの筆を通して、定子の文化を永久に紙の上にとどめ、遺産として世に示す重責を果たしたのだ。

『枕草子』はこうして誕生した。その後何年にもわたって書き継がれ、編集されたが、まず集中的に執筆されたのはこの時である。今日誰もが知る歯切れのよい文体、ユーモア、鋭い美意識。その古典の名作は、中関白家の瓦解、定子の絶望、仲間からの疎外、引きこもりという闇の中から生まれたのだ。とはいえ、書きながら清少納言は微笑んでいたに違いない。自らの才能が定子後宮を代表するのだ。何という幸せか。闇のなかに光を見、絶望のなかに幸福を見つける。それこそが、中関白家文化の一翼を担う女房の気骨なのだ。

## 紫式部、人生への船出

道長が台頭した長徳二（九九六）年、紫式部も運命が変わった。父為時が十年ぶりに職にありついたのだ。どうも「申し文」なる自己推薦文を帝の女官に託したらしい。その中の一節、

苦学の寒夜、紅涙襟を霑《うるほ》す
除目の後朝、蒼天眼《まなこ》に在り

苦学した寒い夜、血の涙が襟を濡らした。
しかし努力は空しく散った。人事異動の翌朝、青空が目にしみる。

（『今昔物語集』二十四巻第三十話）

が道長の目に留まったというのだ。ちょうど宋の商人が北陸道に滞在中で、漢文のできる国司が必要だった。道長は自分の乳母子《めのとご》が越前守に決まっていたのを無理やり辞退させて、為時をこれに充てた。かたぶつの為時にしてはうまくやったものだ。というよりも、これができるようになるのに十年かかったということか。しかしそれももう過去のこと。今や大国、越前守として赴任である。

紫式部は母を早くに亡くしたらしい。姉がいたがそれも亡くなって、父の身の回りの世話のため自分も京を離れることになった。下向は夏。陰陽道の吉日による考証から、旅立ちは六月五日かと推定されている。ならば、四月から五月にかけて起きた長徳の政変の際はまだ都にいたのだった。定子の邸を取り巻いた京《きょう》雀《すずめ》たちのひとりだったとは言わないまでも、政変は天下が見守る騒動だった。式部も都人の一人として、定子が凋落し、伊周が流され、一夜にして人の人生が変わる世の無常を、胸に刻んだことだろう。

このとき式部、推定二十三歳。かつて父が恐れたとおり嫁き遅れている。ともあれ、これまで暮らした土地と友に別れを告げ、ようやく人生の海に船出しようとしていた。

# 第三章　家族再建

## 内親王脩子の誕生

長徳の政変で、絶望した定子は髪を切った。この時代、妻が突然出家に奔《はし》ることはそう珍しくない。『蜻蛉日記』の作者は出家こそしなかったものの、山寺にこもって連れ戻され、夫の兼家から冗談交じりに「あまがえる（尼帰る・雨蛙）」とあだ名を付けられた。『源氏物語』にも、なりゆきで尼になってしまい後で泣く妻が描かれている（「帚木」）。また現役のキサキが突然尼になった例も、実は定子以前にあった。ただ彼女はほとんど天皇と交渉の無いキサキで、中宮の位まで得ながら寵愛の絶頂で出家したケースは、定子が初めてだった。

妻が髪を切ればすぐさま離婚となったのだろうか。現在考えられているところはこうだ。出家には二段階あり、「受戒」という儀式を受け髪を剃ってしまうのが、完全な出家である。こうなると夫婦の関係は消滅する。出家後も同居を続けることはできたが、性関係は絶たれた。いっぽう、おかっぱ風の断髪は「尼そぎ」とはいうが尼への弟子入りの状態にとどまり、必ずしも完全な出家とはいえなかったらしい。したがってこの段階では、事実上夫や恋人が離別を拒否することがあった。少し後の例だが、恋人との交際を父に反対され髪を切らされた女性がいた。彼女は当初こそ「尼」と言われたが、やがて家を出、恋人と交際を続けて結婚に至った。恋人は断髪を出家ではなく事故と見なし、世間もまたそれを認めたのである。

さて定子は、事故でなく自らの意志で髪を切った。どの長さまで切ったのかや、受戒をしたのかどうかはわかっていない。どの資料もそれについては固く口を閉ざすのだ。ともあれ、実家は逆賊の家となり、自分は俗を捨てた定子が、力を失ったと見なされたことは間違いない。貴族たちは立て続けに娘を入内させた。七月に大納言藤原公季《きんすえ》が、義子二十三歳を。十一月には右大臣藤原顕光《あきみつ》が、元子推定十八歳を。公卿で彼らより上位には左大臣になった道長がいたが、娘彰子はまだ九歳でレースに参加できなかった。

跡継ぎをつくることは天皇の第一の責務である。定子は身ごもっているが、異常な状況にある。その子が男子だったとしても天皇の後継者たりうるかは、前例がない。一条は今、まっとうなキサキとの間に後継ぎをつくる必要が早急にある。が、そのキサキがいない。ならば今が入内の好機だ。貴族たちの思惑は当然だが、それにしても定子との別離後わずか二カ月での義子入内は、多少無神経に過ぎないだろうか。一条と彼女との交渉の史料は結局見出せない。

いっぽう定子には不幸が続いていた。冬に入り、母貴子が亡くなったのである。またこれと前後して伊周が密かに上京、定子のもとに隠れていたところを密告され、再逮捕された。定子は二度までも目の前で兄を捕らえられたのだ。度重なる心労のためか、出産は遅れに遅れ十二月となった。『日本紀略』には「懐孕《かいよう》（妊娠）十二カ月と云々」（長徳二〈九九六〉年十二月十六日）とある。通常十カ月の妊娠期間が二カ月も延びることがあるのだろうか。すぐには信じられないが、予定の産み月が十月だったことは実資の日記からも確かである（『小右記』同年十月八日）。ストレスが胎児の発育を極端に遅らせたということなら、実に痛々しい。

さて産まれたのは皇女だった。『栄花物語』を読もう。

産湯を使う「御湯殿の儀」には、帝の命令で右近内侍が参上した。世間の恐ろしさは憚られたものの、畏れ多くも帝の仰せごとゆえやってきたのだ。

儀式はしきたりどおり一点の不備もなくとり行なわれた。それにしてもこれが関白生前の華々しい時だったらどんなにめでたかったか。思い出すのもまがまがしい一連の事件が中宮の頭をよぎった。

母の喪中ゆえ、中宮の御衣をはじめ皆が縁起でもない喪服姿だが、赤ちゃん宮の服は喪の色ではない。色白のかわいい顔を見て、右近内侍は思わず漏らした。

「ああ、このお顔を早く帝にお見せしとうございます」

（『栄花物語』巻五による）

『日本紀略』（長徳二年十二月十八日）にも一条が勅を出し定子に絹や綿を贈ったとある。正式な我が子として養う姿勢を世に示したのだ。

皇女は脩子と名づけられた。右近内侍は一条の指示通り七日間母子に付き添い、様々の儀式や身の回りの世話をこなしたのち、内裏に戻った。一条は彼女を密かに召し報告を求めた。そして定子から彼女に心尽くしの品が贈られ恐縮したことなどを聞くと、こう漏らした。

「『大人大人しうあはれ』なことでは、定子に勝る人はいないだろう。私がほかの女性をあまり知らないせいでそう思うのだろうが」

帝はいかにも愛情のこもった言い方でそうおっしゃった。

それにつけても中宮が尼になってしまったことが残念でならない。内裏で会おうにも、世間がいろいろ取り沙汰するのが厄介だ。帝は人知れず溜息をつかれた。（同）

一条は定子を「大人大人しうあはれ」、大人らしく物事を弁えているうえ情に溢《あふ》れているとしみじみ評したという。こうしたことを書くのが『栄花物語』正編の個性だ。『大鏡』は見てきたように事件を語るが、『栄花物語』は登場人物の心のなかまで書いてしまう。事実だけではない、それにまつわる人々の哀歓を記してこその歴史物語だ、そう認識しているのだ。それは、時には客観的事実を逸脱することになるかもしれない。この箇所でも、一条が実際にこうした言葉を漏らしたという証拠はない。だがこの言葉には、十一歳の日の結婚以来、歳上の彼女の思慮と愛情に包まれてきた一条の心の真実が見通されていると言える。

息子の苦悩を見かねたのか、自らも孫会いたさが募ったのか、一条よりも早く脩子と対面したのは母詮子だった。明けて長徳三年二月、誕生五十日直前の脩子を自らのもとに呼んだのである（『小右記』二月十日）。小さな口に詮子は餅を含ませてやった。赤ん坊の健康と長寿を祈る儀式である。尼の嫁から生まれようが、詮子にとって脩子が初孫であることは揺るがない。詮子の胸には祖母の情が湧いたことだろう。

## 召還の決定

母が脩子を表立って扱ったことが、一条の心に決心をよびさましたのではないか。定子と脩子の状況回復に向けて彼は動き始める。

このころ詮子が長患いに苦しんでおり、三月末、回復を祈っての恩赦が行なわれることになった。伊周と隆家に赦免と帰京のチャンスが訪れたのだ。一条は、公卿たちを話し合わせた。場は「陣の定め」、国の最重要議題が扱われ、今の閣議と同じ重みを持つ会議である。ちょうど実資が出席していて、『小右記』（同年四月五日）に詳しく書き留めている。

一条は問うた。彼らを恩赦の対象にするべきかどうか。また対象とした場合、京に呼び寄せるのか。それとも罪を許してそのまま配所にとどめるのか。それを定め申せ。

陣の定めでは、位の低い者から順に意見を述べる。位の高い者が先に意見を言えば、低い者は遠慮したり追従したりして、自由な意見が出ないからである。平安の行政も、それなりに民主的な方法をとっていたのだ。

さて、一条が示した二つの問いのうち一つ目、恩赦の対象とするか否かでは、全員の意見が一致した。恩赦対象とする。二人が罪を免ぜられることは決まった。では京に召還すべきかどうか。これについては意見が分かれた。「法律家に諮問すべし」との案が三人、「先例を探すべし」との案が二人、「天皇に御一任」が四人。最も厳しい意見だったのは源扶義《すけよし》。「召還について、法律の条文のさすところは既に明白です。が、敢えてそれを申しはしません」。彼は道長の妻倫子の兄弟であるいっぽう、定子の中宮職の権大夫（長官補佐）だった。立場を反映してか言葉は微妙だが、要するに法律によれば配所に留め置きという見解だ。無条件に召還という甘い意見は誰からも出なかった。

会議をとりしきったのは道長だった。彼は各々の意見を心に刻むと、一条のもとに向かい伝えた。陣の定めでは出された意見は書き留めることになっているのに、不思議にその手続きをとらなかった。研究者からは、既に彼と一条の間で結論についての合意があったかとされている。確かに、伊周らと道長の勝負はもうついている。これ以上痛めつける必要はない。むしろ一条との協調を重視するほうが、今の彼には得策である。いったん勝負がついてしまえば昨日の敵に手を差し伸べる、それが権力を得てからの道長のやり方だった。

ただそうとしても、陣の定めが形だけのものだったわけではない。結局一条の決定は、公卿たちの意見に従っていた。ただ、その最少数意見だった。恩赦する。召還については、先例に拠る。一条の心中では、すぐにでも二人を京に呼び戻したいところだったろう。しかし根拠もなくそれを決めれば、身内へのひいきとされる。いっぽう法律を根拠にしようとすれば召還できない。そこで先例に拠るとした。筋を重んじ、貴族たちとの合意と協調の中でことを進めようとする。それが一条のやり方になっていた。召還の決定を受け、配所の隆家は半月後に早々と帰京した（『小右記』同年四月二十二日）。遠い筑紫の伊周にも、早晩知らせが着くだろう。定子の周囲は久しぶりに明るい笑いに包まれた。

## 天下、甘心せず

恩赦によって、定子が負う二つの疵《きず》のうち一つは解決した。一時は「積悪の家」（『小右記』長徳二年十月十一日）などと実資からも罵倒された中関白家だが、少なくとも法律上もう罪人の家ではなくなった。しかしもう一つ、出家ということはどうしようもなかった。再び『栄花物語』を読もう。

第一子脩子との対面についても、一条は貴族社会、ことに道長からの批判を心配していた。たとえ短時間でも、出家したキサキが内裏に入るのはいかがなものか。ためらう気持ちの一方で、逢いたい気持ちは募る。口癖のように脩子を見たいと漏らす一条を、詮子も母として不憫に感じていた。とはいえ、脩子一人を内裏に来させることはできない。動きのとれない二人の噂を聞き、乗り出したのは定子の祖父、例の高階成忠だった。遠慮する定子を説得し、脩子と二人で内裏に参上させた。参内にはそれなりの準備が必要だが、凋落した定子は侮られ資金が集まらない。「絹を進上しましょう」と申し出る荘園があってようやく準備が整えられる有様だったという。

参内の日、待ちかねた心で詮子は孫を抱き取った。赤ん坊らしく丸々と太り、にぎやかに赤ちゃん言葉を発している。詮子はつい涙ぐんでしまった。定子は気後れを禁じえないものの詮子と対面し、その後のことなどを尽きせず語った。

二人が話している間に帝がいらっしゃった。まず赤ん坊の顔を見る。なんとも言えず可愛い。ただただ機嫌よく笑って、何か話している。今までこの子に逢えなかったことよ。帝の目に涙が浮かんだ。頭の片隅を、「男だったなら」との思いが人知れずよぎった。

それから帝は中宮と対面なさった。中宮は几帳を引き寄せてよそよそしく身を隠していらっしゃる。尼姿を見られたくないのだ。それも道理だ。帝は灯りを遠ざけた。そして涙と笑みの中で胸の思いを吐露された。

（『栄花物語』巻五による）

この場面にことさらに灯りのことなどを記すのも、『栄花物語』が物語の手法をとるからだ。灯りはここで、ストーリーの展開に重要な役割を果たしている。彼は定子への思いやりから室内を暗くしてやったという。薄闇の中、定子は几帳を退ける。彼にとって一年ぶりに見る、妻の姿である。自ら切ったという髪は、前よりずいぶん短くなっていたはずだ。この時、もしもそれをまざまざと見せ付けられていたならば、一条もあるいは気持ちの整理がついたかもしれない。しかし薄闇がそれを隠してしまった。定子への配慮であるはずの闇が、むしろ一条の心に働く。二人を隔てる「出家」という障害が隠され、おぼろげにしか感じられない。彼はある錯覚に陥った。何も変わっていないのではないか。一年前に別れたあの日から。これだけのことを行間に隠して、『栄花物語』は次の古歌を引く。

いにしへになほ立ち返る心かな　恋しきことに物忘れせで

やはり昔に立ち返ってしまう、心というものよ。恋しいという情を、人は忘れ切れないものなのだ。

（『古今和歌集』恋四　734　紀貫之）

帝の心は、貫之のこの歌だった。過ぎ去った恋の日々に、思わず立ち返ってしまう心。絶対いけないと、中宮が言葉を尽くして拒まれるのも耳に入らず、帝は平静を失われた。それを目にしつつ、女房たちは何も言えなかった。二人は語らいの一夜を過ごされた。中宮は暁方には退出なさる予定だったが、帝は引きとどめ、そのまま中宮職の役所、職御曹司への滞在をお取りはからいになったのだ。

（『栄花物語』巻五による）

「語らひ」は男女の愛の語らいを言う。暁は恋人たちの逢瀬の一夜が終わる時間である。一条は実質的に定子を復縁したのである。本来、定子ではなく脩子に逢うのが目的だった。定子は付き添いで来ただけだった。だが、灯りを遠ざけるという偶然がきっかけになった。衝動が一条を突き動かし、心の乱れが、越えられないはずの一線を越えさせた。

ドラマチックなシーンだが、実際はこうではなかった。一条は六月二十二日、自らは母の見舞いに出かけて内裏を留守にする一方、定子を職御曹司に移し、そのまま住まわせたのである（『日本紀略』同日）。つまり彼は、定子や脩子に逢って衝動的に復縁してしまったのではなく、一人で熟慮したうえで決意し、実行したのだ。出家した中宮との復縁という前代未聞の行為を、世間が指弾するのは目に見えている。それは貴族たちとの協調と天皇の権威を重視する一条にとって疵になる。だが、すべて覚悟で彼は踏み切った。苦悶は物語よりはるかに激しかったはずだ。自らの留守の日を選んで決行したところに、せめてできるだけ目立たぬようにという思いが覗く。「いにしへになほ立ち返る心」ならぬ「いにしへをなほ断ち切れぬ心」、それが一条の真情だったのだろう。

定子を入れた「職御曹司」の場所は、一条の苦悩をそのまま表すかのようである（288ページ図版参照）。内裏外郭の外側、道路一つを隔てるだけだが官庁街にある。区画上ここはぎりぎり、内裏の中とはみなされないのだ。曖昧といえば曖昧、隙を突くといえば隙を突くような方法だが、「入内（内裏に入る）」ではない。通常のキサキの扱いではないとの言い逃れは確かに可能ではある。

とはいえ、このような姑息なやり方に納得する貴族たちではなかった。この日の実資の日記にはこうある。

「今夜、中宮が職御曹司に参られた。天下甘心せず。誰も甘く見るものか。中宮職の職員らは『中宮はもともと出家していいなかった』などと言ってかばってはいるが。実にありえない事よ」

（『小右記』長徳二年六月二十二日による）

彼によれば一条は公卿たちに定子転居への随行を命じたが、参上したのはたった一人だった。実資も赴かなかった。彼が記したとおり、公卿の誰も二人の復縁を歓迎しなかったのである。

## 『源氏物語』という世界観

『栄花物語』は、孤独の二人の心境を次のように弁護する。

帝も中宮も世を憚られることがあまたあるが、帝は中宮を一途にいとおしく恋しく思っていらっしゃったから、世間の非難も意に介さず、特別に扱ってしまわれた。それも男と女の間のことだから仕方あるまい。

（『栄花物語』巻五による）

一条にとって定子はかけがえのないたった一人の人だった。その狂おしい思いゆえに彼は「人のそしらむも知らぬさまにもてなし」たのだ、という。実はこの部分は『源氏物語』「桐壺」の冒頭に近い一節をふまえている。光源氏の父桐壺帝は、故大納言の娘という「いとやんごとなき際にはあらぬ」桐壺更衣を溺愛した。帝の愛を独占する彼女を他のキサキたちは憎む。嫉妬や恨みを受けて更衣は身も細り、帝はますます愛を募らせる。それは「人のそしりをもえ憚らせ給はず、世の例にもなりぬべき御もてなし」だった、という箇所である。

長徳三（九九七）年には『源氏物語』はまだ書かれていなかったが、その後作られたこの物語に『栄花物語』の作者は心酔してしまったらしい。このように、作り話の『源氏物語』を使って『源氏物語』成立以前の事実を記すまでに、強く影響されている。そのため『栄花物語』は現実とフィクションを混同していると低く評価されている。その評価は、客観的史実を尊重する観点から見れば、確かに正しい。ただ私は、これが『源氏物語』のほぼリアルタイムの読者による『源氏物語』理解の一つだという事実に注目したい。

実際、定子と桐壺更衣には不思議に符合するところがある。はじめこそ定子は、父は関白で自身は中宮だった。桐壺更衣が、亡き父もそう高官ではなく、自らもキサキとして位の低い「更衣」であるのとは違う。だが長徳の政変で定子の実家中関白家は没落、その後の勢力は「いとやんごとなき際にはあらぬ」と言ってよい。二人は同様に秩序を乱すほどの愛を受け、同様に世の非難を浴びて、さらに寵愛された。やがて更衣は男御子光を遺して逝ってしまうが、定子もこの三年後、二十四歳で逝く。遺児三人のなかに男御子は一人である。こうした点からか、中世には一条天皇を桐壺帝のモデルとする説が存在したようだ。だが、室町時代はじめに成立した『源氏物語』注釈書『河海抄』序は、説の存在を記しつつ、きっぱりと否定する。以来このモデル説は日の目を見ていない。

私は、定子と桐壺更衣の符合は看過すべきではないと考えている。だがこと『栄花物語』が感じ取ったのは、そうした外部状況の符合ではなかったとも考えている。重要なのは精神の符合のほうだ。『源氏物語』は文学史上画期的な作品だが、その新しさは第一に精神のリアリティにある。ファンタジーやロマンの世界を脱し、現実の愛や執着、生身の人間性を描いたということだ。桐壺帝のエピソードはその一つである。

この時代、帝という存在はただ一人の女だけを愛してはならなかった。数多くのキサキを後宮に置き、その実家の政治力に応じて尊重する「後宮経営」に努めることが求められた。子づくりは皇統の安定のための国家的責務であり、必ずや男子を産ませること、それも即位の際、貴族社会が納得するようなキサキに産ませることが必要だった。つまり、天皇の愛や性は彼一人のものではない、社会のものなのだ。世の利益の前には、「純愛」はむしろ罪である。それが彼の従うべき倫理であり、彼の負った宿命だった。

しかし人間には、たとえそうした道理を弁えていようとも、ただ一人の人にどうしようもなく心を奪われ、ほかには見向きもできなくなることが、時にはある。もし帝という存在がそれを貫けば、結果として世間の非難を受け、自らは傷つき、愛する人自身をさえ苦境に陥れてしまう。彼は倫理感と愛情との葛藤に苛《さいな》まれ、愛すれば愛するほど苦悩に陥る。

こうしたことがらは私たちにすれば簡単に想像のつくことのように思われるが、『源氏物語』以前には気づかれなかった。厳密に言えば、文学のテーマにされなかった。それを初めてはっきりと取り上げ、物語にして見せたのが『源氏物語』「桐壺」だった。それは、天皇とは、天皇であるがゆえに、愛（人間性）と政治（王権）の間に挟まれ苦悩することがある一人の人間なのだという事実を、読者に強く印象付けた。そうした『源氏物語』の洗礼を受けた『栄花物語』作者は、やがて自らが歴史物語を書くことになったとき、一条と定子とに『源氏物語』と重なるものを見取らずにいられなかったのだ。思えば花山天皇も、かつて同じように忯子を溺愛し、それによって彼女を死なせた。実は『栄花物語』はそのくだりでも同様に「桐壺」をにおわせていた。つまり『源氏物語』は虚構でありながら、現実世界を解釈する新しい視点をもたらし、『栄花物語』はそれを作品に反映させた。その意味で『源氏物語』は『栄花物語』に世界観を与えたと言える。

そんな『栄花物語』によって私たちが一条と定子の物語を読むということは、私たちもまた、『栄花物語』に溶け込んだ『源氏物語』という世界観で彼らを見るということだ。さらに、その世界観を得た私たちが、もし『源氏物語』を読んで二人を思い出すならば、そのとき彼らは『源氏物語』の中に蘇ることにもなる。『源氏物語』と『栄花物語』はそのように、精神性という深部で深くつながっている。

だがそれはそれとして、現実は当事者にとって物語ではない。復縁は定子にとって救いだったのだろうか。また一条は賢皇たるべく自らを厳しく律してきたと見えるのに、唯一この一件では律し切れなかった。彼が失ったものは決して小さくなかったはずである。この後、一条は全力で定子を守ってゆく。その道のりは険しかった。

## 元子の懐妊

定子の復活によって、一条後宮には三人のキサキが存在することになった。一条にはまだ後継の男子がいない。このうち誰かが男子を産まなくてはならない。しかしさしあたって、定子には問題が多すぎる。出家を無視して彼女と復縁しただけでも白い目が集まっている。ここは静かに過ごしたほうが無難だ。この状況で、右大臣藤原顕光の娘、元子に懐妊の兆候が現れた。定子復縁からまもない頃である。

このことは一条にとって様々の意味で救いだった。多少複雑だが、「皇統」という問題である。三十年も前のことだが、重い持病を持つ冷泉が天皇に即位した。このとき彼には子が無く、東宮には弟、後の円融が立った。だが冷泉の世が二年で終わり円融が即位した時には花山が生まれており、東宮に立った。円融が幼くて子どもがおらず、また本来嫡流である冷泉系を重んじたためである。だがやがて花山が即位した時には、逆に円融に一条が生まれており、花山にはまだ子が無かった。円融の思いもあり、東宮には一条が立った。さて一条が即位した時、彼はまだ七歳で、もちろん子など無い。一方花山にもまだ子がいない。東宮は花山の腹違いの弟と決まった。こうして数代の間、天皇の位は冷泉・円融兄弟の二つの系統の間でジグザグにやり取りされてきたのである。これが一条の代になっておかしな事態をひきおこした。東宮に立ったのが、一条より四歳年上のいとこだったのである。当然、一条より元服も結婚も早く、この長徳三年の時点ではすでに三歳の長男がいた。

皇位を継承する二つの系統。その末端に一条と東宮がいる。一条には男子がいない。いっぽう東宮には、いる。もし一条にこのまま男子が生まれないということになれば、彼が退位し、今の東宮が即位して帝となった時、東宮には誰が立つのか。当然、現東宮の子が立つことになってしまうだろう。父円融から一条が受け継いだ皇統はそこで途絶える危険性がある。そんな不安のなかでの、元子の懐妊だったのだ。

一条はこれに望みをかけた。元子の父の右大臣顕光は狂喜乱舞した。ただこの右大臣というのが、宴会に出れば酔っぱらってものを壊す（『御堂関白記』寛弘七〈一〇一〇〉年正月十五日）、儀式を仕切れば事の順序を間違えるで「至愚のまた至愚」と馬鹿にされる（『小右記』長和五〈一〇一六〉年正月二十七日）人間なのが、少しばかり気にはなる。とはいえ、いま一条の跡継ぎの母として適任なのは元子のほかにいない。彼女なら貴族たちの合意を集められる。一条の母詮子は「どのキサキであれ男さえ産んでくれれば」（『栄花物語』巻五）と考えていたというが、天皇家を見守る母の本音として当然である。こうして期待を一身に集めて、懐妊三カ月、元子は里帰りすることになった。

懐妊したキサキの里帰りは、誇らしさに満ちた晴れがましいものだった。元子は輦車《てぐるま》で、女房たちは徒歩で行列を組み、内裏のほぼ中央の承香殿から出発して、御殿の間をしずしずと進んだ。西隣には弘徽殿があり、定子出家後間もなく入内したものの一条にほとんど目を向けられない女御、義子が住んでいる。行列は弘徽殿の建物に沿って右折し、義子方女房たちの局が並んでいる細殿《ほそどの》の前を通過した。

弘徽殿の女房たちはひしめき合って、元子方の意気揚々の行列を見つめた。彼女たちの押す力で御簾は内側から膨らむ。装束が御簾の裾からこぼれ出る。松明《たいまつ》の灯りに照らされて、行列の一行にもそのさまが認められた。

と、元子のお供で、年の割にすれた童女《わらわ》が声を上げた。

「簾《すだれ》だっておなかが膨らんでるのにねぇ」

弘徽殿の女房たちは声を上げた。

「憎らしい……！　何しに見てたのかしら、見てなきゃよかった」

童女のあきれるほど自慢げな顔に、腹が立ってしかたがない。とはいえこうして退出なさるさまは、心の底からうらやましく映ったことだった。

（『栄花物語』巻五による）

## 水を産む

長徳四（九九八）年、夏。不思議なことに元子には臨月が過ぎても出産の兆候がなかった。右大臣家では加持祈禱など手を尽くしたが一向に効果が表れない。業を煮やし、いっそ寺に出向いてはということになった。太秦《うずまさ》の古刹《さつ》、広隆寺である。七日余りして、ご利益はあった。元子が突然産気づいたのだ。しかも寺の堂内で、である。

右大臣はあわてた。しかし最も戸惑ったのは広隆寺の僧たちだった。産婦はもう動かせない状態だ。だが寺で出産など、今までにためしがない。霊場を汚すことになるのではないか。ケガレ思想はもちろんだが、もともと仏教でも、女性は男性の色欲をかきたてるものとして蔑視されている。仏教説話では、女性の出産器官から生み落とされるのを汚らわしいことと見て、釈迦は母のわきの下から生まれたことになっている。

寺僧の長官も思案にくれているうちに、ことは待ったなしの状態になってゆく。ままよ、霊場汚辱の罪のことなど後で考えよう。ともかく今は、女御の体にお任せするほかない。

（『栄花物語』巻五による）

緊急出産である。湯を沸かし、布の準備、元子の分娩《ぶんべん》場所の確保など、上を下への大騒ぎになったことは想像に余りある。ましてその状況で産まざるを得ない元子はどんな気持ちだったろう。しかしなりふり構ってなどいられない。お産は勝手に進んでゆく。

と、女御の体内から処置もできぬほどの水がざっと流れ出た。おかしい。見守る人々は異常を察知した。何とかなると信じつつ右往左往する間も、水は尽きることなくあふれ出る。腹部はどんどんしぼんでゆく。生理が何カ月も止まっていたのに、その出血は気配すらない。出るものはただ水だけで、ついに妊婦でない女の腹部よりも平らになってしまった。僧どもは仰天の声を漏らした。（同）

この事件は『栄花物語』に載るだけではない。後年のことだが貴族の日記にも記される（藤原頼長『台記《たいき》』仁平三〈一一五三〉年九月十四日）。実際に何か異変が起きたことは確かだろう。だが資料の文面からは、元子が現代の医学で言うどのような症例に当たるのか、ほとんど分からない。分娩早期に羊水が出てしまう「破水」はままあることだが、胎児が出ず出血もないとは。胎児が正常に成長しなかったということなのか。あるいは最初から妊娠でなかった、つまり想像妊娠めいたことで臨月にまで達したということなのか。いずれにせよ、男子誕生はおろか出産じたいが無残な結果に終わってしまった。

元子の父は露骨に落胆した。一条の母詮子は世間体の悪さを恥じ、世間は残酷にもこのことを歌に歌ってまで噂した。弘徽殿の女房たちに嫌みを言った例の童女は、いたたまれずに職場を去った。だが誰より元子自身が、身の置き所もないほど、つらく恥ずかしかった。弘徽殿方にあれほど誇らしく見せ付けて内裏を出てきたのだ。もう内裏には上がれない。

一条はことの次第を聞いて思った。今は何も言うまい。期待したぶん失望は大きかった。しかしそれは元子も同じだ。かわいそうなことをした（『栄花物語』巻五）。

元子はこの後しばらく気を病み、引きこもることになる。一条の子を産む最適任者が消えたのである。しかし一刻も早く世継ぎが欲しい状態は、変わらないどころか切迫の度合いを増している。このままでは一条の跡継ぎは絶え、皇統が東宮方に一本化されることになりかねない。それは避けたい。以後の展開から見ても、既にこのころ一条の中には、伯父冷泉院、その長男で前帝の花山、そして現皇太子という冷泉流への対抗心が芽生えていた。故父と我こそが善政の帝であり、血脈を遺すべきとの自負もあったろう。

ここはもう、定子しか頼むところがなかった。

## 紫式部、遅咲きの幸福

長徳四（九九八）年、元子の出産が悲劇に終わった頃、紫式部は都にいた。結婚のため越前から帰ってきていたのだ。相手は遠縁にあたる藤原宣孝。父のかつての同僚で、実は式部とは親子ほどの年齢差があった。既に何人かの妻もいて、息子が式部とほぼ同年なのである。それでも、式部は結婚しようと思ったのだった。

宣孝は楽しい男だった。父について越前に行った式部に、わざわざ手紙を送ってきた。「春には解けるもの。何が？　固い氷が。そして、お堅いあなたの心が。……今はもう春だもの、あなたもきっと私を好きになるよ」。自信たっぷりな内容に紫式部は肘鉄《ひじてつ》を食らわせた。

春なれど白嶺《しらね》のみゆきいやつもり　解くべきほどのいつとなきかな

確かに春ですけれど、あなたがお住まいの都と違って、こちらは北国、越前ですの。白山の雪はますます積もって、いつ解けるか知れませんわ。おあいにくさま。

（『紫式部集』28）

とはいえ、本当に嫌いな男には返事をしないのが平安の恋文の常道だ。言い返したということはつまり、脈ありということだった。宣孝は女好きで恋まめ、「涙の色」といって手紙に朱を垂らしたりするなど芝居がかったところもある。式部は「朱色はすぐ褪《あ》せて色が変わるでしょう、そんなのはだめ」と返している（『紫式部集』31）。変わらぬ心で愛してほしいという想いが、いつか式部の中にも生まれていた。彼が式部からの手紙を人に見せびらかした時には腹が立ち、別れる別れないの大喧嘩もした。結局頭を下げたのは彼のほうだ。平凡な夫婦として二人は連れ添うことになった。

式部を迎える宣孝は、二人の未来を歌にした。

峰寒み岩間氷れる谷水の　行く末しもぞ深くなるらむ

峰は寒いので、谷川は岩の間で凍り付いている。その氷のように、君は最初私に冷たかった。かたくなで付け入る隙もなく、ちっとも心を許してくれなかったなあ。だが、谷川も下流に行けば深い河となる。私たちも行く末は、そのように深い縁で結ばれた夫婦になるのだよ。

（『同』76）

式部、このとき推定二十五歳。遅咲きの恋を得て、やがて一女の母となった。賢子、後の大弐三位《だいにのさんみ》である。『源氏物語』はまだこの世に影も形もなかった。

# 第四章　男子誕生

## 職御曹司の暮らし

『枕草子』が、長徳二（九九六）年の政変後まもなく、清少納言の引きこもりの時期に成立したことは、前に述べた。だが『枕草子』には、それ以後の年次の話題も盛り込まれている。長徳二年の第一次完成後も清少納言が書き継ぎを続けたためである。登場人物の官職名などから推測される限り、その作業は寛弘六（一〇〇九）年までは継続されていたらしい。起筆から数えると十三年がかりだから、結構手間も根気もかかった作品なのだ。

さて、定子が職御曹司に入ることで、清少納言にも宮廷の日々が戻ってきた。同僚たちとの確執も、少なくとも『枕草子』の文面では跡形もない。職御曹司はもともと中宮関係の事務に関わる庁舎で、いわば事務所である。これまでも臨時で宿舎にしたことはあったが、内裏で定子に与えられていた登花殿や凝花舎（梅壺）に比べれば、やはり住み心地は格段に悪かったに違いない。しかも何と「母屋」に「鬼」がいるという。清少納言はさらっと書き流しているが、そこを開かずの間《ま》にして南縁ばかりに住まったというのだから、恐ろしさに加え、かなり手狭だったろう。

しかし清少納言は愚痴をこぼさない。彼女にとっては、ここもやはり「をかし」なのだ。すぐ前が内裏への通勤路で公卿や殿上人の行列がひっきりなしに通る。それが早速、女房たちの遊びの種になる。先払いの従者の声を聞いて、誰の行列か当てるのである。

公卿の方の先払いの声は長く、殿上人のは短い。それで「大先払い」「小先払い」と名前をつけて、聞いては大騒ぎする。何度も聞き慣れるうち声の聞き分けがつくようになって、「あの方だ、この方だ」などと言う。するとまた「いいえ違うわ」など言う人も出てきて、わざわざ人をやって確かめさせたりし、当たった人は「ほーらね」と威張ってみせるなどというのも楽しい。

（『枕草子』「職の御曹司におはしますころ、木立などの」による）

朝霧の中、庭の散策も楽しんだ。連れ立って大通りに出、内裏建春門の役人詰め所まで足をのばそうと言えば、我も我もと女房たちが続く。と、向こうからたくさんの殿上人たち。高らかに朗詠しながらやってくる。職御曹司の定子付き女房たちがお目当てなのだ。清少納言らはあわてて引き返し、仕事態勢に切り替えて彼らの風流の相手を務める。

夜も昼も、殿上人の来訪は絶えることがない。公卿方まで、特に急ぎの用がなければ必ず立ち寄ってゆかれる。（同）

定子のキサキ復帰を、実資は「天下、甘心せず」と記していた。公卿たちには容認しがたいことだったのだ。それにもかかわらず『枕草子』は、定子女房たちは人気があったという。これを清少納言の虚勢や作り事と決め付けるのは簡単だが、そうとも限らない。男性貴族たちにとって、政治的・制度的に定子の復縁は承服しかねるものの、女房たちと遊ぶ楽しみは、たぶんまた別ものだったのだ。

ところで、この時期の清少納言のお気に入りは、一条の側近中の側近、蔵人頭の藤原行成だった。美術史上は平安時代屈指の能書家で、小野道風・藤原佐理《すけまさ》とともに「三蹟」とされている。書といえば弘法大師らの「三筆」が有名だが、平安時代初期の三筆が中国の書体の影響を強く受けているのに対し、行成ら三蹟はいわゆる「国風」でやわらかい。今に残る彼の作品『白氏詩巻』は国宝に指定されている。だが、本人の性格はむしろ硬骨漢。清少納言によれば、女房たちからはとっつきにくいと思われていた。ほかの殿上人のように和歌に興じたりしないところが殺風景に見えたらしい。ただ清少納言とは、蔵人頭に抜擢《ばってき》されて定子方に出入りするようになった時、最初に応対をしたのが彼女だった縁で、その後も何かと話をする仲だった（『枕草子』「職の御曹司の立蔀のもとにて」）。歳は清少納言の六つほど下の二十六歳で、弟分といったところである。

この頃の有名なエピソードを紹介しておこう。ある夜いつものように清少納言とおしゃべりに興じていた行成だが、都合で真夜中に帰ってしまうと、翌朝、「昨夜は鶏の声にせきたてられて」と詫び状を寄越してきた。清少納言の中でお得意の漢文教養がひらめいた。

「夜の鶏といえば、孟嘗君《もうしょうくん》のじゃない」

と返すと、よく知っているなと感心したていで、

「確かに『史記』には、孟嘗君が秦を脱出した時、『夜半彼の食客の一人が鶏の鳴き真似をして函谷関《かんこくかん》の門を開けさせ、食客三千人はやっとのことで脱出』とありますね。しかし昨日の関所は函谷関ではない。あなたと私の逢坂の関、男と女の関所です」

などと、歳下のくせに可愛いことを言ってくる。清少納言は和歌で返した。


夜をこめて鶏《とり》のそら音ははかるとも　世に逢坂の関はゆるさじ

夜更けに鳴いてみせたって、鶏の嘘鳴きになんか絶対ひっかかるものですか。私の恋の関所は固いわよ。

（『枕草子』「頭弁の、職に参り給ひて」）


のち、百人一首に選ばれ清少納言の代表歌となった一首である。これへの行成の返歌がまたふるっている。

逢坂は人越えやすき関なれば　鶏鳴かぬにも開けて待つとか

逢坂の関は今では廃止されて通行自由、別に鶏など鳴かずとも、開けて通行人を待っているとか。実は清少納言さんもそうなんじゃないですか？　（同）

何と失礼な！　しかしその文字の何と美しいことか。この歌は決して清少納言を怒らせなかった。むしろ笑わせたのだろう。この手紙を定子に献上しているのだから。だが行成には「見苦しいものが広まらないように、あなたの手紙はしっかり隠して人目に触れさせないわ。私の思いやりでしょう？」などと憎まれ口をきいている。行成も全部知りつつ「お隠しとはまたしみじみ嬉しいこと。あれが人目に触れたらどんなにつらいか」など冗談を返す。実に息の合った二人だった。

## 忠勤者行成

行成は長徳元（九九五）年、源俊賢と交代で蔵人頭になったのだが、それまではただの殿上人でしかなかった。もともと兼家の長兄の孫に当たり、本来なら藤原氏本家の貴公子であるはずだった。しかし父方はみな早死にで、祖父は彼が生まれた年、父も三歳の時に死亡。母方の祖父を後ろ盾として育ったが、官途ではやはり不遇だった。この長徳元年には、おそらく疫病のためだろう、母と祖父を相次いで亡くし悲嘆にくれていた。時に二十四歳。出家を考えたとの説もある。そこへ来た大抜擢だった。公卿に昇進して頭弁を辞めることになった俊賢が、一条に推薦してくれたものと『大鏡』（「伊尹」）はいう。蔵人頭にするには行成の位は低かった。しかし「位の高さではありません。のちのちまで絶対役に立つ人物です」と俊賢が強く推すのが聞き入れられたのだった。一条の能力本位の人事を示す説話である。兼家の執政以後、藤原氏といえども兼家流でないものにとって、出世は決して楽ではなかった。ましてや行成は、絶望の淵《ふち》から拾われたのである。一本気な彼は心から一条に尽くし、やがて一条朝を支える賢臣となった。

清少納言が見込んだとおり、行成は実直でよく働く男だった。彼の遺した日記『権記』の記述からも精勤ぶりがうかがえる。例えば蔵人頭就任から三年、二十七歳になる長徳四年のある日はこうだ。

明け方、召使らの「火事だ」の声で即座に着替え、馬で大内裏へ。火災現場は自宅から北西方向、大内裏南東郁芳門の近隣。役人の邸宅に強盗が押し入り、火を放った模様。清涼殿に参上し報告。次いで内裏警備各詰め所の待機者を確認。そうこうするうち、火の粉が飛んで大内裏の神祇官の建物が類焼しているらしいとの連絡。一条の命令を仰いで、役人を鎮火に当たらせる指示。役人より、火勢が強く神祇官消火は無理、ほかへの延焼は食い止めたとの報告。

卯《う》の四刻（午前六時半）、一条から「神祇官が火事とは恐ろしい、凶兆かどうか占わせるべきだろうか」との仰せ。物忌みだの何だのの日を避け、占いの日取りを進言。一条の了承を受けてようやく一休みし、巳《み》の刻（午前十時前後）、物忌みで自宅に籠っている道長のもとへ行き、火事の報告。

その後、また一条に呼ばれ参上。折しも春秋の宮中大法会「季《き》の御読経《みどきょう》」の開催中で、特に今日は天皇御前で僧が経典についての議論を行なう予定である。火事の場合中止するのか。前例を調べよ。命ぜられて過去の記録を検索、報告。一条は内容を聞いても即断しない。道長の意見を聞く。だが法会の時刻は迫っている。そのうえ担当の僧に辞退者が出るなど、ごたごたが起きていた。

一条は道長への伝言を命ずる。「法会は開催か否か。また僧は臨時に調整できるか。こうしたことは本来なら直接相談するべきところなのだが、病気というから致し方なく、人づてに聞く次第である」。言葉にいらだちが覗く。実はこのころの道長は、腰痛だの出家したいだのと政務を休みがちだったのだ。行成は道長邸に走り、意見を聞くと即帰って報告、一条の決定を仰いで僧たちを動員、法会の本日分スケジュールを何とか遂行できた。その後は、今夜定子のもとに行くという長女脩子のお供。ようやく解放され、知人の病気を見舞って帰宅したのは亥の刻（午後十時前後）だった（『権記』長徳四年三月二十八日）。

明け方の登庁に夜更けの帰宅、こんな日が実はざらである。清少納言のところで油を売るだけが仕事ではなかったのだ。平安貴族は宴会や恋ばかりしていたというイメージがあるが、それなりにあくせくと働いていた。また、占いだの法会だの物忌みだのを悠長だと思われるかもしれないが、これが当時の彼らの重要課題だった。

さて、この火事の日にも見えるように、蔵人の重要な任務の一つには天皇の伝言役があって、朝から深夜まで京中を駆け回らなくてはいけなかった。連絡内容には時に機密の類のこともあり、それを知る立場上、天皇からと同様に道長からも相談を持ちかけられることがあった。

先に述べたように、このころ道長は家にこもりがちだった。実際病気なのは嘘ではない。しかし一方では、どうも将来をにらみ計画を練っていた模様だ。計画とはつまり、むすめ彰子の入内のことである。道長としては、最初からいつかは彰子を入内させる気だったろう。昨年元子が懐妊した時には、もしも男子誕生ならば今後彰子が入内しても最初から負け組の可能性が高いと、気が気でなかったはずだ。ところが、あのような椿事《ちんじ》となった。彰子にも一縷《いちる》の望みが保たれた。ここで敢えて早期のレース参入を図り、彰子の存在感をはっきり示してしまおう。彰子はまだ女性の成人式「裳着《もぎ》」も済ませていない十一歳だが、入内さえしてしまえばライバルを牽制《けんせい》することは可能だ。そうした考えを道長が巡らせていたとするならば、この時期のことである。

一条の思いはどうだったろう。左大臣の娘であり、彼との年齢差も適当な彰子である。近い将来入内するだろうとは、彼も予測していたに違いない。入内すれば、現最高権力者のむすめとして相応の待遇をしなくてはならない。それが一条の心がける協調態勢ということだ。だがそうなれば、当然定子の立場が今以上に悪くなることは目に見えている。貴族たちと協調しなくてはならない。しかし定子を守りたい。彰子のレース参入を見込んで、一条の心の中にも思惑が生まれつつあったと推測できる。

## 道長と彰子

さて、ここまできたところで、この平安朝きっての成功児藤原道長とむすめ彰子について、時を遡って語らなくてはならない。

道長は兼家の末子で、寛和二（九八六）年、一条が即位し父が摂政となった時ようやく二十一歳だった。二人の兄、道隆と道兼は、苦節十数年の父を為政者にのし上げるため、ずっとともに働いてきた。陰謀にも手を汚すなど、成り上がりの体を残している。正妻に娶《めと》ったのも、受領階級や中流役人の娘だった。しかし道長は、まだ独身だった。大立者としての父の威光を最初から受けての貴族社会デビューとなったのだ。『栄花物語』（巻三）によれば、彼は兄たちを観察し、彼らとは別の道を選んだ。そのひとつが正妻選びである。プレイボーイだった道隆、冷血漢だった道兼と違い、深く思う相手とだけ忍んで交際した。そんな彼を婿にと望む貴族たちが引きも切らなかったが、「今しばし、思うところがあります」と断り続けたという。とはいえ、交際相手を正妻にするわけでもない。恋と結婚は別物。正妻は自分の意志で選ぶ。そう考える彼が狙いを定めたのは、天皇家の血を引く女性だった。

永延元（九八七）年のことである。

源雅信殿。豪邸土御門殿に住み、円融天皇時代から左大臣を既に十年務めていらっしゃるこの方は、正妻との間に二人の娘をお持ちだった。大切に育て、いつかはキサキに。そう思って来られたが、何の縁でか、道長殿が姉姫の倫子様に心を染め結婚を願い出てきた。

「はっ、ばかばかしい。問題外だ。誰が今、あんなくちばしの黄色い奴を婿取りして、家に出入りさせるというのか」

雅信殿はそう言って、耳も貸そうとなさらない。

ところが、彼の正妻は違っていた。そこらの女に似ず聡明で才気もおありの方で、

「どうしてあの君を婿取りしないのですか。わたくしは時々行事見物などに出かけて公達《きんだち》をお見かけすることがございますが、この君は只者ではございません。すべてわたくしにお任せくださいませ。悪い縁談なものですか」

と言う。しかし殿はとんでもないとのお考えだった。

（『栄花物語』巻三による）

源雅信は、宇多天皇を祖父に持つ。父は醍醐天皇の同母弟で、親王である。雅信の代になって臣下に下り源氏姓を名乗ったから、皇族でないとは言え、錚々《そうそう》たる血の自負がある。成り上がりの兼家の、しかも末っ子など、我が家の婿としてとても相応《ふさわ》しいはずがないという思いが彼にはあった。

だが雅信の正妻にはまた、別の切実な思いがあった。平安時代は婿取り婚（ちなみに夫婦は別姓）で、日常生活においては、父母は娘婿との関係が濃い。とはいえ、公的な地位・官職や一族内の立場は、やはり父から男子へと継承された。彼女は夫との間に女子二人男子三人を産んだ。この男子たちが家を継いでくれるはずだったのだが、どうしたことか次々と世をはかなんで、出家してしまう。出家とは俗世を捨てることである。妻子家族を捨て、家を捨てる。夫には妾がいて、そちらにも男子がある。跡継ぎの座は向こうに行ってしまう可能性が高い。夫はそれでも安泰だが、自分の立場は。そんな現実的な焦燥感が、彼女にはあった。息子たちはふがいない。娘に期待するしかない。とはいえ倫子は既に二十四歳。天皇一条はこの時まだ八歳で、元服もしていない。東宮も十二歳で、やはり年かっこうが合わない。入内の道はなく、倫子は嫁き遅れ

ようとしている。ならばこの縁談は、決して悪くはない。むしろ願ってもないことではないか。彼女は自分の目を信じ道長に賭けた。

彼女の説得に、雅信もやがて折れた。道長はこの時の姑の恩を忘れなかったのだろう。彼女が八十六歳で亡くなるまで面倒を見、その死に際しては「悲しいかな、悲しいかな」(『御堂関白記』長和五〈一〇一六〉年七月二十六日)と記した。結果として大正解の婿選びだった。

つまり、道長の「思ふところ」とはこういうことだった。妻には、何よりも血統の貴い女を迎える。それは受領階級出身の母を持つ彼だからこそ抱いた上昇志向だったのだろうし、また父が位を極めてから結婚した彼だからこそ実現できたことだったのだろう。実は道長は倫子と相前後してもう一人の妻を迎えている。醍醐天皇の子源高明を父に、朱雀天皇と村上天皇をおじに持つ、こちらもまた貴種中の貴種、源明子である。皇統を引く二人の妻。そのどちらから子が産まれようと、その子はただの藤原氏の娘ではない。ましてや兄道隆の娘、定子。あの母はたかだか受領の家の出身で、しかも昔は内裏女房などしていた女ではないか。貴族の女性にとって人目に触れないことがたしなみだったこの頃、宮仕えははしたないこととされていた。

定子に、我が娘は血で勝てる。道長には、結婚の当初から、娘が生まれれば入内させるとの野心があったろう。父兼家は公卿になる前に長女を冷泉院に入れた。それを思えば、自分は末席といえども既に公卿の一員、決して大それたことではあるまい。父は三男だったが位を極めた。ならば自分も、大志を抱いてよいはずだ。父が成功することで、道長は兄たちより一ランク上がった地平を標準とすることになった。虎視眈々というよりもおそらくは当たり前の事として、父と同じ外祖父摂政を狙う道を、道長は歩んだのである。

倫子は結婚の翌年（九八八）女子を産んだ。これが彰子である。その八歳の時、兄たちをはじめ公卿が疫病に倒れ、道長は最高権力者となった。九歳の時、伊周と隆家が事件を起こし流されて、政敵が消えた。父の兼家は最高権力者の座を執念とごり押しで我がものにしたが、道長にはそれは、疫病の流行と伊周の自滅によって転がり込んできた。こうなった以上、以前にもまして彰子の入内は当然の事である。こうして彰子は、生まれる前からキサキ候補として期待され、生まれてからは一筋にその道だけを道として育てられた。いわば生粋のキサキだったのである。

なお、倫子はまるで道長に利用されたように見えるが、そうではなかった。思えば彼女は、キサキ候補として育てられながらそれを実現できなかった。娘に負わせた入内の夢は、かなわなかった自分の夢そのものでもあったのだ。道長と倫子、二人のかたちは、夫婦であると同時に共同経営者にも似ている。三男ながら野望を抱く夫に、この妻も賭けた。そして以後も続々と子を産み、二人手に手をとっての夢の実現に努力したのだ。

## 彰子入内前夜

長保元（九九九）年二月九日、彰子は女性の成人式である「裳着」の儀式を受けた。道長には日記『御堂関白記』があり、彼の個性をよく表している。どうも要と不要、関心事と無関心事がはっきりした人物だったらしく、書かない時期は空白が続くのだ。ところが現存する長保元年分は、この彰子裳着の日の記事から始まり、なかなか詳細である。彼によれば、儀式には一条の母詮子、冷泉院のキサキである太皇太后宮、東宮など皇室関係から祝いの品々が届いた。定子からも香壺の箱が一そろい贈られた。公卿たちも集まり賑やかに宴が催された。さらに翌々日には、彰子は朝廷から従三位の位を与えられた。一条の側からも彰子受け入れ準備が始まったしるしと見られている(『御堂関白記』同年二月九・十一日)。

しかし一条は、一方でまったく別の「彰子対策」を行なっていた。彼は一刻も早く男子がほしい。しかし彰子はまだ十二歳、裳着を済ませたのだから初潮は迎えているのだろうが、とても子どもを産める体ではあるまい。彰子に期待することは、当分できない。とはいえ彰子が入内してしまえば、道長の手前、少しは彼女の相手をせねばなるまい。それはしかし、跡継ぎをつくるという焦眉《しょうび》の事柄にとっては無駄な時間なのだ。

一条は決心したのだろう。定子に子を産ませる。それは彼女をもう一度表舞台の中央に引き出し、道長・彰子との軋轢《あつれき》の矢面に立たせることになるだろう。ただ、軋轢は今のままでも十分予想されることだ。だがもし男子を産めばどうだろう。自分には跡継ぎができる。定子はその母として重みを持つ。彰子がほぼ妊娠不可能な以上、たとえ道長に睨まれようが、事実として定子は彰子より何歩もリードできる。この計画に、彼は後継確保と定子の立場とを賭けた。果たして、華やかな彰子の裳着と前後して、定子の内には小さな命が宿った。

定子懐妊。道長は一条の考えを察知しただろう。それとともに、恐れたことだろう。彰子の入内前に男子が生まれてしまえばどうなる。世継ぎ第一候補生誕で重みを増す定子を尻目に、存在感薄く入内することになる。何とか定子の出産前に彰子を滑り込ませなくてはならない。しかし入内には準備が必要で、そう早めることもできない。
この頃からである。定子にむけた嫌がらせが始まった。六月十四日、修理職《しゆりしき》から出火、内裏が全焼した。一条の治世では初めての内裏焼亡である。ところがしばらくして、出火は定子のせいだとまことしやかに言いふらす者が現れた。道長にごく近い漢学者、大江匡衡《まさひら》である。重い物忌みのため自宅で慎んでいる行成のもとにやって来ると、事のついでといった調子で言う。

「通称『白馬寺の尼』則天武后《そくてんぶこう》が宮廷に入って、唐の王朝は滅亡したのでしたな」。定子皇后が内裏に入ったことをとがめて、内裏の火事について故事を引用したのだろうか。

（『権記』長保元年八月十八日による）

行成の読みでは、匡衡は定子を唐の高宗の悪妻則天武后になぞらえて、一国を滅ぼす存在だとほのめかしたのである。一条・定子と道長・公卿との間に立たされるストレスで、行成はその夜、蔵人頭を辞める夢まで見るほどだった（『権記』八月十九日）。

七月八日、定子付きの役所中宮職の大夫（長官）を務めていた平惟仲が、就任からわずか半年で、病気を理由に辞職した（『公卿補任』同年）。確かに五十六歳と比較的高齢ではあったが、当時、重病の様子はない。彼の後任が誰かは不明で、空席のまま放置された可能性がある。中宮職は前年に権大夫（長官補佐）源扶義が死亡していた（『公卿補任』長徳四年）ので、トップが二人欠けたことになる。定子も女房たちもさぞ不便だったろう。

これらは、貴族たちが道長に配慮して定子を中傷したり遠ざけたりしたことと言え、道長が直接関わったとは断定できない。だが八月九日の事件は、明らかに道長自身による露骨ないじめであった。

この日、定子は出産に向けて中宮職役人、平生昌《なりまさ》の住まいに移る予定だった。中宮が移動する「行啓」の時には、勅命により上卿《しょうけい》（公卿代表）が供をすることになっている。ところがそれを知りつつ、道長は人々を引き連れて早朝から宇治の別荘に出かけ、一泊を決め込んだのである。無言の「定子無視」宣言である。公卿たちにはこれは「踏み絵」となった。道長に同行して、定子のお供を拒否するのか。一条に従って、定子のために働くのか。道長は最高権力者で、定子は秩序破壊のキサキである。しかし一方、定子は懐妊しており男子誕生なら勢力が盛り返す可能性もある。どちらに付くのが得策か。

この日のことは『小右記』と『権記』が記しており、二つを合わせると、道長について宇治に行った者もいたものの、多くの公卿たちは宇治にも内裏にも行かなかったようである。様子見を決め込んだのだ。一条のために働くのは、ここでも蔵人頭行成だった。命を受けて、彼は公卿たちに招集をかけた。ようやく一人が参上、「病気のうえ物忌みで」と言い訳したり「はっきり勅をもらってからだ」とごねたりしながらも上卿と決まり、胸をなでおろした（『権記』同日）。実資は呼び出されて自ら参上したが、一足違いで上卿が決まったあとだった。彼はこの日の日記に、はっきりと「（道長は）行啓を妨害しているようだ」と記している（『小右記』同日）。

この日いらいらしたのは一条や行成だけではない。清少納言も爆発寸前であった。定子を迎え入れる家のみすぼらしさに怒ったのである。

中宮職の三等官平生昌の家に中宮様がお出ましになるというので、生昌は東門を格式高い四足門《よつあしもん》に改造し、中宮様の御輿はそこからお入りになった。女房は牛車でお供し、北門から入る。都合のよいことにまだ宮廷の門番たちが到着していなくて、門はすんなり通れそうな様子。私のように髪の乱れた女房も、丁寧にもなでつけず「車を直接御殿につけて降りるのだし、誰にも見られやしない」とたかをくくっていた。ところが何と門が小さすぎて、女房たちの車が入らない。

このような場合の例によって門のところで車を降り、臨時に地面に莚《むしろ》のようなものを敷いた上を歩いて御殿に入った。憎らしくて腹が立ってしようがないが、どうしようもない。殿上人や役人たちが詰所に立って見ているのも癪《しゃく》に障《さわ》る。中宮様に言い付けると、

「ここに来たからといって、人に見られないことはないでしょう。髪も梳《す》かないなんて、どうしてそこまで油断したことかしらね」

とお笑いになる。

（『枕草子』「大進生昌が家に」による）

『枕草子』は、発表時の政治状況からだろうか、定子の懐妊や出産についてはっきり語らない。道長の嫌がらせのことも語らない。だが一行の到着時に門番がいなかったというのは、ぎりぎりまで行啓の段取りがつかず、人員配置が間に合わなかったためなのだ。こうしたことに敏感なのが女房というもの、何かしら横槍

が入ってばたばたしているとの察しはついていただろう。しかし清少納言の筆は、油断して男たちに乱れた髪を見られてしまった自分、油断を優しくたしなめる定子のことにとどまる。清少納言は自分をピエロに仕立てて、このような時にも「笑う」定子を描くのである。

この後の場面では邸の主人生昌がピエロにされている。門の一件について清少納言が得意の漢文素養を持ち出して締め上げると「ああ恐れいった」と驚いたり、貴人の来訪に有頂天になって寝込みの女房たちを訪問したりといった様子をこと細かに記され、いい笑いものにされている。しかし定子は、笑いつつもそんな彼をかばうのだ。

現実には、笑うどころではなかった。定子が出産の場を生昌邸のようにみすぼらしい所にしなくてはならなかったのは、惨め極まることだった。『小右記』も人々が例のないことと噂したと書きとめる（八月十日）。おそらく他の誰も宿の提供を申し出なかったのだ。それを思えば生昌は、定子にとってありがたい存在だった。ただ彼には、長徳の政変後、伊周が流刑地から極秘で帰京したのを朝廷に密告した経歴もあった（『小右記』長徳二〈九九六〉年十月八日）。そんな人物に宿を借りることは、定子には屈辱と感じられただろう。それを抑えて女房たちをたしなめたとすれば、心中の苦痛が思いやられる。だが、試練はまだ始まったばかりだった。

## 彰子の入内

彰子は十一月一日に自宅から内裏に移った。以後七十余年続く、天皇家の女としての彼女の人生が、ここに始まった。入内には公卿たちが十数人随行した。定子に対する態度とは天と地の違いである。むろん道長にへつらってのことだ。気骨ある実資は彼らを批判し「末代の公卿、凡人に異ならず」と日記にぶつけた（『小右記』十一月二日）。

道長は豪華な嫁入り道具を用意した。なかでもよく知られるのは、和歌色紙を貼った屛風である。高名な画家、故飛鳥《あすか》部常則《べのつねのり》の描きおいた絵に合わせて人々が詠んだ歌を、行成の筆で記す。詠むのは、何と花山前帝や公卿の面々だった。道長自身の歌もある（『権記』十月三十日）。

実資は、依頼されたが断った。屛風歌など職業歌人のすることだ。それを公卿が。道長の命とはいえ前代未聞よ（『小右記』十月二十八日）。確かに実資が怒るとおり、従来屛風歌は専門歌人が詠むものだった。「専門」歌人とはいうが、彼らの本職は、実は役人である。そしておおかた官位が低い。『古今和歌集』の編纂で有名な紀貫之でも、五十歳頃でようやく従五位下に手が届いたほどである。彼らは本務のかたわら、注文に応じて屛風歌や祝い事の歌を作り、収入を得た。それは一種のアルバイトで、芸術上の評価は別にして、社会的に品位のある行為ではなかったのだ。

それにしても道長はなぜ、和歌の苦手な実資に歌作を依頼したのだろう。歌の芸術的価値に期待してのことでないのは最初から見えている。ならば理由は別のところにある。「小野宮家当主にして正三位中納言である藤原実資の歌」という価値だ。つまり道長は、よみ人たちの政治的な重さを彰子入内の飾りにしようとしたのだ。またそれを陳列して、彰子を支持する錚々たる人々の名を誇示しようとしたのだ。実資には断られたものの、出来は上々だったのだろう。道長は上機嫌だった。

道長は彰子付き侍女たちの人選にも気を使った。『栄花物語』がいうには、内裏へのお供は女房四十人、童女六人、下仕《しもづか》え六人。容姿や性格はもちろん、重視したのは出自だった。四位・五位の位を持つ者の娘でも、親戚関係や血筋のまずいものは禁じたという。何といっても、彰子自身を定子と差別化するのが「貴種の血統」なのだ。女房集団についても、道長は気品を第一とした。またこれには一条の母詮子も協力し、童女を斡旋《あっせん》したという。裳着の時といい、詮子は彰子に協力的である。やはり気の合う弟、道長の娘ということなのだろう。詮子との間に家同士のわだかまりがあったとされる定子とは、このような点でも違っていたのである。

## 敦康誕生

彰子は七日に女御となり、その夜、一条の初めての訪問を受けることに決まった。道長は公卿たちを彰子の後宮に呼び宴を催すことにした。つまりこの夜が夫婦の披露宴であり、初夜にもなる。

ところが、当日のことである。早朝、行成は内裏に呼び出された。参上すると、一条は開口一番言った。

「中宮が男子を産んだぞ」

帝は快然としたご様子だった。

「七日夜の祝いに贈ってやるものを準備せよ」

（『権記』長保元年十一月七日による）

未明に連絡が入ったのだ。定子に男子誕生。一条は矢も盾もたまらず、行成を呼び出したのだろう。子が生まれると、「産養《うぶやしな》い」といい、当日から一日おきに祝賀の宴を開くのが当時の習わしだった。天皇家の子の場合、父天皇は七日目の宴を主催することになっている。一条は行成にその準備を命じたのだ。行成は実にこまごまとした品を用意した。例えば新調のお膳、銀の食器。箸も盃も銀で、やはり新調する。女房たちの食器台、下仕えのものにふるまう食事、ほか褒美用の装束、絹、綿等々。みな先例に従っており特別の準備ではないが、それを贈れるという事実は、一条にとって喜び以外の何物でもなかったろう。そんなわけで、「彰子を女御と為す」勅命はこの朝の一条にとっては二言目、後回しの勅となった。

貴族たちも、もちろん男子誕生の知らせを聞いている。しかし彼らは定子のもとに祝いに来はしなかった。みな彰子の宴のほうに集まったのだ。男子誕生の意味は大きい。だがそれをもってしても貴族たちが即座に反応しなかったことに、やはり定子の疵の大きさ、貴族たちの冷ややかさがうかがわれよう。実資も彰子の祝宴に列席し、唱歌あり朗詠あり舞いありの華やかさを、長々と日記に書いている。定子については、むしろ次のように記した。

卯の刻（午前六時前後）、中宮が男子を産んだ。場所は前但馬守生昌の三条宅。世云わく、「横川《よかわ》の皮仙《かわひじり》」と。

（『小右記』長保元年十一月七日による）

「横川の皮仙」とは比叡山横川にいた有名な僧行円のあだ名だが、ここでは定子のことを言っている。行円は夏も冬も鹿皮の装束を着ていた。仏典に基づいた服だが、やはり一般には異様さが目立った。そこから察して、これは「出家らしからぬ出家」の意味と考えられている（黒板伸夫氏『藤原行成』）。尼のはずの定子が懐妊し出産したことを言う陰口なのだ。しかも「世」がそう言ったという。貴族社会はかくも二人に手厳しかった。

定子のもとに駆けつけなかったのは一条も同じだ。貴族ならば妻は自宅で出産するので、夫が付き添い祝うことができる。が、決してケガレてはならない存在である天皇には、お産への立ち会いはもちろん、出産直後の妻子に会うこともあり得なかった。天皇という地位はどこまでも身動きが取れないものなのだ。加えて彼はこの夜、彰子との初夜という仕事をこなさなくてはならなかった。

だが彼は、定子のもとにしきたりどおり「御劒《みはかし》」を贈って寄越した。天皇が皇子に与える守り刀である。『権記』によれば、それは一条の母詮子が用意したものだという。彼女にとっても跡継ぎ誕生は喜びだった。子は敦康と名づけられた。一条の血を引く初めての男子。母は変則的とはいえ中宮である。紛れもない後継第一候補の誕生だった。

# 第五章　草葉の露

## 彰子の幼さ

六月に内裏が全焼してから、一条は住宅街のなかの一条院を仮の内裏にしていた。実は彼の「一条」という名は、この御殿に長く住んだことにちなみ、死後そう呼ばれるようになったものである。十一月に入内した彰子は東北の棟に住んだ。

『栄花物語』はその住まいの豪華さを詳細に描いている。一条が仮の清涼殿から打橋を渡ると、そこにはもう彰子の部屋の香りが漂っている。何か名のある香りらしく、一条の袖にも移る。部屋に入ればさりげなく置かれた調度がまた見事だ。

帝は夜が明けると一番にいらっしゃって、書棚をご覧になる。どれとして目の留まらぬ物はない。当代随一の画家巨勢弘高《こせのひろたか》が絵を描き蔵人頭行成が書をしたためた和歌の冊子など、なんとも興味深い。

「あまりに書物がおもしろくて、仕事を忘れた愚か者になってしまうよ」

などおっしゃりながら帰って行かれるのだった。

（『栄花物語』巻六による）

書物は当時、貴重な宝物だった。そのうえ高名な画家と書家の手になるものだから、とびきりの芸術品である。道長は贅を尽くして、書物好きな一条を彰子方にひきつけようとしたのだ。それは半ば甲斐あって、一条は彰子のもとに足を運んだ。だが右の文からは、彼が魅了されたのはもっぱら道具や本にであって、彰子にではなかったとも読める。

彰子は十二歳、歳からいって見栄えがしないのではないかと心配されたが、本人は驚くほど大人びていたという。『栄花物語』がわざわざこう記すのも、実はこの十二歳という入内年齢が、平安朝キサキ史上、おそらく最年少と言ってよいほどのものだったからである。倉本一宏氏による、彰子以前の十四人のキサキに対する調査では、入内平均年齢は十六・四歳という。彰子より若い例は見当たらない。定子の入内も平均より若いが、十四歳だった。

なお、この年齢はもちろん数え歳である。満年齢ではどうだっただろう。彰子が生まれたのは永延二（九八八）年だが、誕生日はわかっていない。ただ道長と倫子の結婚は、その前年の十二月十六日（『台記別記』久安四〈一一四八〉年七月三日）である。第一子彰子の誕生は、通常の出産ならどんなに早くとも翌年八月下旬以降となる。ならば長保元（九九九）年十一月一日の入内時には、彰子は満十一歳の誕生日からまもなくだったか、あるいはまだ満十歳でしかなかった可能性もある。

おそらくここに、定子の懐妊が発覚しても、道長が即座に彰子を入内させられなかった理由がある。彰子の成長と定子の出産の両方を睨んでの限界が、十一月一日という日取りだったのだろう。道長がどれだけひやひやしていたか想像がつく。彰子の入内は、決して満を持してのものではなかったのだ。

**気を遣う一条**

一条の目には、このキサキはどう映ったのだろうか。『栄花物語』はいう。

女御のご様子は、帝にも心から素晴らしいものと見受けられた。四歳の我が娘脩子をこのように育てたい、そうお感じになったようだ。ほかのキサキ方は皆もう大人なので、女御のことはさしあたって自分の姫君を愛育するように思われるのだった。

（『栄花物語』巻六による）

彼には彰子は女性というよりも娘のように映ったのだ。昼間などに同衾《どうきん》しては、「あまりに幼いご様子だから、近づくと私が年寄りのようで恥ずかしいよ」などと言ったという。一条はまだ数え歳で二十歳である。だが既に大人である彼にとって、満で十歳か十一歳の彰子は、確かに歳の違いすぎる幼女と映っても仕方がない。手を出すのに気後れを感じて当然だ。それでも権力者道長の娘とあれば抱かないわけにはいかない。

「昼間などに」同衾したと『栄花物語』はいうが、「昼間などにも」ではない点、夜はもちろん昼まで愛したというのではなく、昼間に短時間やって来て形だけ御帳台《みちょうだい》にこもったというようにも読める。

一条は笛の名手である。彼の演奏には、彰子付き女房たちもほれぼれと耳を傾けた。


ところが女御は、うちとけない様子で横を向いていらっしゃる。

「これ、顔を向けて御覧なさいな」

そう帝がおっしゃると、女御は、

「笛は音を聴くもの。でも、見るすべはございませぬ」

と聞き入れられない。

「やっぱりあなたはねんねさんだな。七十の年寄りの言葉をこうやり込めるとは。ああ、恥ずかしい」

帝がそう冗談をおっしゃるので、彰子に仕える女房たちは、

「ああ素晴らしい。この世で最高のものと言えば、今の私たちの仕事だわ」

と感じたり言ったりしたことだった。（同）

笛は聴くもの。確かに、見ようがない。彰子が一条に切り返した言葉は、一見、当意即妙の機知のように思える。また実際そう解説する注釈書もある。だが、私には納得できない。ユーモアは相手が笑ってくれて成り立つ、心のコミュニケーションである。だが彰子はこの言葉を口にしただけで、一条に耳を貸さなかっ

たと物語はいうのだ。これはコミュニケーションではありえない。

彰子がもしちらりとでも一条を見るか、微笑みながら言ったなら、彼女の機知を察し、一条は心置きなく笑ったろう。心の機微はそうして伝わるのだ。思えばそうした親しげな切り返しは、定子や清少納言のお得意だった。しかし彰子は、口答えするだけで彼を見なかった。なぜなのだろう。幼いとはいえ思春期、夫とされた人からこちらを見よと言われても恥じらいが邪魔をして、まっすぐ彼を見ることができなかったのかもしれない。その場合は、「笛は聴くもの、見るすべはない」は、一条を見ないで済ますための口実だったことになる。または、まったく逆の可能性もある。彰子はまだ精神的に幼くて、このせりふをつき返したままそっぽを向いていたのかもしれない。その場合これは、子どもがよく言う類の屁理屈《へりくつ》となる。だがいずれにせよ、そもそも一条は「笛を聴いてくれ」と言ったのではなかった。「こちらを向いて、私をごらん」と言ったのだ。キサキとして打ち解けてほしいと、思いやりをこめて言葉をかけた。彰子はそれをはねのけたのだ。

しかし一条は怒らなかった。さすがに大人、とっさに自分をピエロにして、硬くなった場を笑いに持ちこんだ。だから女房たちが喜んだのだ。彼の冗談が彰子への気遣いを感じさせ、彼女たちに彰子という存在の重みを実感させたからこそ、彼女たちは職場の安泰を感じ、「ここは最高の職場だ」「勤めてよかった」と手放しで歓喜した。右のエピソードは、こうしたことを意味するものとして読まれるべきと考える。

『栄花物語』は道長と彰子の栄花を伝えるのが主眼で、二人に都合の悪いことは書こうとしない。基本的には、彰子の入内は成功だったと記している。しかしその言葉の端々からは、特に一条の内面に関わって、満たされぬものが覗くように思えてならない。この場面も、彰子の真情は分からないが、彼のしていることは子どものお守りのようである。

## 一家団欒

定子と彰子は、一条をはさむ二人のキサキとしてよく知られる。そこからは、宮中でライバルとして争ったような想像が湧きがちである。が、実際には二人はキサキ同士として会ったことがない。彰子が入内したときには定子は出産のため三条の宮（平生昌邸）におり、彰子が里帰りすると一条院に入った。定子の滞在中は彰子は留守で、定子がまた三条の宮に移ると帰ってきた。二人が同時に内裏にいて気まずいことが起こらぬよう、一条と道長が互いに気を配っていたのである。

さて、一刻も早く敦康に会いたい一条は、彰子が内裏から里帰りする日をその機と考え、心待ちにしていたと思しい。明けて長保二（一〇〇〇）年、二月十日が彰子の退出の日と決まると、その前日の九日には勅を出して、定子たちを迎える準備に取りかかった。そして彰子が里に帰るや、翌日にはさっそく、定子と子どもたちを呼び寄せた（『権記』同年二月九・十一日）。二月十八日には一条院で、一条臨席のもと敦康の誕生百日祝いが行なわれた。場所は定子にあてがわれた北の御殿である。殿上人たちが招待され、幼い脩子のためにも食事の膳が設けられた（『権記』同日）。『栄花物語』は、一条の笛を手に取ろうとする敦康の仕草に、一条が怖いほどの愛情を感じたという。また列席した詮子が、敦康に一条の子どもの頃の面影を見つけ、いとおしく思ったとも記している。

定子はこの北殿で一カ月半を過ごした。一条、定子、脩子に敦康を加えた、久々の一家団欒の日々だった。

一条院を「新内裏」と称する。帝がお住まいの御殿を清涼殿とみなし、中宮はその北側の棟にお入りになる。東西二本の渡り廊下が二つの御殿をつないでいて、帝がこちらにいらっしゃったり、中宮が行かれたりする通路になっている。前は坪庭で、植え込みや垣根がお洒落だ。

二月二十日ごろの、陽光がうらうらとのどかに照る春の日、渡り廊下の西廂《にしびさし》の間で帝は笛を吹かれる。高遠の兵部卿《ひょうぶきょう》が帝の笛の師匠でいらっしゃって、お二人で「高砂」の曲を繰り返し演奏され、どんなに素敵と言っても言い尽くせないくらいだ。師弟で笛の話題を交わされ、私たち女房は御簾のもとまで出て集まってうっとりと拝見した。

(『枕草子』「一条の院をば、今内裏とぞいふ」による)

清少納言はこれに続けて、一条の笛を聴く時は不遇を感じなかったと記している。裏を読めば、それ以外の時には清少納言もさすがにつらかったとなる。それでもそのことを書かないのが『枕草子』なのだ。

この段後半によれば、当時、殿上人や女房の間でおもしろい歌が流行っていた。あるがさつな六位蔵人をからかった歌だ。一条も知っていて、そのメロディを笛で吹いた。ただ、清涼殿にいる時はこっそり吹く。当の蔵人が聞きつけるとかわいそうだからである。定子の御殿にやって来ると、「あいつはいないな。今がチャンスだ、吹こう」と言って、思う存分吹いたという。からかわれている蔵人を思いやるいっぽう茶目っ気もあった一条を、清少納言はよくとらえている。

## 彰子、中宮に

昨年末以来、道長は大胆な手に出ようとしていた。定子の持つ中宮の位を彰子に与え、定子を皇后として、二人の重みを揃えようというのである。彰子への箔《はく》付けとともに、一条と定子に対する心理的揺さぶりにほかならなかった。

中宮と皇后とは、例えば現代の首相と総理大臣が一つのものであるように、本来同じものの別名である。一人の帝のキサキが皇后と中宮として二人立った例はいまだかつてなかった。しかし道長はじわじわと一条を説得した。一条の母詮子も道長に味方した。一条、道長、詮子、三者の間の連絡係はまたしても行成だった。というよりも、彼はもはや連絡係を超えて、相談相手だった。誰もが行成に意見を求めた。行成は『枕草子』にも見えるように、定子に近い。しかし意外にも、彼は彰子中宮賛成派だった。行成の論はこうである。

我が朝は神国です。神事を以って第一と為すべきです。中宮定子様は正妃ではありますが、すでに出家入道しておられるため、勤めるべき神事を勤めていらっしゃいません。特別に帝の御恩を拝して、中宮の地位も称号もそのままに、国費をすべて我が物としているのです。もう一人「后」を立てて新中宮とし、神事を担当させるのがよろしいかと存じます。

（『権記』長保二年正月二十八日による）

定子は一条と復縁して既に二年半、その間に子どもまで産んでいる。しかしそれでも「出家」だと行成は言うのだ。財政の話まで持ち出して国益と后の役割を説く行成の言葉は、正論としか言いようがない。一条には反論するすべがなかった。確かに、定子を重んじる根拠は、ただ彼女への情でしかないのである。

行成によれば、これは彼が前年十二月来たびたび一条に進言したことだったという。実は行成は、同じ十二月当初には道長に協力の態度を明らかにしていた。道長は狂喜し、「この恩は子々孫々に至っても必ず返す」と感謝した（『権記』長保元年十二月七日）。行成が二股膏薬《ふたまたこうやく》のように評されるのはこうした行為によっている。確かに彼の意見は定子を「国費泥棒」のように言い、冷酷でさえある。一条に最も近く仕え、定子方からの信頼も厚い身としては、思い切った発言である。国政に関わる官吏として言うべき事を言ったとも言えるが、それればかりでもあるまい。苦労人の行成のこと、権力者道長に楯突《たてつ》けば命取りだということはよく分かっていた。長徳元（九九五）年就任の蔵人頭も足かけ六年目、そろそろ参議への昇進が見えている。そうした諸々の思いがあって選んだ態度だったに違いない。だが果たして、彼はこの時の言葉を長く引きずることになるのである。

彰子は二月二十五日、里帰り先の父の土御門邸で立后した。十三歳の中宮は、定子の十四歳という記録を抜いて、平安朝開始以来、文句なしの最年少である。道長は公卿や皇族を招いて、華やかな宴を催した（『御堂関白記』同日）。

定子は三月二十七日、内裏を出た（『日本紀略』同日）。実はこの時、三人目の子どもを懐妊したのである。ただし懐妊のための里帰りならば妊娠三カ月が普通なので、ずいぶん早い。彰子が帰る前に出て行ってほしいとの、道長からの圧力を感じてのことと考えられている。『栄花物語』（巻六）によれば、伊周と隆家兄弟は定子の体を案じたが、安産祈禱役の僧侶を集めることもできなかった。少しでもひとかどのものらしい僧たちは、道長の敵になることを恐れ、あれこれと口実を作っては祈禱を断ったのだ。定子のために働くことを厭《いと》わなかったのは、弟の僧隆円や叔父など身内の僧だけだった。定子は悪阻の時期と重なったのか食が細くなり、ともすれば涙を浮かべるようになったという。

定子と入れ替わって四月七日、彰子が一条院に帰ってきた（『日本紀略』同日）。裳を着け髪を上げた正装で輿に乗るさまは、やはりなるべくしてなった中宮だった。気品にあふれる彼女を見て一条は、

「この度は位を極められ、恐れ多い雰囲気まで身に付けられて、私もやりにくくなってしまいました。初めて会った頃よりずいぶん大人におなりになって、変なことをしたらお叱りを受けそうですね」

（『栄花物語』巻六による）

そう冗談を叩き、女房たちの忍び笑いを誘ったという。このどこか彰子への近づきにくさを漂わせるせりふは、半ば本音だったかもしれない。彼が親しんできた定子は受領階級の母を持ち、開放的な性格だった。いっぽう彰子には、もともと皇室の血が入っている。十三歳といえど、個性の差は歴然と現れていた。笛の

一件で一条をやりこめたのもその兆しだったのかもしれない。一条にとって彰子は、権力者の娘であるとともに、自ら女性として随一の地位に輝く、誇り高いキサキだった。

## 「三条の宮」の定子

五月五日、菖蒲《しょうぶ》の節句を定子は三条の寄宿先で催した。敦康の出産でも世話になったあの平生昌邸だが、定子がいるので「三条の宮」と呼ぶ。定子の末の妹「御匣殿《みくしげどの》」や若い女房たちは、脩子と敦康の着物に菖蒲や薬玉を飾るなどして興じた。御匣殿はまだ十五、六歳、控えめな性格で、内裏以来、定子に付き従い、姪や甥の面倒を見ていた。

さて、清少納言は「青ざし」なる物に目を留めた。

定子様に差し上げると、

みな人の花や蝶やといそぐ日も　わが心をば君ぞ知りける

誰もが脩子と敦康を囲み華やかに興じている時も、あなただけは私の心を分かってくれているのね。

こう書いてお返しくださった。何て素晴らしいのだろう。

（『枕草子』「三条の宮におはしますころ」による）

「青ざし」は青麦を搗《つ》いて粉にし塩味をつけた、胃に優しい食物という。定子はちょうど悪阻の時期だ。せめてこんな目先の変わったものなら口に入らないかと、清少納言は思いついたのだ。定子はその思いやりをすぐさま悟り、歌で感謝した。「お腹の中の子を心配する私の気持ちを、お前は分かってくれているのね」と。清少納言は定子への思いを込めて仕え、定子は清少納言への信頼を歌に詠んだ。逆境の中とはいえ、心を通わせ合う二人の間には、透明な幸福感さえ漂っている。

また似た時期、定子の乳母の一人が彼女のもとを去った。遠い日向《ひゅうが》の国へ行くのである。定子は扇を贈った。その一つに、表にはうららかな日差しを受ける幾軒もの田舎家、裏には雨の降りかかる京の然るべき所を描いた扇があった。清少納言ははっきりとは言わないが、それは三条の宮なのだろう。

あかねさす日に向かひても思ひ出でよ　都は晴れぬながめすらむと

明るい日向の地に行っても思い出しておくれ。都では心晴れずもの思いに耽っているだろうと。

定子様がそう自筆で書かれたのは、本当にあわれなことだった。こんな宮様をおいて行くことなど、私

にはできない。（『同』「御乳母の大輔の命婦、日向へ下るに」による）

『枕草子』中、清少納言が定子に対して哀切の意味で「あはれ」という言葉を使うのは、これが唯一の例である。定子は揺れる船だった。乳母は彼女を見捨て脱出した。だが清少納言は定子への忠誠を貫いたのである。

五月末、道長の病のため彰子は内裏を離れた。回復が遅れ帰りが延びると、八月、一条は定子と子どもたちを一条院に呼び寄せ、二十日間を家族で過ごした。定子の妊娠六カ月というケガレを圧しての事だった。この間の定子の姿を『権記』が書き留めている。大宰府滞在中の宋の商人に対する朝廷からの送金に関して、定子が自ら行成に調査を命じたもので、その口調は決して弱さを見せず、凛とさえしている（八月二十四日）。だが結局、このわずか二十日間が一条と定子の最後の日々となった。

## 「皇后宮、頓逝」

長保二（一〇〇〇）年十二月。この頃、月をはさんで東西にふた筋の雲がかかったという。俗にいう不祥の雲である。月は后を象徴する。后に凶事ありとの「物のさとし」だった。まさしく十五日、かつて后の一人であった一条の母詮子の住む東三条院が全焼した（『権記』同日）。そしてほぼ同刻、もう一人の后である定子は、出産の苦痛の中にあった。

伊周・隆家・隆円ら身内が立ち会うなか、十五日深夜、定子は女子を産んだ。媄子内親王である。

生まれたのが皇女だったので伊周殿は残念にお感じになったが、ともあれ安産で何よりと気を取り直した。次は後産《あとざん》である。床にひれ伏して拝み、大声で祈り、寺々に祈禱料を送るかたわら、皇后に薬湯などを飲ませようとする。が、飲み込まれる気配がない。一同はうろたえた。なす術もなく手をこまねいているうちに、時は刻々と過ぎ、胸がざわめく。

「灯りを持って来い。近くに」

伊周殿は皇后の御顔を覗き込まれた。全く生気がない。驚いてかき抱くと、体はもう冷たくなっていた。

（『栄花物語』巻七による）

後産とは、胎児とともに子宮にあった胎盤などが、出産後まもなく産道から出されることを言う。それがうまくいかなかった。定子は子どもを産むまではしおおせた。しかしそれで体力を使い果たしてしまった。彼女は文字通り命を懸けてこの次女を産んだのだ。伊周は定子を抱いて号泣した。日付が変わり十六日未明のことだった。

折しも行成は仕事中だった。焼け出された詮子の見舞いや何やで寅の刻（午前四時前後）まで京中を駆けずり回り、いったん帰宅してまた内裏へ向かおうとしていたところで下人から知らせを受けた。「皇后様ご出産、非常の事態」。驚愕し、人をやって確認させるが情報が錯綜している。胸騒ぎを感じつつ、ともあれ内裏に駆けつけて一条の前に出た。一条は言った。

「皇后の宮、すでに頓逝すと。甚だ悲し」

（『権記』長保二年十二月十六日による）

この一言は叫びに近い。『権記』の中には、時に一条の言葉がそのまま記された箇所があるが、その口調は多くの場合、非常に抑制されている。ここまで感情をあらわにした言葉はほかにない。彼のこの時の胸中は想像するに余りある。おそらくは慟哭《どうこく》をこらえながら、ようやく絞り出した一言だったのだ。

皇后、本名は定子。前関白正二位藤原朝臣の長女、母は高階氏。正暦元年春入内し、女御となる。冬、皇后に立つ。年十四。長徳二年事有りて出家、その後還俗《げんぞく》。生める所の皇子全三人、敦康・脩子・また新生の女皇子なり。立后十一年にして崩御。年二十四。

（同）

行成はこの日、日記の最後にこのように付した。一見、淡々と事実だけを連ねた数行ではある。だが、思い起こせばこの正月、彰子の立后問題の際には、彼は定子を「出家」と言い切っていた。中宮は出家で神事ができない。だからもう一人の中宮が必要だと。それは彰子立后に大義名分を与えようとする彼の理論の、最も根本的なよりどころだった。あの時点では、行成は確かに定子を出家と見なしていた。そして、それをいわば利用して、結果的には道長に恩を売ったのだ。ところがそれにもかかわらず、ここにははっきりと

「還俗」、俗界に戻った人と言いなおしている。定子を「還俗」と明記した史料は現存では唯一これだけである。保身のためとはいえ彰子に加担し定子を苦しめたことに、行成は忸怩《じくじ》たる思いを抱いていたのだ。この付記を記しつつ、彼にもこみ上げるものがあったに違いない。

正暦元（九九〇）年正月に、わずか十一歳の一条に嫁いでから今までおよそ十一年。長徳の政変（九九六）で髪を切り、やがて復縁されてから三年半。定子は、二十四歳の若さで世を去った。短くも、栄光と零落、幸福と悲嘆を味わいつくした、浮沈に満ちた人生だった。

なお、この日道長は、定子崩御の一報を受けた一条から内裏に召されながら、それに応じなかった。詮子の御殿が焼け、定子が死んだ同じ頃、実は彼もまたまがまがしい目に遭っていたのだ。

それは物《もの》の怪《け》の憑いた女房につかみかかられるという恐ろしい体験だった。つかみかかったのは、亡き次兄の妻だった藤原繁子である。一条が少年の日、定子とたくらんで嘘の手紙を送ってからかった女官（第一章参照）でもあり、最近では娘を一条の後宮に入れていた。彼女は髪を振り乱し怒気をみなぎらせて道長に駆け寄り、つかみ合いになった。物の怪の正体は長兄道隆か次兄道兼だ、そう道長は直感したという（『権記』同日）。

道長は、若い頃は肝試しでも何食わぬ強さを見せたはずだった（『大鏡』「道長」）。だが、権力を得て以来、彼は臆病になっていた。物の怪や怨霊を極端に怖がるようになったのだ（藤本勝義氏「藤原道長と物の怪」）。自分の栄光の陰に消えていった人々の事を頭から消すことができなかったのだろう。この晩も定子の凶事を聞き、兄たちのことが浮かんで恐怖を募らせていたのかもしれない。憔悴《しょうすい》しきった彼は僧の加持を受け、とても内裏に来られる状態ではなかった（『権記』同日）。

## 遺書

定子は実際に死を予感していたようだ。彼女が日ごろ使っていた御帳台のとばりの紐に、遺書を結び付けていた。伊周らがあけてみると、死後の葬儀のことなどを記し、三首の和歌が書かれていた。一条にあてたものらしい。

よもすがら契りしことをわすれずは　恋ひん涙の色ぞゆかしき

あなたは一晩中私に愛を囁いてくれました。もしあなたが、その時の言葉を忘れずにいてくれるなら、きっと私を恋しがってくださいますね。そして泣き尽くして、血の色の涙を流してくださるでしょう。その色をこの目で見とうございます。

（『栄花物語』巻七）

定子が親しんだ漢文では、人は涙が尽きると血の涙を流すとされる。一条の血の涙は二人の愛の証である。それを見たい、という。一条の心を疑って、確かめたいというのだろうか。そうではあるまい。彼が絶対泣いてくれると分かっていて、だからこそ見たい。彼への甘えであり、また切実な願いなのだ。

二人の歴史を振り返れば、夜通し愛し合って誓いの言葉を囁いたことは、事実に違いない。世から白い目で見られるようになってからは、愛はなおのこと悲壮なものになったろう。この歌からは、そうした「二人だけの世界」が実感を伴って伝わってくる。この歌を受け取って、一条は必ずや涙を新たにしたことだろう。そしてその涙を死んだ定子に見せてやりたいと、痛切に思っただろう。この人は死ぬまで、いや死んでもなお、一条にとって可愛い女だった。

知る人もなき別れ路《ぢ》に今はとて　心細くも急ぎたつかな

この世と別れ、知る人もいない死の世界へ。心細いけれど、急いでもう旅立たなくてはなりません。

（同）

死出の旅を「知る人もなき」と言っているが、あの世には父もいるし母もいるはずである。だが、今それは彼女の心にない。思いのすべてを現世に遺しつつ、ひとり逝かなくてはならない孤独、そして無念の情。

煙とも雲ともならぬ身なりとも　草葉の露をそれと眺めよ

私の身は、煙となって空に上がることも、そこで雲になることもありません。でも、どうぞ草の葉にお

りた露を、私と思って見てください。　（同）

謎のような歌である。貴族は当時、火葬が一般的だった。その場合、遺体は焼かれ、「煙」となって空に上がり、「雲」となって漂う。しかし自分はそうならぬ身だという。草の葉の上の露になるのだと。これを読んで伊周は「定子は火葬を拒んでいる」と考えた。定子の亡骸《なきがら》は土葬されることになった。

当時の「土葬」は、現在言う土葬のように地に穴をあけて埋めるのではない。「霊屋《たまや》」と呼ばれる建物を造り、そこに柩《ひつぎ》を放置するという方法をとった。定子の霊屋は都の南東一帯に広がる葬送地「鳥辺野《とりべの》」に建てられた。葬儀は十二月二十七日（『日本紀略』同日）夜半、降りしきる雪の中で行なわれた。遺体は金銅飾の牛車に乗せられ、いったん安置されていた六波羅蜜寺から鳥辺野に分け入った。葬地では霊屋がすでに雪に埋もれており、人々はそれを払ってから、車をそのまま霊屋に乗り入れ、置いた。それが定子との別れであった（『栄花物語』巻七）。

一条はその晩、内裏にいた。天皇は葬送に参列できないのだ。地位ゆえの制約が、ここでも一条を苦しめた。

帝は「今夜だな」と鳥辺野に思いを馳せられた。一晩中まんじりともなさらず、流れる涙を袖でぬぐい続けた。袖が濡れて冷え切り、それでも涙は溢れて、拭く場所も尽きた。通常の火葬ならば、彼女を焼いた煙で霞む鳥辺野を遠く見守ることもできるのに、どうすればよいのだ。

野辺までに心ばかりは通へども　我が御幸《みゆき》とも知らずやあるらん

定子、あなたがいる鳥辺野まで、天皇である私はついて行くことができない。でも心だけは一緒だ、傍にいるよ。あなたの霊屋を包む深雪は、私の行幸の「みゆき」なのだ。だがあなたは、もうそれさえ分からないで眠っているのだね。

（『栄花物語』巻七による）

一条は積もる「深雪」に自らの「行幸」の意を掛けた。この掛詞《かけことば》は、彼の心からの願いであったに違いないと、私は感じる。雪ならば自由に空を行き、霊屋の上に降りたって、彼女の亡骸を静かに包み、別れを告げることもできよう。だが現実の彼は、妻の死に顔を見ることすらかなわなかったのだ。

二人の歌は、後年、勅撰集『後拾遺和歌集』に載せられた。

定子の墓とされる「鳥辺野陵」は、現在の京都市東山区今熊野泉山町の高台にある。そこが彼女の「霊屋」の場所という根拠はなく、実際に定子の骨が埋まるわけではない。だが、東山連山の山腹の、宮内庁によってきれいに整備された階段を登ってゆくと、不思議に空気が静謐《せいひつ》に染められてくる気がする。陵は小高くなった場所にあり、墓に背を向けて振り返ると京の町が一望できる。木々がすがすがしく風にそよぎ、いかにも定子の安らかな眠りに相応しい地と感じられる。ちなみに、清少納言ゆかりの別荘があり、彼女が晩年をそこで送ったと考えられる現在の泉涌寺域内からは、裏道を使えばほんの五分の距離にある。

## 貴族社会の波紋

定子の死は、貴族社会の人々に波紋を投げかけた「事件」だった。

「故皇后の宮邸に、外戚の高階一家は誰一人姿を見せていない。見損なった、人間の心じゃない」

（『権記』長保二年十二月十七日による）

定子邸に遺言の件で赴いた、行成の前の蔵人頭で現参議の源俊賢はこう嘆いた。彼は同日中に再び定子邸に赴き、中宮職の者もおらず話にならないと行成に漏らした。定子に仕えた役人や高階氏は、遺族側といってよい立場だが、露骨に定子から身を引いたのである。俊賢が感じたのは強い義憤だった。彼は幼い時に、家の没落に遭っている。いわゆる「安和《あんな》の変」、父の源高明は左大臣から大宰権帥に左遷された。一つの勢力が消える時、「人でなし」たちが我先に新しい権力に乗り換えるさまに、彼は苦い記憶を呼び覚まされたのだろう。

この定子周辺人物たちの冷淡さは、多くの人間が感じたことだった。行成は定子の一周忌に参会し、喪服を着て遺族席にいるべき彼らが普通の装束で一般客の席にいることに、人々がみな目をそばだてたと記す（『権記』長保三年十二月四日）。が、俊賢とて行成とて、定子の晩年には道長の顔色を窺って、彼女に薄情にならざるを得なかった点、いわば同罪だった。冷淡な身内を彼らが非難したのは、その罪悪感の裏返しだったのかもしれない。

これに比べて、もっとはっきりと反応したのは若い世代だった。

世の中をはかなきものと知りながら　いかがせましと何か嘆かん

世の中をはかないものと知りながら、「どうしよう」などと何で嘆いていられようか。

（『同』長保二年十二月十九日）

定子の死の三日後、十九歳の藤原成房は、この歌を行成に残して失踪した。その前日「世間は無常だな」と行成に語り、行成からは朝方「そのとおりだが、どうしようなどと思いながら、結局あくせく生きてるのさ」との内容の歌を送ったばかりだった。成房の歌は行成の優柔不断を批判し、一足飛びに出家しようとしていた。実はこの彼も、幼い頃に一家没落の憂き目に遭っている。父は藤原義懐。花山天皇の時代、外戚で一時代を謳歌したが、兼家の陰謀によって帝が出家した時、同時に出家に追い込まれた（序章参照）。兼家を継いだ道隆一家のめまぐるしい繁栄と没落は、若い成房に人生の無常を痛感させ、厭世《えんせい》観をかきたてずにはおかなかったのだ。成房は、父義懐の庵にいた。行成は成房の親友源成信を連れて説得に行った。父にも諭され、とりあえずは出家を思いとどまった（『権記』同月十八〜二十二日、長保三年正月七日）。

ところが驚いたことに、定子の四十九日を翌日に控えた長保三（一〇〇一）年二月四日、今度はその親友源成信（二十三歳）が、右大臣藤原顕光の息子重家（二十五歳）と失踪、三井寺《みいでら》で二人して出家してしまった（『日本紀略』同日）。源成信は道長の妻倫子の甥で、彼ら夫婦の養子になっていた。そのためこの事件は、左大臣と右大臣の息子たちの同時出家として、社会に強い衝撃を与えた。

出家の理由は本人によれば、前年道長の長患いを看護した際、無常を痛感したことだという。だがそれだけではない。彼は、『枕草子』に何度も登場、彰子入内後も定子方に入り浸り、親密に交際していた。定子後宮が消えることで、彼はおそらく心の居場所を喪ったのだろう。決行の前日、行成は成信が出家する夢を見た。定子の四十九日を前にして、彼が後を追う。それは行成にも予感されたことだったのだ。行成に質《ただ》されて、成信は「正夢也」と笑ったという（『権記』同日）。

結局、先の成房も一年後の長保四年春には素懐を遂げ、父と庵を並べた（『権記』同年二月三日）。彼らは一条や定子とほぼ同年である。貴族たちの眉を顰《ひそ》めさせつつも思いを貫こうとした帝と后に、同世代ならではの共感もあったのだろう。あるいはまた、道長を頂点とする貴族社会に、もとから閉塞感や違和感を抱いていたとも考えられている。いずれにせよ、彼らの連鎖的出家騒動は、定子の死が一つの社会的事件だったことを示している。

## 一条の孤独

愛する者を喪ったとき、それを思い切ることは、即座には決してできない。一条もそうだった。定子亡き後も、彼は「定子」を求めずにいられなかったのだろう。その気持ちがすがりついたのが、定子の末の妹「御匣殿」だった。彼女は定子の生前からその子どもたちの世話を手伝っていたが、定子が死を覚悟したとき、特に敦康の養育を託された。そのため一条とは敦康を介して逢い、自然に深い仲となったという（『栄花物語』巻八）。関係は定子死後半年前後の時期からと考えられている。彼には彰子・元子はじめ四人のキサキがいた。それにもかかわらず、彼女たちではなく御匣殿を相手としたところに、一条の思いがはっきり表れている。

誰もが想像するように、一条は御匣殿に定子を重ねたのだろう。御匣殿は定子より十歳近く歳下だが、面差しの通うところはあったのだろう。彼女は定子の四十九日の後に出家していたともいう（『権記』長保三〈一〇〇一〉年二月十二日）が、そうして小さな甥を世話していたのならばなおさら、かつての定子の姿に通う。御匣殿と敦康と自分とで、もう一度「家族」を取り戻したい気持ちがあったのではないだろうか。

これは正式な関係ではなかった。だが、やがて懐妊した彼女を、一条は心から気遣った。しかし長保四年六月三日、彼女は出産を見ぬまま死亡した（『権記』同日）。享年わずか十七、八歳だったという（『栄花物語』巻七）。一条は再び「定子」を喪った。

道長は、一条と御匣殿の仲が発覚した後、敦康を彰子のもとに引き取った（『権記』長保三年八月三日）。これには三つの思惑があったとされる。一つにはもちろん、一条と御匣殿との関係を阻止すること。二つ目は彼女に代わって彰子を敦康の義母という「擬似家族」の一員に仕立て、一条に働きかけること。三つ目は、もしも将来にわたって彰子が男子を産まず、敦康が皇統を継ぐことになった場合の布石として、彰子は養母、道長は養祖父という立場を確保しておくことである。

彰子は、父に従った。御匣殿と一条の関係は気に留めなかったという(『栄花物語』巻八)。物語は若さのせいというが、御匣殿との年の差はわずか二、三歳である。本当に男女のことに未熟だったのか、それとも無関心なふりを通しただけなのか。

ともあれ、一条を孤独の中に置いたまま、時は流れた。

## 紫式部の目覚め

定子の崩御から四カ月後の長保三(一〇〇一)年四月二十五日、紫式部は夫の藤原宣孝を喪った(『尊卑分脈』)。折しも疫病が流行していたので、不意の死だったのだろう。わずか三年の結婚生活だった。結婚の時、「いつかは大河のように深い縁の夫婦となる」と言った彼の言葉は果たされなかった。

『紫式部集』は、紫式部自身が編集したと考えられる和歌集だ。この作品集からは、彼女の心の遍歴を窺い知ることができる。少女時代、宣孝との恋、そして新婚期、式部の歌はのびのびとしている。父や夫に守られ、友だちやふるさとや家庭という小世界で、自分なりの日常を生きていた。

ところが、夫を喪って彼女は変わる。そこに突然現れ、頻繁に使われるようになるのが、「身」という言葉であり「世」という言葉である。

「身」と「世」は、平安文学にはおなじみといってよい言葉だ。「身」なら例えば、女の身、卑しき身、露の身、身の憂さ。作品でこうした言葉を目にされることは多いだろう。だがこれらの「身」は、現代に言う「身体」などの物質的な意味ではない。人間の、現実に束縛された部分を言う。「女の身」は、女性であるという肉体的・社会的現実を負っている。「卑しき身」は、身分社会の中で自分を下賤と意識せずにはいられない、そんな現実を負っている。また、生きている以上、誰であれ最後は必ず死んで消える。「露の身」はその現実を負っている。そうした様々な現実に束縛されるやりきれなさが「身の憂さ」である。

「身」が「現実存在としての人間」である一方、「世」は「身」をそのように束縛している「現実」そのものを言う。時代。社会。世間。人間関係。命。そして人生。それらは皆、動かし難く人の前に立ちはだかり、人を縛る。例えば社会や世間は、人をとりまく、自らの力では変えようのないものだ。そう感じる度合いは、個人主義という思想のなかった古代には、いまよりいっそうひしひしと強かったことだろう。あるいは人生。喜びもあるが、嘆きや苦しみがふりかかってくることもある。それを人は選べない。そして命。死が訪れれば、誰がそれを拒否できよう。受け入れるしかない。それが「世」だ。

式部は彼に死なれて初めて、こうしたことを痛感したのだ。そんな自分の変化を、これらの語をたたみかけることで、『紫式部集』は示している。

消えぬ間の身をも知る知る朝顔の　露と争ふ世を嘆くかな

自分自身の身も、消えぬ間の露ほどのはかないもの。そう知りながらも今は、朝顔の上の露と同じくらいあっけなく消えてしまった、夫の命を嘆かずにはいられないのです。

（『紫式部集』53）

若竹の生ひ行く末を祈るかな　この世を憂しと厭ふものから

若竹のようなこの子の行く末を私は心から祈る。自分自身は、人生など辛いばかりで嫌気がさしているというのに。

（『同』54）

はかない命。それが彼の「世」、現実だった。式部は泣かずにはいられない。自分の「身」もいつかは逝く、そうした理屈は理屈として知っているが、それが何だというのだ。53番歌に見えるのは、理性では抑えようのない悲泣である。

だが、もうひとつの、彼の遺した命があった。娘の賢子、この時わずか二歳ほど。どうか健やかに、そして幸多い人生であって欲しい。自らは生に絶望しつつそう願う54番歌は、矛盾しているようで矛盾していない。こう思わずにいられないのが親というものではないか。その心の切実さも、紫式部には骨身にしみて分かったのだ。

夫の死は式部の心に新しい境地を開いた。だがそれは、試練としかいえない体験だった。癒えない心、運命という大きな壁、救われようのない生というもの。人間とは、人生とはこんなものなのか。式部はそこから目を離すことができなくなった。「身」として「世」に阻まれる自分の不幸ばかりを見つめながら、彼女は生きた。

ところがある時、式部は不思議にそれまでの絶望的な苦しみが薄らいでいる自分に気がついた。そして知った。人には「世」を負う「身」でない部分がある。それは「心」だ。

数ならぬ心に身をばまかせねど　身に従ふは心なりけり

人の数にも入らない私、現実が心のままになることなどない。でも分かった。どんなにつらかろうと、その現実なりに寄り添ってなじんでくれるのが、心というものなのだ。

（『同』55）

これは彼女を救う発見だった。現実は、思い通りにはゆかない。だが気がつけば、未亡人という現実の中で、それなりに心は働いていた。悲しみは消えはしないが、それでもいつの間にか、何とか現実を受け入れる。心とはそうしたものなのだ。

心だにいかなる身にか適ふらむ　思ひ知れども思ひ知られず

従順なはずの心。しかしそれすら本当は、どんな現実の自己に見合っているというのだろう。私の心は、どんな現実の私にも不相応な心だ。私には、それはよく分かっている。でも、分かりきれない。

（『同』56）

いっぽうで、心は現実に従順なだけではない。それは、必ずしも現実の枠には収まり切らないものだ。時には現実など振り捨てて飛び立ってしまう。抑えても抑えても、性懲りもなく、心は自由だ。それが私の心だ、そう彼女は知ったのだ。

確かに心は、現実にも運命にも束縛されない。祈ることもできる。夢を見ることもできる。もう決して逢うことのできない人に、再び逢うこともできる。現実ではない、まったく別の世界を創造することすらできる。

彼女の世界はそこにあった。この一筋の光を支えに、紫式部は『源氏物語』作者への道を歩みはじめた。

# 第六章　敦成誕生

## 敵無きキサキへ

長保三（一〇〇一）年八月、御匣殿と一条の仲が露見して敦康を引き取って以来、道長は彰子を長く里帰りさせることを控えるようになった。

敦康は彰子のもとで大切に育てられ、「着袴《ちゃつこ》」の儀式も彰子の御殿で開催された（『権記』長保三年十一月十三日）。「着袴」は幼児がはじめて袴をつけて、少年少女になったと祝う儀式である。敦康は一昨年の十一月七日生まれなので、満でかぞえて二歳の誕生日を迎えたばかりだった。儀式には一条も臨席し、行成は筆を執って祝いの和歌をしたためた。公卿や殿上人も参加し、祝いの品々が贈られた。もとより天皇の長男として後継第一候補だった敦康だが、道長の勢力下に入れられたことで立場が落ち着いたのである。

五日後、内裏が再び焼けた。一条の時代の内裏全焼といえば、定子がいやな噂を流された長保元年が最初のことで、翌年には新しい内裏が完成していた。それがまた全焼したのである。彰子と敦康は一緒にいた藤壺から手車に乗って避難した。今回も一条院が仮の内裏とされ、一条も彰子も敦康もそちらへ移った（『権記』同月十八～二十二日）。

翌正月には勅命を受けて行成が敦康に「戴餅《いただきもちい》」の儀を行なった。年のはじめに子どもの頭に三度餅を触れさせて幸を願うもので、現在の鏡餅のもととなった行事の一つである。実は直前の閏十二月に一条の母詮子が亡くなっているので、国中が喪に服しての正月、晴れやかなことは慎むべきだった。だが一条は「天下の人みな喪服という状況で、ほかの誰をこの役に選ぶことができよう」と頼み込んだのである。行成は詮子とも親しかったが、敦康の家司別当《けいしべっとう》（親王家の事務長）だった。断れず、喪服で儀式を行なった（『権記』長保四年正月一日）。

行成といえば、彼はもう蔵人頭ではなかった。昨年秋の人事異動でめでたく参議となり、公卿の仲間入りを果たしたのである。大抜擢からわずか六年でここまで昇り着いたのは、ひとえに身を粉にして働いたたまものだろう。そば仕えを離れる行成に、一条は「今後もいろいろと耳に入れてほしい」そう信頼の言葉を与えている（『権記』長保三年九月七日）。

御匣殿との関係は、こうした表舞台の平穏の裏で続いていたことだったのだ。彼女の胎内の子がもし男子だったとすれば、長男と二男を出した中関白家が復活することもありえたかもしれない。だが彼女ははかなく逝った。

御匣殿の死後、一条後宮の動きは途絶えた。かつて彼の子を身ごもった女御元子とのやりとりがほんの時折ある以外、一条は彰子をほとんど唯一のキサキとして過ごすようになった。義子・尊子といった女御たちもいたが、存在感はなかった。彰子が後宮随一のキサキであることは誰の目にも明らかだった。ただ、彰子に懐妊の兆候は一向にないまま、数年の歳月が流れた。

## 敦康読書始め

年号が変わって寛弘二（一〇〇五）年。二月、一条は伊周に内裏への出入りを許した。地位は大納言の上の位の者として扱う（『日本紀略』寛弘二年二月二十五日）。長徳二（九九六）年の左遷以来、十年目にしてようやくの殿上復帰である。一条と道長合意の下での決定だった。

その冬、七歳に成長した敦康ははじめて漢文の進講を受けることになり、晴れやかに「読書始め」の儀が行なわれた。場所は内裏の彰子の御殿、一条も密かに臨席した。列席者は左大臣道長・右大臣・内大臣をはじめ、政界の錚々たる面々である。その中に伊周の姿もあった（『小右記』同年十一月十三・十四日）。

この日、儀式の中では参会者の作文会も開かれた。作品は当代の漢詩集『本朝麗藻』に収められて今に伝わる。

我が王《きみ》今日、微言を問ふ
学び得ては先づ知りたまひぬ、至尊を敬ふことを

何ぞ忘れん、兎園朝夕の志を
君命を蒙りてより孫にことならず

わが親王様は、今日はじめて儒学の経典に触れ、その意味深い言葉について質問をなさいました。そしてまず学び取られました。天子である父君を敬うことを。だからどうして忘れることがありましょう、親王として朝な夕な天子にお仕えする気持ちを。天皇のご命令をいただいてからこのかた、親王様は私の孫も同然です。

(『本朝麗藻』巻下勤学部「冬日飛香舎に陪《はべ》りて、第一皇子の始めて御注孝経を読みたまふを聴きて教に応ずる詩一首」左相府)

道長の作である。敦康にも理解できそうな明快な詩句の中に、力強さがこもっている。「我が王」と敦康を呼ぶ言葉にはじまり、最後は「孫にことならず」と閉じていて、この時期の道長の心入れが窺われる。ただし、この日の彼の日記を紐解くと「夜半に妻倫子と内裏を出た」の一文がすべてである。敦康のことも儀式のことも書かれていない(『御堂関白記』同日)。

『本朝麗藻』は、道長の詩に続けて伊周の作品を置く。

経伝百家、異説多し
微言、世におほはれて、古今に聞こゆ
老臣座にあり、ひそかに相語らふ
我が后《きみ》も少《わか》き年、この文を学びたまふと

『孝経』は多くの注釈書が伝えられ、異説もたくさんございます。

その中でも今日使われた『御注孝経』は意味深く優れた言葉が世に広く知られ、昔も今も有名です。

年寄りの私めはこの座にいてこっそりと話しておりました。

我が君……一条天皇も、若き日に同じ『御注孝経』を学ばれたと。（『同』巻下勤学部　同前　儀同三司）

本文第四句の「きみ」は「后」の字を使っているが「帝」を意味している。読書始めの教材には儒学書『孝経』を扱うことが多く、一条の時もそうだった。また同じ『孝経』といってもいろいろな手引書があるのだが、一条と敦康はやはり同じ『御注孝経』だった。伊周はそこから、一条の読書始めの日を思い出したのである。それは寛和二（九八六）年、あの花山退位の陰謀から半年後のことだった（『小右記』長和三〈一〇一四〉年十一月十四日）。一条は七歳の少年だった。伊周は当時十三歳、だがその若さにして既に侍従・左《さ》兵衛佐《ひょうえのすけ》として一条に仕えていた。今日の儀式にその思い出を重ねることで、彼は昔から一条に近く仕えてきた自らと中関白家の存在感を示したのだ。

詩会の間、一条は身を遮っていた屛風をそっと取り払わせた。そして御簾ごしに、息子へと献上される幾つもの詩に耳を傾けた（『小右記』寛弘二年十一月十四日）。漢文は、かつて彼と定子とがともに親しんだ教養である。それを息子が勉強しはじめたのだ。一条には特別の思いがあったことだろう。実際、二人の血を受けた敦康は学問を好み、素質もあったという（『大鏡』「道隆」）。

一条はこの日、伊周を朝廷の会議に参加させることを決めた。実資が「前例のないこと」とこぼすなど根強い反発もあったものの、政治家として本格的な復帰だった。この年以降、伊周は、大臣に準ずるということで自らを「儀同三司《ぎどうさんし》（三司は太政大臣・左大臣・右大臣）」と呼んだ（『職原抄』上）。

## 劫火

読書始めの二日後の夜半、内裏はまたしても炎に包まれた。道長も実資も行成も馳せ参じた。実資は大内裏（官庁街）を囲む塀の南東部、郁芳門で道長・伊周と出くわし、三人で駆け込んだ。その間にも火は勢いを増し劫火《ごうか》となった。

「帝はどちらに」

道長が女官に質すと、中和院という。場所は内裏のすぐ南西にあたる。実資は下人から「神嘉殿にいらっしゃいます」と聞いた。中和院の正殿で、天皇が神を祀る建物である。駆けつけると、彰子もそこにいた。出火のとき一条は彰子の御殿にいて、二人で逃げ出したのだという。傍《そば》には六位の蔵人と女房が数人ついていただけというのだから、内裏の危機管理の甘さは驚くべきである。一条は蔵人二人に御物《ぎょぶつ》を運び出させ、残る一人を供として、女房たちと彰子を連れ避難した。中和院まで数百メートルの距離だが、一人の加勢もなく天皇が徒歩で逃げたという事実を後で聞いて、実資は悲嘆の声を漏らした。

さて火は逃れたものの、神殿では身を落ち着けられない。火勢が衰えたら職御曹司に移ると決めて、行ってみると無残にも焼け落ちている。一条と彰子は結局太政官朝所《あいたんどころ》に腰を落ち着けた。火元は温明殿《うんめいでん》のようだった。いわゆる「三種の神器」の一つ「八咫《やた》の鏡」が保管されている場所である。天皇の印として伝説の天照大神の昔より代々伝えられてきたとされるこの神鏡も、被害に遭った。発見された時には劫火の熱に歪み、鏡の形を失っていた（『御堂関白記』『権記』寛弘二〈一〇〇五〉年十一月十五日、『小右記』同日〜十七日）。

こうたびたび内裏が焼けるのはどうしてなのだろう。一条は前の火災の時から頭を抱え、安倍晴明らに原因を占わせてもいた（『権記』長保四〈一〇〇二〉年三月十九日）。造営のたびに費用がかかって国庫はもはや逼迫《ひっぱく》している。人々の不満はますます募る。『栄花物語』は、今度全焼とあれば位を降りようと一条が決意したという。内裏はやがて費用のめどもつき二年後には完成した。だが結局一条がそこに住むことはなかったとされている。一条院に軸足を置きつつ、東三条殿、また枇杷殿と、内裏の外を御座所とする天皇になるのである。内裏が復旧されたのにそこに住まない天皇は初めてだった。自分が住めばまた焼けるのではないかと恐れたのかもしれない。彼にはどこまでも苦労がついて回るかのようだった。

## 紫式部登場

この寛弘二（一〇〇五）年か、または三年と思われる年末、彰子の女房群に新しいメンバーが加わった。紫式部である。

長保三（一〇〇一）年に夫藤原宣孝を喪ってからの彼女の生活は、自ら振り返って『紫式部日記』に記すことによれば、このようなものだった。

彼を喪った後、私には茫漠とした時間が広がるばかりだった。何も手につかぬまま朝と夜が繰り返し、花の色、鳥の声、四季の空の景色、月の光、霜雪、それらが目の前をただ通り過ぎてゆく。そんな季節になったのだとは分かるものの、実感も感慨もない。時に思うのは、これから自分は一体どうなるのかという、やるせない心細さばかりだ。

そんな空しい時間を埋めてくれたのが、趣味の物語だった。他愛のないものだけれど、気の合う人とはそれをめぐって心を割った手紙を書き交わすことができた。普段は少し近づきにくい人とも、物語のためならば、私はつてを求めてでも文通した。こうした友の話にあれこれと答え、取り止めもなく語り合う中で、心の空虚は次第に慰められていった。

世間に目をやれば自分など人の数にも入らない存在だというのは、分かっている。だが、さしあたって同好の仲間と物語をめぐって付き合う生活においては、気の引けることからも、つらいと感じることからも免れていた。

（『紫式部日記』寛弘五年十一月による）

これによれば、夫亡き後、喪失感から式部を救ってくれたのは物語好きな友人たちとの付き合いだった。当時物語は、漢詩や和歌に比べて芸術として遥かに格下の、大衆向けサブカルチャーだった。ただいつの世でも、サブカルチャーこそが人の心を熱狂させ、量産されるものである。この頃読まれていたのは、例えば今でも誰もが知っている『竹取物語』である。『源氏物語』の「絵合《えあわせ》」巻にも登場し「物語のいできはじめの親」と呼ばれている。また『枕草子』「物語は」には、秘伝の音楽一家をめぐる大作『うつほ』や「継子いじめ」型物語の『住吉』のほか、『埋もれ木』『月待つ女』など、今は伝わらない物語の名もいくつも挙げられている。草木や動物が主人公の空想物語なども、数え切れぬほどあったという（『三宝絵詞』序）。

これらの書き手は、みな男性であった。多少教養のある下級役人が本務の片手間に作ったものと考えられている。もちろん趣味でではなく、人に読ませるために作ったのである。だが作者の名は伝えられない。物語とはそうしたものだったのだ。またその多くは、ファンタジーにせよ恋物語にせよ親子の物語にせよ、ストーリーにどこか現実離れした部分があった。それが『源氏物語』以前の物語というものだった。

だがこうした「古物語」に対しては、満足できないとの声も一部にあった。『蜻蛉日記』巻頭で、作者はこれら物語を「世に多かるそらごと」と一刀両断にした。そして夫兼家との結婚生活という現実を、「日記」つまり手記にしたためた。女子どもの遊び道具として空想的な作り話ばかりが蔓延する状況への、大人の女からの反発といえる。紫式部を遡ること四十年前のことだった。

では紫式部が『源氏物語』執筆をはじめた動機は何か、これは彼女の処女作なのかどうか、当初の内容も今に伝わる『源氏物語』と同じだったのか、どの巻から書いたのか。こうした興味深い仔細《しさい》は、実はわかっていない。『枕草子』には跋文があり『蜻蛉日記』には序文があるが、物語にはそうしたものはない。手がかりとしては唯一、最初に挙げた紫式部自身の当時を回顧する日記があるだけだ。私たちはこれを根拠に謙虚に推測するしかない。

紫式部と友人たちは、基本的に手紙を介して付き合っていた。物語をその話題にして、最初はあれこれと批評して盛り上がっていたのだろう。やがてそれが高じて創作に至る。物語も女が書けば違うものができる、紫式部にはそうした思いもあったかもしれない。試作を友人に見せ、感想を受け、また書く。「少し近づきにくい人とも、物語のためならば、つてを求めてでも文通した」と日記にはある。式部の意欲が窺われる。彼女にとって物語とはまさに自分の世界だったのだ。水を得た魚のように才能を伸ばしていったのだろう。

こうして、長保三年の宣孝没から彰子への出仕に至る四、五年の間に、『源氏物語』が誕生したと考えられている。執筆にかけられた時間を考えれば、それは今に伝わる長大な『源氏物語』全巻ではなかったろう。その一部、多分「古物語」のにおいを幾分残した、色好み光源氏の恋の冒険談だったと思われる。出版事業などなかったこの時代、書物は一つ一つ人の手で書き写されて広まった。式部から友人へ、またその知人へ。一冊が子を産み孫を産むように、物語は流布していった。それと同時に、名作という評価、希代の女性物語作家との噂も沸き起こってきたのだろう。

その評判がやがて道長の耳に入り、式部は彰子のもとへの出仕を要請された、そう推測されている。未亡人作家から宮仕え女房へ。式部は新しい世界に踏み出すことになった。

## 初出仕と引きこもり

紫式部が初めて彰子のもとに上がったのは、年も押し詰まった十二月二十九日のことだった。夢の中でまごまごしているようだったと、のちに語っている（『紫式部日記』寛弘五〈一〇〇八〉年同日）。初めて見る宮中、豪華な殿舎、優雅な貴顕の人々を、式部は現実のものととらえられなかった。それだけではなく、そこで息をしている自分自身にも、現実味が感じられなかったという。

清少納言でさえ初出仕のときは泣きべそをかいていたのだ。誰でも硬くなるのは当然である。ただ式部が感じたのは単なる緊張感ではない、何か「違うところ」に来てしまったという気持ち、強い違和感のようだった。

清少納言には女房としての資質があり、意欲もあった。定子をはじめ同僚たちもしきりに声をかけ、気持ちをほぐしてくれた。そんな中で彼女は自分の居場所を見出し働くことができた。式部の場合、そのすべてがなかった。生来活発なところはあったもののどちらかといえば内弁慶、自意識は人一倍強い性格である。加えて「里人」つまり娘や専業主婦として基本的に自宅だけを生活の場としてきたため、家の外の人に慣れていない。だが道長は、父を十年の失業状態から救って大国の国司に抜擢してくれた、大恩ある人だった。出仕せよともちかけられて、断れるはずがない。小さな娘もいて先行き経済的な不安もあったろう。処世の下手な父と兄が、これから順調に官職にありつけるかどうか。自分が出仕すれば、道長との縁故を深め、よくすれば父と兄の出世につながるかもしれない。式部はおそらくそんな現実的な諸事情のために出仕を承諾したと察せられている。

はじめて内裏《うち》わたりを見るに、もののあはれなれば
身の憂さは心の内にしたひ来て　いま九重ぞ思ひ乱るる

はじめて内裏を見た時、しみじみ感じられて
家を離れても、心の内の憂いはここまでつきまとって来た。いまここ宮中で、私の心はまたしても思い乱れている。

（『紫式部集』91）

ここに来れば何か変わるかもしれないと思っていたのに、家にいたときと同じ憂いが、ここでも私を悩ませる。そう言う式部の目は、内裏の世界に向けられていない。自分一人の内側を見つめ悶々としている。その姿は、外からは殻に閉じこもっていると見えただろう。

また紫式部は生まれてこのかた、中・下級役人や国司階級の世界から出た経験がない。高貴な人々を目の前にして、振る舞いにも受け答えにも戸惑うばかりだったろう。一方、同僚たちはそんな式部を遠巻きにし

て見るだけだった。初出仕の数日間、彼女に親しく接してくれる女房は誰一人いなかった。いったん自宅に戻って人心地がついた頃、式部はほんの少しだけ言葉を交わした女房に文を送った。

閉ぢたりし岩間の氷うち解けば　をだえの水も影見えじやは

岩の間を閉ざしていた氷が解ければ、流れを絶やしていた水もちょろちょろと流れ出し、人の姿を映すでしょう。そのように、心を閉ざしていらっしゃった皆さんが私に打ち解けてくださったなら、私もきっとまた皆さんに姿をお見せできるでしょう。お願いします、仲良くしてください。

（『同』92）

女房からの返事の歌はこうだった。

み山辺の花吹きまがふ谷風に　結びし水も解けざらめやは

あなたは私たちを「氷」とおっしゃったけれど、私たちは宮中に咲く花です。そして温かくその間をめぐってくださる春風のような存在が、中宮彰子様。山辺の花を吹き巡る谷風には、凍り付いていた水も解けないはずがありませんよね。一人で凍り付いていたあなたも、彰子様にならくつろがせてもらえるわ。

（『同』93）

返歌は一見親しげに見える。だがその実、「私たちではなく彰子様にお願いすることね」と肩透かししたものだ。勇気をふり絞って親しくしてほしいと願い出たのを拒まれて、式部の心は打ち砕かれた。彼女は夫の死によって内面こそ深まったものの、同好の友とだけ接し、物語という自分だけの小世界にぬくぬくと守られてきて、社会性が豊かとはいえない。そのまま出勤拒否に陥り、自宅に引きこもった。正月行事の多忙な時期も、出てこいと言われても断った。

正月十日のほどに「春の歌たてまつれ」とありければ、まだ出でたちもせぬ隠れ家にて
み吉野は春のけしきに霞めども　結ぼほれたる雪の下草

正月十日ごろ「新春の和歌を献上しなさい」と仰せがあったので、今年になってからまだ出勤せずにこもっている隠れ家で
み吉野のような宮中は初春の景色で霞がたちこめているのでしょうが、わたくしは雪に埋もれて凍り付いた草、思い屈しております。
（『同』94）

宮中の人々は、新春をことほぐ和歌を彰子に献上して、優雅に興じているのだろう。だがそこに顔を出し

たくなどない。式部は彰子の慈しみを求めて、我が身を雪に埋もれて縮こまる草に喩《たと》えた。それは謙譲でもあったが、卑屈な本音でもあった。
ずるずると欠勤が続いた。やがてその勤務状況を非難する女房が現れ、式部の耳にも入った。

かばかりも思ひ屈《くん》じぬべき身を、「いといたうも上衆《じやうず》めくかな」と人の言ひけるを聞きて
わりなしや人こそ人と言はざらめ　みづから身をや思ひ捨つべき

こんなにも悩んでくよくよしている私のことを「本当にお偉いさん風ですこと」と人が噂しているのを聞いて
ひどい。人は私を人扱いしてくれない。だがそれでも、自分で自分を見捨てられようか。それはできない。（『同』58）

長期の欠勤は、同僚にはわがままに映った。気分しだいで勝手に休んで、まるで「重役出勤」だと陰口をたたいたのだ。しかし式部にしてみれば、わがままで出勤しないのではない、できないのだ。それも、原因といえば最初に同僚たち自身が彼女を拒絶したせいではないか。それを棚に上げて、私だけを悪者にするつもりだ。式部は被害者意識に凝り固まり、かたくなに心を閉ざした。出勤はますますできなくなった。

ようやく五月ごろ、見るに見かねた女房が、端午の節句の薬玉を贈りがてら声をかけてくれた。

忍びつるねぞ現るるあやめ草　言はぬに朽ちてやみぬべければ

水底に隠れていたあやめの根が現れるように、今日は私は、あなたへの隠していた気持ちを表してしまいます。そうでもしないと、何も言わぬまま朽ちて、おしまいになってしまいそうだから。……心配しています。どうぞいらっしゃって。

（『同』59）

こうして心を寄せてくれる人が現れて、ようやく式部は心を解き、職場復帰できた。実に悲惨な初出仕、そして半年近くもの引きこもりだった。

## 彰子女房群の価値観

復帰してどのくらいたった頃だろうか。式部は、つらかった初出仕の理由をはじめて知ることになる。彼女の『紫式部日記』には、通常の時系列に沿った記し方を離れ、手紙文の文体で思いを自由に綴った、「消息体」と呼ばれる箇所があって、宮仕えの心得などが記されている。このことはその部分で明かされている。それによれば、真相を知るきっかけは、彼女の次のような態度だった。

職場には「我こそは」と思って人をないがしろにするような人がいて、時にはそんな人と心にもなく顔をつき合わしていなくてはならないこともある。あちらは私が自分に敬意を払って硬くなっていると思っているようだが、私の本心はそうではない。あれやこれやと文句をつけられたくないから、敬意からでなく面倒臭さのために、何を聞かれても分からぬ「ぼけ」になりきっております。

（『紫式部日記』消息体による）

どんな集団にも権力の風を吹かす人物はいる。そんな人には近づかぬが一番と、式部は顔で従順、心で無視を決め込み、「ぼけ」演技で無能を装っては、やりすごしていた。本当の自分を隠し、適当に相手に合わせて、目をつけられなければそれでよい。最初に手痛い目にあって身につけた知恵だったのかもしれない。ところがこの方法が思わぬ功を奏した。偉ぶる女房だけでなく同僚みなが、式部を評価するようになったのだ。彼女たちが口をそろえて言う告白に、式部は驚いた。

「あなたがこんな人だなんて思ってもいませんでした。紫式部さんのことは、気取り屋で、人を気後れさせて、近づきにくくてよそよそしくて、物語が好きで才女ぶって、何かにつけて歌を詠み、人のことを人とも思わず憎らしげに見下す人に決まっているって、みんなして思いもし言いもして、あなたが来る前からあなたのことを嫌っていたの。それがこうして会ってみたら、不思議なほどおっとりした方な

のですもの、別人なのではないかと思ってしまうわ」（同）

やっと分かった。人気作品『源氏物語』をひっさげた新進女流物語作家の登場と聞き、同僚たちは式部の顔を見る前から硬く身構えていたのだ。文才を鼻にかけた偉そうなインテリ女。そんな式部に自分たちが鼻であしらわれ馬鹿にされると思い込んで、最初から防衛線を張っていた。引きこもりのとき、式部は人扱いされていないと憤慨した。だが同僚たちのほうこそ式部から人扱いされないと思っていたのだと、今にして知った。

噂だけでしか知らない場合、人は人を型にはめて見がちなものだ。ことに、際立った才覚を持つ女性への風当たりは、男性からはもちろん女性からも強い。同僚たちは式部を才女にありがちな、いけすかない高慢ちきと勘違いして、のけ者にした。ところが復職して付き合うようになった式部は、先入観とは正反対のおとなしさで、まるで別人に見えた。ちっとも危険人物ではない、おっとりした人じゃないの。同僚たちは式部への偏見を拭い去り告白したのだった。

式部は恥ずかしかった。確かに「ぼけ」を装っていたから表面はおっとりしたように見えたろうが、それはうるさ型をかわすための演技だった。同僚たちは善意に解釈してくれたが、本当の自分は、心の中では「こんな人たち、偉そうにしているけれどたいしたことはない」と思っていることもあった、高慢な人間だったのだ。

式部にはこの時点まで、人に求めることばかりで、自分から職場のものの考え方を知ろうという様子がうかがわれない。察すれば、『源氏物語』を書き、請われて出仕するのだから、当然歓迎されるはずという思い込みもあったかもしれない。だがようやく分かったのだ。ここでは、こういうことだ。能力があっても偉ぶってはならない。とにかくおっとりと。見回せば彰子の女房たちは、父方母方の従姉妹をはじめ由緒ある家柄のお嬢様ぞろいだ。彼女たちの美徳は「抑制」だった。歌でも文章でも、そこそこが上品、一生懸命努力して才を磨くなど卑しいことと思っている。受領階級とは価値観が違うのだ。

私の本音としては、「おっとり者」など、ここまで見下されたものかと存じました。でも皆がそういうなら、自分もおっとりするしかない。これを見せかけではなく骨の髄からの本性にしよう。そうやって努力しております姿に、中宮様も、

「あなたとは心を割ってお付き合いすることなどできないと思っていたのに、不思議なことに、ほかの女房たちよりもずっと仲良しになってしまったこと」

時々はそんなお声をかけてくださるのです。（同）

紫式部は彰子後宮で生きるコツを探し当てた。「能ある鷹は爪を隠す」というが、能力を無理に隠す必要はない。ただ見せ方に細心の注意を払い、決して鼻にかけないこと。要は目立とうとしないことだ。

こうして一人の主婦作家が、試練と自己陶冶《とうや》の末、彰子方女房紫式部に変わった。それはもちろん彼女にとって幸福なことだった。一家の経済はいうまでもなく、物語を書き続けるためにも、道長・彰子という後

ろ盾は願ってもない存在だった。

## 彰子のトラウマ

いつごろからのことかは記されないが、『紫式部日記』によれば、式部には彰子について気づいていたことがあった。おっとりとして抑制的なのは彰子女房たちの気質だと感じていたが、誰よりも彰子がそうだった。彰子は女房に命令しないのだ。控えめすぎて人に指図できない。だが、その裏には別の理由も見えるという。

彰子は有能な働き手としての女房に恵まれなかった。応対や何やと言って聞かせても、安心して仕事を任せられるような女房など滅多にいない。式部が言うには、彰子後宮が結成されてこのかた、彰子はそんな諦めの中にいたのだという。彰子の女房たちが令嬢ぞろいで、仕事とは何か根本的に分かっていなかったのが原因だろう。女房不信とでも言おうか、そんな彰子から式部が「ほかの女房たちよりもずっと仲良しになってしまった」と言われたということは、女房として、まれにしか得られない信頼を得たということだった。

式部が気づいたもう一つのことは、彰子自身のものの考え方だった。

昔、深い思慮もないのに職場では我がもの顔をしている女房がいて、大切な時に間違ったことを数々言い出すという失敗をしでかしたという。中宮様はそれをお聞きになり、これ以上みっともないことはないという気持ちを胸に刻み込まれた。まだたいそう幼いころでいらっしゃったこともある。そのため、そんな失敗をしでかすくらいなら、ただ大過なくやり過ごしたほうが無難だと考えるようになられたのだ。周りの女房たちは子どもっぽいお嬢様ぞろいで、この方針にはぴったりかなっていたから、やがて今のような地味で消極的な気風が出来上がってしまったのだと、私は存じております。

（『紫式部日記』消息体による）

彰子の幼い時分のことというから、定子が生きていたか、死後間もないころの話である。紫式部にとっては出仕前のことだから、誰か同僚に聞いたのだろう。その人物が覚えていて式部に話す程度には、記憶に残る出来事だったのだ。

きっかけは女房がでしゃばって失敗したことだった。当時は定子自身やその後宮の影響で、清少納言のように積極的に自分の意見を言う女房がもてはやされた。『栄花物語』には、引っ込み思案を嫌う道隆夫婦の先導でこの雰囲気が作られたとある（巻三）。一世を風靡《ふうび》した中関白家文化に影響を受けた女房は、内裏にもほかの貴族家にも少なくなかったはずだ。派手な風流、当意即妙、気の利いたお洒落な会話。それを競えば失敗することもあろう。彰子はそれに耐えられなかったのだ。

彰子は皇室の血を受けている。自尊心と品格の人だ。ざれた振る舞いだけでも、はしたないと感じられただろう。いわんやその末の失敗など、ぞっとすることだったのだ。わが身ではなく人のうえにもそれを許せないのは、思春期ゆえの潔癖感というべきか。式部は考えた。これをトラウマとして、彰子は定子とは対極的なところに自分の性格をつくりあげた。自己主張は抑える。できるだけ目立たないように。結果として彼女の後宮は、上品だが消極的、無難なだけで面白みに欠けるものになってしまったのだ。地味な彰子の心の奥に、傷つきやすく繊細な少女を、式部は見て取った。

紫式部と彰子の間には、定子が清少納言を導いたような強力な主従関係はない。むしろそれとはまったく別の感情が、この深い洞察からは感じ取られる。それは彰子という人を理解し、守ろうとする式部の思いである。もともと娘時代から式部は、内気ないっぽう、か弱い女友だちを放っておくことのできないたちでもあった。相談を持ちかけられたり慰めたりしたエピソードは、『紫式部集』にも『紫式部日記』にも見える。彰子は式部の中で、中宮という最高位の女主人であると同時に、いつのまにか一人の支えてあげたい女性になっていたのではないだろうか。私はそう考えている。

## 道長、御嶽詣

寛弘四（一〇〇七）年八月。道長は吉野の金峯山《きんぶせん》への登山を決行した。いわゆる「御嶽詣《みたけもうで》」である。金峯山は修験道の霊地として広く信仰を集めており、参詣者は前もって厳しい精進潔斎《しょうじんけっさい》を行なわなくてはならなかった。その期間は三週間とも五十日とも百日とも、場合によれば千日ともされる。行事や政務の間を縫って道長が潔斎をこなし登山に漕ぎ着けたのは、むろん大願があるからであった。閏五月から精進をはじめて、八月二日に京を出発。十四日に帰宅するまでの記録は彼自身の『御堂関白記』に詳しい（『御堂関白記』寛弘四年閏五月十七日・八月二日〜十四日）。険しい山道を踏みしめ十一日に登頂、この日彼が自筆の経をこめて山頂付近に埋めたと日記に記す経筒は、現在、金峯神社に保存され、国宝となっている。

この時、道長が最初に参ったのは、蔵王権現の聖地という「御在所」をさしおいて「小（子）守三所」であった。子授け祈願である。彼自身は日記にさえ一言も漏らしていないが、今回の参拝の理由が彰子の懐妊祈願であることは、誰の目にも明らかだった。この年、彰子は入内して八年。年は既に二十歳に達していた。もうとうに懐妊のことがあっておかしくない。しかしその兆しはなくここまで来た。もちろんこのまま彰子に男子ができなかった場合に備えて、定子の遺児、一条一男の敦康の後見を引き受けてはいる。ただ、敦康はやはり定子の子、伊周の実の甥だ。

現在残る『小右記』には、この前後の記事が大きく欠けている。だが後の人が作った内容項目一覧『編年小記目録』により、書かれていた内容だけは知られる。それを見ると、実資はこの頃、中関白家の伊周と隆家が武家平氏を抱きこみ道長殺害計画を練っていると聞き及んでいたらしい（寛弘四年八月九日）。『大鏡』（「道隆」）も伊周によるクーデター未遂の逸話を載せている。伊周の復帰は権力の中枢に緊張感をもたらしていたのだ。道長にとって、敦康を間にはさんでにらみ合う現在のようなあり方は、やはり穏やかでない。彰子自身の男子、道長の血を受けた後継が生まれるに越したことはなかった。

道長の御嶽参詣は、神仏の力を待たずとも一種のパフォーマンスとして、一条の心に直接圧力をかけたに違いない。一条は道長を片腕として政治を執っている。彼の娘との間に一人の子もつくらないのは、関係をぎくしゃくさせるもとになる。それは政治の不安定に直結しかねない。男子でも女子でも構わない、とにかく一人は彰子に子を産ませる必要が、一条にはあった。

## 懐妊発覚

寛弘五（一〇〇八）年正月。この年一条は二十九歳、彰子は二十一歳である。『栄花物語』によれば、年末から体の変調を感じていた彰子は、思いがけないことに一条から懐妊を指摘された。

　中宮様には、十二月から食事がのどを通らない。騒ぎ立てはしないが、無理はやめよう。そう思っていらっしゃったが、正月に入っても調子が戻らず、ひどく眠くてうとうとなさっていた。そこへ帝がお見えになり、こうおっしゃった。

「去年の十二月に月のものがなく、今月もそのままでもう二十日を過ぎたではないか。気分も普通ではないとおっしゃるようだし、私にはよく分からないが懐妊したのではないか。道長や母に伝えてやろう」

「お気が触れでもなさったのですか？　そんなことをおっしゃって」

恥ずかしがる中宮の言葉も聞かず、帝は道長殿が参上された折に、事を告げられた。

「なんと左大臣、ご存じではないのか？」

中宮には羞恥心で身の置き所もない。道長殿は聞き返す。

「いったい何事でございましょうか」
「この宮が普通の調子ではないと知らないのか。いつもは私の前ではちっともお休みにならず、寝ずの番のような人なのに、このごろは滅多なことではお目覚めにならないご様子なのだ」

（『栄花物語』巻八による）

あまりにリアルなやりとりの真偽はさておいて、注目したいのは物語の目の着けどころの生々しさである。物語は、彰子が一条に寝顔を見せたことがなかったと言っている。結婚以来彰子が彼の前ではいつも緊張し、また彼もそれを感じ取っていたという、二人の関係を言いたいのだ。また懐妊に関わる一条の言動も、彰子の気持ちを考えるといささかデリカシーを欠くようだが、彼がいかに彰子の体の状態に注意を払っていたかを表そうとしてのものであろう。

物語はこの後、道長が彰子女房を召し、生理が止まった報告を受けたという。ちなみに当時の貴族は一般に家人共有の樋殿《ひどの》（トイレ）で用を足したが、室内に個人専用の樋を持つ貴人もいた。ここに溜まった尿の色で病気を診断することもあったのである（『増鏡』巻八）。生理が止まればまず排泄物処理係の「樋洗童《ひすましわらわ》」に知られ、ほか下着の用意や処理などにあたる女房にも知られる。人を使う立場の女性には妊娠に関するプライバシーはなかったのだ。

報告を受けた道長は、御嶽のご利益かと目に涙を浮かべたという。入内して足かけ十年目にして、初めての懐妊。それにしても、当の彰子をよそに男二人で盛り上がる懐妊発覚ではあった。

## 媄子の不幸

彰子の懐妊は、一条と道長にそれぞれの安堵をもたらした。しかしいっぽうでこの寛弘五（一〇〇八）年前半は、二人の心境が明暗を分けた時期でもあった。正月半ば、ちょうど彰子の懐妊が分かる直前に、一条の次女媄子が病にかかったのである。

定子の遺児たちに対する一条の思いは、不憫さも手伝って溺愛《できあい》に近かった。様々の加持祈禱や読経を試させ、効あって病状が一時持ち直した時には、担当の祈禱僧文慶を僧職者全体の管理職である「僧綱《そうごう》」の一つ、権律師《ごんのりっし》に任じた（『御堂関白記』寛弘五年正月十六日・二月一日・四月二十四日）。破格の取り立てである。

道長はこの人事について一条から相談を受けたが、曖昧にしか返答しなかった。彼の関心は媄子にはなかったのだ。実はこの前日から、道長の土御門邸では法華三十講が始まっていた。三十日にわたり客を招いて僧による法華経巻々の講義を聞く法会で、道長家では毎年恒例のものだが、この年は特に大々的に行なわれた。最も盛り上がるのは第五巻の講義日で、参会者が自ら釈迦の修行風景を演じ、薪を背負ったり水桶を持ったりして行進する行事がある。当日は僧と一般参会者を合わせて百四十三人が庭の池の畔を廻った。夜には皓々とかがり火がともされ、昼をしのぐ明るさだった。貴族たちからは進物が続々と届けられた（『御堂関白記』同年四月二十三日・五月五日、『紫式部集』付載「日記歌」）。

そして五月二十二日、一カ月をかけて成功のうちに終わった法事を道長が満足気に振り返ったその夜半、媄子は再び重態となった（『御堂関白記』同年五月二十二日）。今度は回復することなく、二十五日死亡。たった九歳であった（『権記』同年五月二十五日）。一条の悲嘆は想像に余りある。

彰子はこのとき、実家に帰っていた。しかし媄子が死んでひと月も経たない六月、妊娠七カ月で内裏に戻り、そのまま七月までを一条のもとで過ごした（『御堂関白記』同年六月十四日・七月十六日）。何度も述べたように、当時妊婦の身はケガレていると忌まれ、参内は慎むのが基本だった。人と場合により時にこれを無視したこともあったが、それにしてもこのときの彰子は妊娠後期で早産の危険性も十分ある、あまりに異例の参内である。一条の寂しさを和らげるため、道長が緊急に参内させたと推測されている。にもかかわらず、彰子が再び里に戻った後、一条は次のとおりだったと『栄花物語』は記す。

帝は女御義子・尊子様よりは例の承香殿元子様へのお気持ちが強く、お召しとの噂もおのずと漏れ聞こえてくる。が、実際はすべてどの女御も帝へのお目通りはまったく絶えている。長女の脩子内親王様が内裏にお住まいなので、ただそこを訪れては、帝は心をお慰めになった。亡くなった媄子様のことを、繰り返し繰り返し思い出していらっしゃったのだった。

（『栄花物語』巻八による）

天皇は一国の王であり、彼がどんな女を近づけようと本来自由なはずなのだ。だが彰子の留守中、一条は正式なキサキをさえ近づけなかった。かつて異常な形であれ彼の子を懐妊した元子に対しては、周囲が詮索するほど思い入れがあったにもかかわらずである。

キサキを呼ぶ代わりに、彼は長女脩子に会って心を慰めたという。その心とは、媄子を喪った傷心であった。脩子となら存分に媄子のことが語れる。逆に推し量れば、彰子がいくら身重をおして参内しようとも、彼女とともに媄子を悼むことは、一条にはできなかった。媄子の思い出は必ず定子とその死に直結し、それを思うことは定子への道長の仕打ちに直結するからである。

道長はじめ周囲が期待に沸く出産直前、彰子は一条にとってこうした存在だった。権力者筆頭道長の娘として下へも置かず気を遣う相手ではあったものの、心を割って語り合える愛妃ではなかったのだ。

## 漢文進講

彰子の気持ちはどうだったのだろうか。実はこの夏以前に、紫式部は彰子から一つの頼まれごとをした。漢文を教えてほしいというのである。式部の回想はこうである。

漢文の素養をひけらかしているなどと噂が広まればどんなに世の悪評を食らうことかしらと遠慮され、私は御屛風の色紙に書いた漢文も読めない顔をしておりました。ところが中宮様は、差し向かいで私に『白氏文集』のところどころを読ませたりなさいます。漢文方面のことを知りたげでいらっしゃる。そうお見受けした私は、極力人目をしのび、ほかの女房たちが誰もおそばに控えていない合間合間に、おととし（寛弘五年）の夏ごろからです、白楽天の「新楽府《しんがふ》」という書物二巻を、まあきちんとではございませんが、お教えしております。こっそりとです。宮様も隠していらっしゃいましたが、道長殿も帝も気配をお察しになりました。殿は御本を素晴らしく仕立てて中宮様に献上なさっています。

（『紫式部日記』消息体による）

初出仕で頭を叩かれた経緯もあり、自分の能力を見せることに関して紫式部はとことん慎重である。とはいえ、彼女の漢文素養は、清少納言をはるかに凌《しの》いで本物だった。清少納言の知識は当時出回っていた手引書で十分まかなわれるものであり、彼女の真骨頂はむしろその披露のしかたにあった。いっぽう漢学者の父の「門前の小僧」で育った紫式部の知識は、孔孟・老荘の思想や『詩経』『史記』、もちろん『白氏文集』、また日本の漢文史書にも及ぶ。これらはみな『源氏物語』の構想や表現ににじみ出ているのである。

彰子はその式部に、自分の読めない『白氏文集』を読ませた。漢文を学びたくていらっしゃるのだ、と式部は察したという。『白氏文集』は、唐の詩人白楽天の詩文集である。日本には平安時代初頭にすでに伝わり、分かりやすい表現と華麗な描写、ドラマチックな内容で瞬く間に貴族必携の書となった。清少納言も『枕草子』に「文は、文集」と記している。ビートルズが日本のポップスを変えたように、白楽天は日本の漢文を一変させた。これを知ることは漢文世界の常識であった。

彰子はしかし、それを読めなかったのだ。入内して九年にもなるこのときまで。深窓の女性と漢文はそれだけ疎遠だった。キサキ教育にも漢文は必要なかった。だから道長も、ことさらに彰子に漢文を仕込まなかった。だが今になって彰子はそれを学びたがっている。父に内緒で、自分の意志で。

従来、この漢文進講を彰子の側から論じる視点はなく、むしろ紫式部による「胎教」との解釈が一部に行なわれてきた。だがそれは見当違いだ。『紫式部日記』には、進講は「をととし（寛弘五年）の夏」から今（回想を執筆している寛弘七年夏）まで、二年間続いているとある。こんなに長い「胎教」はない。では当初胎教として始まったものが、何かの理由で出産後も続いているのか。それも考えにくい。胎教とは帝候補の可能性のある胎児に教育を授けるという重大事であり、女房の一存で隠れて施すなど許されるはずがない。資料を尊重するなら、彰子自身が漢文の学習を希望した、まずはそこから出発しなくてはならない。では、それはなぜなのだろう。私はそこに、一条という存在を思い出さないではいられない。

## 「楽府」という作品

実は、右の記事に先立ち『紫式部日記』は、

帝は源氏の物語を女房に朗読させてお聞きになり、「この作者は日本の正史を読んでいるね。実に漢文の素養がありそうだ」とおっしゃった。

（『紫式部日記』消息体による）

と記している。一条は『源氏物語』の中に『日本書紀』をはじめ日本の正史に関する見識を見て取った。それらはみな漢文で書かれている。だから作者の漢文素養をほめたのだ。日記は、このことがきっかけで式

部が内裏女房から「日本紀の御《み》つぼね」と心外なあだなをつけられ、能力をいっそうひた隠しにしたと続く。その式部の事情はさておき、一条の『源氏物語』批評を彰子が耳にしたことは十分考えられる。それまでの彰子にとって、一条の漢文趣味は自分には閉ざされた世界のことだった。いっぽう『源氏物語』は彰子の愛読書だった。ところが、一条はそこに漢文世界が見て取れるという。最も身近な作品の中に、彼の世界への扉がある。そう知った事実と、紫式部にそれとなく漢文世界への興味をほのめかした事実とは、濃厚に結びつく。彼が漢文素養を認めた作者、紫式部が彰子自身の女房だったことも、彰子にとっては都合がよかった。

一条の存在がこの学びに絡んでいると推測するもう一つの理由は、式部が選んだ教材、『白氏文集』中の「新楽府」である。「新楽府」は、同じ白楽天の作品でも「長恨歌」のようにロマンチックではない。五十首の詩から成る作品だが、序文には「文学ではなく政治のために作った」とある。白楽天は詩人であると同時に役人だった。詩は民の苦しみを写し取り、民がそれを歌い、その声を役人が耳にし、皇帝に伝え、いつか政治が変わる。それが詩の一番大きな役割だと、彼は真剣に考えていた。「新楽府」はそれが最も鋭く打ち出された、メッセージ詩集なのだ。内容は貧民だの税金だの君臣だの善政だのと、実にお堅い。

重要なのは、こうした「新楽府」を学んだところで、定子のように日常生活の知的お洒落としては活かせないということだ。彼女は母が漢文に堪能という環境に育ち、そのため自らも漢文素養に長けた、特殊なキサキだった。清少納言に御簾を上げさせた「香炉峰の雪」の逸話、琵琶で顔を隠し自ら主人公を演じてみせた「琵琶行」の一場面、それらはいずれも『白氏文集』中の人気の名作に拠り、皆を楽しませた。だが「新楽府」ではそうはいかない。野暮ともいえるほど生真面目な内容のせいか一般受けせず、はっきり言って人気が低い。初めて漢詩を学ぶ彰子に、式部はなぜこのような作品を選んだのだろう。

実は、「新楽府」は一条の文学観にかなった作品だった。当時、貴族たちは美しく柔らかい詩を好んだ。だが一条は違っていた。第一章の作品「書中に往事有り」のように、彼は文学に政治を善くする力を求めた。白楽天が「新楽府」の序に記した理想は、一条の理想でもあった。そして式部はそれを知っていた。父と旧知の具平親王が、一条のそうした姿勢に共鳴する詩仲間だったからだ。彰子の学びの原点に一条への思いがある、そう感づいた紫式部が気を利かせたのだと、私は考えている。

彰子は当初は何も知らずに受講したのだろう。だが学び出せば、お洒落な教材でないことはすぐ分かる。それでも彼女は学び続けて、二年後にもまだ粘り強く、進講を受けている。「新楽府」が一条の知の世界につながっていると思うから、少しでも彼を理解したいから。いつからかそれが彼女の原動力になったと、私は思う。彰子の学びの意味は、一条に寄り添うことにあったのだ。

だが、そうした自分を見せたくないのが彰子の性分だった。彰子は人目を忍び、式部も秘密にしていた。それでも自ずと、進講の事は道長にも一条にも知れた。道長は豪華本を贈って応援した。彼も詩を作り、一条の志向も知っている。漢文で一条の気が惹けるならと思ったのだろう。だが、一条の反応については、式部は何も記していない。

## 土御門殿の秋

秋の気配が濃くなるにつれ、土御門殿のたたずまいは、言葉に表しようもなく趣を募らせる。池の畔の高木も流れの岸辺の草むらも、それぞれに見渡す限り色づいて、鮮やかな空に映えている。そこにしみじみと流れる、安産祈願の読経の声々。聞き入るうちにいつしか涼しい夜風がそよぎだし、絶え間ない庭のせせらぎの音と響きあって、夜もすがら風か水かの和音を奏でている。

中宮様には、おつきの女房たちのとりとめもない話を聞きながら、さぞお苦しかろうところを、何ともなさそうに繕っていらっしゃる。そのお姿を拝見すると、いまさら言うまでもないことではあるが、つらい世の癒しには、求めてでもこのような方にお仕えするべきなのだと、常は憂いに沈みがちな私の心もすべてを忘れてしまう。それもまた、不思議なことなのだが。（『紫式部日記』寛弘五年秋による）

『紫式部日記』は彰子の初産の一部始終を事細かに記録している。自然までが「その時」を待つ期待に満ちた大邸宅、そこで過ごす出産間近の彰子。かつて娘を産んだ式部には、彰子の体の大儀さがよく分かる。それでも持って生まれた品格と、周囲への配慮とに律せられて、彰子は苦しさを表に出さない。おそらく式部は、その心の深部の孤独にも気がついている。だからこそ、慎みと健気さとを思い、胸が打たれた。

観音院の僧正が、東の棟から二十人の伴僧を引き連れて彰子様のもとにやって来る。お体近く加持を施すのだ。どどどどと渡り廊下を踏み鳴らす足音がものものしく、緊張感を高める。読経の当番を終えた法住寺の長官は馬場の控え室、浄土寺の僧都は書庫の控え室へ、揃いの浄衣《じようえ》姿で庭の豪奢《ごうしや》な唐橋を渡って戻ってゆく。木々の間を行く姿はやがて闇に紛れるが、厳かさについつい後ろ姿を見送り続けてしまう。斎祇阿闍梨も、大威徳明王の像に敬意を表し腰をかがめて部屋を出た。（同）

彰子の出産に向け、道長は僧侶二十数人を招集して万全の態勢を整えた。多くは地位も名もある僧侶である。彼らは邸内に用意された宿舎に泊まりこみ、昼夜交代、二十四時間連続態勢で経を読み続けた。「不断の御読経」である。また不動明王・金剛夜叉明王・大威徳明王など五大明王の像を前に五人の僧が横に並んで祈る、迫力ある修法を行なった。「五壇の御修法《みずほう》」である。明王はそれぞれに憤怒の表情をして武器を携えており、邪悪を退散させ仏道を守ってくれる存在としてこの頃から信仰を集めていた。

道長自らの指図で整備された邸内には、八月も二十日を過ぎてからは連日公卿や殿上人たちが泊まりこんだ。退職した元女房たちも再び集まった。式部たち常勤の女房もそわそわと心騒ぐ。その時を誰もが待っていた。

**出産**

陣痛は九月九日夜半に始まった。翌十日暁、出産のために室内は白一色の幔幕《まんまく》に覆われ、彰子の御帳台のとばりも白、女房たちの装束も白一色のものに換えられる。僧、修験者、陰陽師が招集され物の怪に対処する。読経を依頼している各寺院へ、布施を持った使いたちが走る。一日を彰子は不安げに寝たり起きたりして過ごした。

十一日、星めぐりが悪く彰子の御帳台を廂の間に移す。そこは簾を掛けられないので几帳で周りを取り囲む。ここが分娩室になる。付き添うのは母倫子、彰子の従姉妹で生まれてくる子の乳母に決まっている女房宰相の君、産婆役女房、近親の僧ら、合わせて数人。道長は几帳の外であれこれ指図する。その大声に僧たちの読経や祈禱の声も圧倒されそうだ。

紫式部は分娩室の隣の間に控えた。そこにいるのは式部を入れて八人、彰子の従姉妹やベテラン女房ら、みな長年仕えている人ばかりで、心配そうな様子ももっともである。式部は一人まだ新米同然の身だったが、目の前で起ころうとしていることが滅多にない一大事であることは、心にひしひしと感じ取れた。

数々の物の怪が現れては調伏される。産婦を狙っていたと思われる物の怪は、祈禱などにより、「よりまし」といわれる囮《おとり》にひきつけられる。よりましはおおかたが十代の少女で、憑きものによりトランス状態となり、大声を上げたり、犬や狐のように鳴いたり駆け回ったりする。その声と祈禱の声とが入り乱れる。女房たちは涙に暮れて化粧も崩れ、その人とも見えない。邪気払いに撒《ま》かれる米が雪のように頭に降りかかる。人ごみで行き来もできない。熱気で頭がぼうっとする。安産を祈願し、彰子の頭頂部の髪が少しそがれた。形だけだが出家受戒の儀式をし、仏の加護を願うのである。

そして九月十一日正午、実に三十六時間の陣痛を乗り越えて彰子は出産した。生まれたのは男子だった。

出産の後、胎盤が出るまでの間、広い母屋・縁・欄干のあたりまでいっぱいに詰めていた人々は、僧も俗もいま一度声をはりあげてひれ伏した。

午の時、空が晴れ、昼というのに朝日がぱぁっと差したような気がした。母子ともにご無事でいらっしゃる嬉しさは何にも代えがたいが、男皇子でさえいらっしゃった喜びは一通りでない。

（『紫式部日記』寛弘五年九月十一日による）

定子の命を奪った後産をも、彰子は乗り切った。一条の次男、敦成《あつひら》親王の誕生だった。

# 第七章　源氏物語

## 誕生の晴儀と彰子

彰子の第一子、一条天皇には第四子で次男にあたる敦成には、当時のしきたりに従い、誕生当日には産湯を使う「御湯殿の儀」、その後一日おきには誕生祝いの「産養」が行なわれた。長男敦康の時に比べ、その規模は遥かに盛大だった。ことに産養は、恒例の三日夜の中宮職主催、五日夜のキサキの父主催、七日夜の朝廷主催に加え、九日夜の儀までが、彰子の弟頼通の主催で行なわれた。後年道長の跡を継ぎ宇治の関白と呼ばれて栄花を極める彼は、この時十七歳ながら既に正三位で公卿の一員だった。

こうした催しの際、女房は忙しい。道具を運んだり給仕をしたりと、様々の役があてられるからだ。ところが『紫式部日記』を見ると、紫式部自身には不思議なほど何の役も割り振られていない。また、それにもかかわらず儀式の場に出入りし、仔細を観察して書きとどめている。そこから、式部はこの晴れの出来事全般の記録係を命ぜられていたと考えられている。そのメモが後に回顧録『紫式部日記』のもととなった。だが、彼女のまなざしはただ華やかな儀式を写すだけではない。誕生五日の産養の夜、彼女が見つめるのは、土御門殿の庭にたむろする下人どもである。

庭では、客の公卿が宴会に出席の間、お付きの者どもがここかしこの岩の陰や樹の根元に腰を下ろしては群れている。そんな者たちまでが、口々に話していることといったら、こうして世の光のような親王様がお生まれになるのを陰ながら心待ちにしていたがようやくかなった、などということのようで、わけもなく微笑み心地よげだ。まして御殿の中の人々は、何ほどの数にも入らぬ五位程度の者までも、何となく会釈して行き来するなど忙しげにふるまって、よいご時勢に出くわしたという顔をしている。

（『紫式部日記』寛弘五年九月十五日による）

敦成を待っていたのは、彰子や道長や周辺の貴族たちだけではなかった。下級の役人や貴族の下働きの者など、世の末端に至るまでが今や道長の権力にぶらさがり、道長の血を継ぐこの親王の誕生を得心のいった笑顔で迎えている。彰子の入内にかき消され、世から「横川の皮仙」との陰口で迎えられた敦康の誕生の時とは雲泥の差だ。敦成は世にとって、安心して心から祝うことのできる親王だったのだ。

盛大な宴の傍ら、紫式部が見つめたのはもう一つ、出産をすませた彰子の寝姿だった。

こうして男子をご出産の中宮様を、人々は「国の親」などと騒いでいるが、御帳台の中を覗いて見れば、そんな押しも押されもしないご様子には見受けられない。少しご気分が悪そうで、痩せた頰で眠っていらっしゃる姿は、いつもより弱々しく、若く、愛らしげだ。お姿は、御帳台の中にともした小さな灯りに隅々まで照らされ、顔色はひときわ美しく透明で、床姿の結髪のため髪の豊かさがいっそう目立って感じられる。

（『同』九月十七日による）

ここまで書いて、式部は不敬に思い至り筆を置く。身分の高い人を事細かに描写することは失礼とされていたからだ。とはいえ、式部の目をひととき奪ったのが彰子の何であったかはよく分かる。それは華やかな姿、堂々とした様子ではなく、一人の産婦としての彼女だった。重い重圧に耐え、するだけのことをし切った。結果として生まれたのがたまたま男児で、周囲に喜ばれた。今は解放されて、ただすやすやと眠っている。そんな弱く愛らしい一人の女性だった。やつれて痩せた顔、色づいて透き通る肌、結んだ豊かな髪。式部のまなざしはいたわりに満ちて、まるで母のようだ。彼女にとって彰子とは、こうした母性愛のようなものを感じさせる存在でもあったのだ。

『紫式部日記』によれば、彰子は産後一カ月を帳台にこもって過ごし、紫式部は昼も夜も付ききりでそばに控えた。道長は孫の顔見たさに夜中でも明け方でもやって来ては、敦成を抱いている乳母の懐をまさぐった。乳母が寝入っていてもお構いなしで、気の毒に乳母はわけも分からず寝ぼけ眼で起こされるのが常だった。何年も待ちに待った男子、自分の外祖父摂政の夢をかなえてくれる孫を、道長は高く抱き上げいとおしんだ。

ある時など、困ったことに宮様が粗相をなさり、殿の着物を濡らしたこともあった。道長様は着物の紐をほどき、御几帳の後ろの火にあぶらせながら、

「ああ、この親王様のおしっこに濡れるとは、嬉しいことよの。この濡れた着物をあぶる、これこそ満願かなった心地だ」

喜んでこうおっしゃったのだった。

（『同』十月上旬による）

## 土御門殿行幸

十月十六日、一条は道長の土御門殿に異例の行幸を行った（『日本紀略』同日）。道長は邸内に色とりどりの菊を移植し、竜頭鷁首《りようとうげきしゆ》の船を新調して池に浮かべ、当日は雅楽隊に船上から演奏させて一条の輿を迎えた。紫式部は輿よりもむしろ、その担ぎ手たちに目がひきつけられた。輿が寝殿の簀子《すのこ》（縁側）に着けられるとき、前列の担ぎ手たちは、轅を肩にした姿勢のまま、苦しげに階段に這いつくばる。貴人に仕えるということはああいうことなのだ。家格を超えて取り立てられ、令嬢たちに交じって気苦労な女房勤めをする自分が重なった。華やかな職場にいる自分を、人は幸福と見るだろう。しかし人間の心中は外見や境遇では測り知れない（『紫式部日記』寛弘五年十月十六日）。これが『紫式部日記』の特徴だ。勤め先の慶事を書き連ねながら、そこかしこに、憂愁、苦悩、皮肉な感情など、筆者個人の屈折した内心がちりばめられている。それ

がこの日記を、単なる職場回顧録を超えた「作品」にしている。
ところで、この時期の彰子周辺を記す作品といえば『栄花物語』もそうなのだが、こちらは記述の際、全面的に『紫式部日記』を下敷きにした。したがって『栄花物語』のこの前後は、内容のみならず言葉遣いまで『紫式部日記』によく似ている。ただし紫式部の内心の部分は取らない。そして独自の方法論、つまり登場人物の心に入り込むという描き方を忘れない。『栄花物語』のこの日の記事では、赤ん坊は道長に抱かれ、一条の前に連れて来られる。一条は道長の腕から我が子を抱きとる。そのとき、幼い声をあげて敦成が少しだけ泣く。ここまでは『紫式部日記』に拠っている。だが、次の一条の心内については、『紫式部日記』にはない、『栄花物語』だけの記事である。一条は敦成を可愛いと感じたに違いない、だがそれにつけても一条の心をよぎったのは定子の遺児、長男敦康のことだったというのだ。

「敦康誕生の時はこんなに早く会えなかった。それも仕方がなかったのだ。帝の血を受けた男子には、とにかく頼りになる後見人がいてこそ意味があるものなのだろう。至上の国王の位といっても後見する世話人がいなければどうしようもないものだ」そうお思いになると、兄敦康宮とこの弟宮との将来が縷々《るる》案ぜられる。何はさておき、帝は兄宮を人知れず不憫にお思いになるのだった。

（『栄花物語』巻八による）

『栄花物語』は『紫式部日記』よりずっと後に書かれていて、作者は歴史の行方を知っている。中関白家の人々の、早逝や政変など不運の結果としかいえない末路、一方、道長家の、政敵の自滅や男子誕生など強運の導きとしかいえない栄花が、どちらも既知のことなのだ。物語は、その中で敦康を愛しながらも状況の逆風をひしひしと感じ、少しずつ諦念に傾いてゆく一条を描くのである。

『紫式部日記』の記述に戻ろう。宴もたけなわ、道長は酔うままに嬉し涙にくれて行幸の成功を喜んだ。「ああ、前にも行幸はあったが、あれを何で名誉なことと思ったやら。今回のような素晴らしい行幸があったというのに」

確かにこの行幸はただ天皇の来訪を受けるだけではなかった。言うまでもないことだが、敦成という何よりの輝きが加わっている。道長自身、そのまたとない光栄を痛感しているのだと紫式部は見ていた。

一条は彰子の帳台に入り、彼女と三カ月ぶりに対面した。だがほどもなく、帰りを促す役人らの声に急き立てられ、内裏に戻った（『紫式部日記』同日）。

## 五十日の儀の貴族たち

十一月一日、敦成誕生五十日の祝いが催され、公卿ら歴々の出席のもと大いに賑わった。宴が進み、彰子の御簾のもと女房たちが二列三列に居並ぶ場に座が移される頃になると、人々は酔い乱れてそれぞれの本性を現した（本書カバー写真『紫式部日記絵巻』参照）。

右大臣藤原顕光は、女房たちの顔を見ようと近づいて来て、何と几帳の綴じ目を引きちぎってしまった。

キサキ元子の父だが、前にも書いたように普段から「至愚のまた至愚」と言われる無能さで、ことのほか酒癖が悪い。女房たちが「いい歳をして」とつつき合って陰口を言うのも耳に入らず、ふざけて女房の扇を取り上げたり、聞くに堪えない冗談を言ったりしている。見るに見かねてとりなしに入ったのは中宮職の長官、藤原斉信。かつて清少納言の憧れの君で『枕草子』にも何度も登場（第二章参照）、長徳の政変でいち早く道長側に転じた風見鶏で、あちこちの気配りが得意である。うるさ型の実資はさすがに人と違って、女房の重ね着の枚数を数えている。贅沢禁止令が何度も発せられていたなか、ご法度の華美な女房がいないかと目を光らせたのだ。盃が回ってきた際の一芸披露は苦手のようで緊張を覗かせたが、無難にやり過ごした。「失礼。このあたりに『若紫』さんはお控えかな」。女房の集団をうかがい『源氏物語』女主人公の名で紫式部に呼びかけるのは、文化の世界の重鎮、藤原公任。大切な女主人公を酒の肴に使われて、式部には心外だったようだ。光源氏に似た殿方も目に付かないのに若紫がいるもんですか、と無視する。しかしこの一言は『源氏物語』研究史の上では重要だ。これによって、寛弘五（一〇〇八）年に「若紫」の巻があったことが確かに知られるからだ。

息子実成が道長から盃を受け一人前に振る舞う姿に涙ぐむのは、内大臣藤原公季。兼家の弟で道長にとっては叔父に当たる。内親王を母に持ちおっとりした性格で、世に順応しつつ気長に機を待つタイプだ。それが功を奏し、後には太政大臣にまで進んだ。その隣では聞き苦しい冗談を言いながら女房の手を引っ張る、藤原隆家。故定子の弟で長徳の政変の直接の原因を作った、あの武闘派である。政界に復帰してもやんちゃぶりは健在だ。あるいは日ごろの鬱憤晴らしか。道長は不思議にこの人物に一目置いていて、今日も騒ぎを見て見ぬふりである。ちなみに、伊周は招かれていなかった。

当の道長は、紫式部相手に歌を詠んだ。

葦田鶴《あしたづ》の齢《よはひ》しあらば君が代の　千歳の数も数へ取りてむ

（『紫式部日記』寛弘五年十一月一日）

「鶴は千年」という。私にそれだけの寿命があるならば、この孫の一生も千年目まで数え取ってやろう。ともあれ、生きる限りこの孫のために頑張る決意だ。

道長には長年待ち続けた孫である。敦康を引き取って養祖父摂政の道を模索した時とは気合の入り方が違う。これだけ酔っても、日ごろ思い続けたことは心を離れず歌ににじみ出た。実際、人々の大騒ぎ、豪華な祝いの品、その他もろもろのどんな晴れがましい飾りも、この祖父の後見という実質があってこそのものだった。

## 倫子の不機嫌

さて、歌をうまく詠めた道長は悦に入った。

「中宮様や、聞かれたかね。上手に詠んだぞ」

そう自画自賛なさって、

「中宮様の父としてわしはまずくない。わしの娘として中宮はまずくなくていらっしゃる。母上も、幸いな人生だと思って笑っておいでのようだ。いい旦那を持ったもんだと思っているのだろうよ」

（『紫式部日記』寛弘五年十一月一日による）

式部ははっとしたが、彰子はただ聞いているばかりだった。だが母の倫子はたちまち機嫌を悪くし、座を立ってぷいと出て行ってしまった。

「幸い」というのが失言だったのだ。この語は「幸運」を意味する。「母上は私と結婚して幸運だったたな」。道長は思わず漏らしてしまったのだろうが、倫子には聞き捨てならない言葉だった。彼女には運より実力で成功した自負があったのだ。確かに、道長と結婚した時、倫子は嫁き遅れていた。キサキを目指していたが天皇も東宮も年恰好が合わず、かといってほかに嫁ぐ先もない。そんなとき思いがけなくも求婚してくれた道長に、自分の将来を賭けたのだ。しかしそれは言いっこなしだ。倫子との結婚によって王族の左大臣源雅信の婿となり、また倫子が父母から相続したこの土御門邸をはじめ莫大な財産を我が物にし、何より彰子という「武器」を授かったのは道長のほうだ。倫子が彰子を産んだからこそ敦成があり、道長の今日の宴があるのではないか。彼こそ妻のおかげで幸運だったのだ。その彼が、逆に「倫子は幸運だった」とは何事か。

妻倫子は、この未知数の青二才に嫁し彼とともに家を作りあげてきた「共同経営者」であり、手に手をとって権力抗争を乗り切った「戦友」だった。道長の日記には倫子が「女方」と呼ばれて頻繁に登場する。女方は今日ひとりで内裏に行った。今日は一緒に出向いた。今日はどこにいる。何人目の子を産んだ。倫子こそ道長の片腕だった。加えて倫子はそうした自分の重みを十二分に弁えていた。そして日ごろからそれをきっちり主張する妻だった。それでこの時も、不機嫌を示すために退室したのだ。道長はうろたえた。

「寝室にお送りしないと、母上はご機嫌を悪くするからな」

と急いで、彰子の帳台を走りぬける。

「中宮、失礼とお思いだろう。が、親あっての子だからのう。お許しを」　(同)

貴族社会で最高の権力を誇る道長は、家庭にあっては妻を下へも置かぬ夫だった。当時の貴族社会では珍しい夫婦といってよいだろう。女房たちもそんな二人の関係をよく知っていて、慌てる道長に内輪らしい笑いを注いだ。

喜びにはしゃぐ父。ぴしゃりとたしなめる母。だが父が騒ごうと母が怒ろうと、彰子はただ喜ばしく聞いているだけだったと式部は記す。彰子は何を感じていたのだろう。

「まろが娘にて、宮わろくおはしまさず」

おかしな言い方ではあるが、この時、彰子は確かに父から褒められたのだ。

彰子は生まれた時からキサキ候補として育てられ、父に言われるままに十二の歳で嫁いだ。それから九年の歳月がかかったが、今や父をこうして喜ばせることができた。父の娘として、自分は男子を産み、立派に貢献したと認められた。彰子はそれを実感していたのだと、私は思う。キサキたちはみな一家を背負って入内する。男子を産み一家に貢献することが自分自身の存在意義だった。彰子は九年をかけてやっとそれを達成することができたのだ。父の言葉に、しみじみとかみしめる思いがあったのではないだろうか。

## 冊子制作

彰子は十一月十七日には内裏に帰ると決まっていた。その日が近づき女房たちは準備に気も休まらぬというのに、彰子は本を制作すると言って、紫式部を係に当てた。

夜が明けると何はさておき中宮様の御前に参上し、様々の色の紙を選び整え、物語の原稿と清書依頼の手紙を添えて、各所に配る。その一方では、清書して返送されてきた完成頁を綴じ合わせ、一冊の本に仕上げる。それを仕事にして日を暮らし、夜を明かす。

（『紫式部日記』寛弘五年十一月による）

これが『源氏物語』の新本であることは、現在、異論なく認められている。式部手もとの本を母体に、数人に分担して清書させ、新しい豪華本を作ったのである。用紙選びや書写依頼、製本作業。式部は一日中この冊子制作の仕事にあたった。その前には常に彰子がいた模様だ。

「どんな子持ちが、冷たいのにこんな仕事をなさるのか」とおっしゃりながらも、道長様は上等な薄様紙や筆や墨など、それに硯までお持ちになった。中宮様がそれを私にくださると、道長様はもったいないと騒いで、「お前という奴は、うわべはきちんとかしこまりながら、ちゃっかりこんな贅沢な貰い物をしおる」と「いけず」を言う。とはいえ、結局は豪華な品々をくださるのだった。（同）

旧暦の十一月中旬といえば現在の年末頃。一年で最も寒い時期である。出産してまだ二カ月、冷えの響く体にもかかわらず、彰子は式部に付ききりで作業を見守っている。道長が持参する高級紙も数々の道具も、彼が驚くほど惜しげもなく式部に与えてしまう。式部に目をかけていたというより、本の制作にこめる熱意がそれほどのものだったのだ。

一体なぜこの時期に本など作るのだろう。最初から予定していたのならば、内裏への帰参を目の前にしての多忙な今ではなく、それ以前に取りかかっているはずだ。とすればこれは元から計画されてのことではなく、彰子が不意に思い立って、是非ともと進めていることなのだった。では何のために。作業の慌ただしさからは、本の完成を内裏に戻る日に間に合わせたい気持ちがうかがわれる。彰子自身が読む本なら急いで作る必要はない。ならばこれは彰子の物ではない、内裏にいる誰かに、里帰りからの手土産として贈る品なのだ。では贈る相手は誰か。それを問題にした研究者は実は必ずしも多くない。が、目に入った限りでは、数少ない論のすべてが一条と考えている。

## 『源氏物語』

紫式部によれば、『源氏物語』はこのころ彰子の座右にあり、道長も内容を知るほど評判の書だった。

道長様は、源氏の物語が彰子様の前にあるのをご覧になり、例によって戯《ざ》れごとを言い出されたが、そのついでに、梅の下に敷いてあった紙にこうお書きになった。

すきものと名にし立てれば見る人の　折らで過ぐるはあらじとぞ思ふ

梅はすっぱく美味なものと評判だから、見て手折らずに通り過ぎる人がない。同じように、『源氏物語』は好色ものとして評判だから、その作者のあなたを、見る人はさぞ口説かないではすまさないことだろうな。

（『紫式部日記』年次不明記事による）

作品の内容と作者の性格とが混同されるのはありがちなことだ。恋愛小説の作者であるからには、よほど経験豊富な「恋多き女」なのだろう。道長はそう詠んで紫式部をからかったのだ。ここには当時の男性の基本的な『源氏物語』観が表れている。評判の高さは認めるものの、結局本質的にはそれまでの「古物語」とそう違わない、軽いサブカルチャーだろうという感覚だ。

だが、一条の読後感は道長とは全く違っていた。前章で触れたように、『源氏物語』に『日本書紀』をはじめとする六国史への見識を看取し、手堅い知識や思想に裏付けられた書物と見抜いたというのである。この言葉は当然、彰子の耳にも入っただろう。前章では、それが彼女の漢文学習につながったと憶測した。だが何よりも、彼女がこれを聞いたとき最初に感じたのは、まず嬉しさだったに違いない。自分の愛読書『源氏物語』を、夫は物語と侮らず、まじめに評価してくれたのだ。

だからこそ、彰子は『源氏物語』の新本制作を思い立ったのだろう。物語は大衆文芸で、中宮から天皇への正式な贈り物には本来ならふさわしくない。だがそれを承知で、彼女はこれを選んだ。もちろんごくプライベートな贈り物だからではあるが、それにしても『源氏物語』なら必ず一条に喜んでもらえるということが、彰子に格式を度外視させたのだ。

そしてそのきっかけを、源氏物語研究者野口元大氏は、皇子誕生と考えられる。男子を産んだ幸福感の中で、愛読する『源氏物語』の作者を侍女に持つ喜びを、帝にも分けたいと望んだのではないか、と（「同時代の読者と受容―『紫式部日記』を視点として」）。彰子に細やかな目を配られた貴重な意見だと思う。

この新本が現存の『源氏物語』のどの部分にあたるのか。実は源氏研究者のもっぱらの関心事は、彰子のことよりこちらのほうである。だが答えは、まったく不明と言うしかない。ただ推測できるのは、この頃の

『源氏物語』は紫式部が宮仕え前、家に居て書いた第一次『源氏物語』に比べ、質・量とも著しく成長していただろうということだ。宮廷への出仕以後、式部の見聞や知識は飛躍的に増え、社会に揉まれて人を見る目も深まった。道長と彰子の後援を得て、書く環境も安定した。今でこそ書ける『源氏物語』があったはずだ。現在残るこの物語が、第一部の光源氏青春時代から玉鬘《たまかずら》物語、さらに第二部、第三部と進むほどにリアリティを増し、人間洞察に満ち、精神性を深めているのは誰もが認めるところである。

彰子が一条に『源氏物語』を贈るとは、この深い世界を彰子も理解していることを、一条に伝えることになる。彰子を道長の娘と見て心を隔て、歳の差からも食い足りないと感じていたかもしれない一条に対する、これは彰子からの自己表現になる。紫式部に書かせました、あなたはどうお読みになりますか？　一つの作品をめぐり一条と心を分かち合いたい、そんな気持ちも見えてくる。万事控えめで人になかなか心を開けなかった彼女が、男子出産に力を得てようやくできた、夫への働きかけだったと、私は思う。だからこそあれほどの熱意を込めて、式部の作業を支援したのだ。

彰子は一条と向き合おうとした。その仲立ちに『源氏物語』は選ばれた。贈り主の心が報われるならば、一条は彰子を、大人の思慮と繊細な感受性を備えた女性として心に受け止めることだろう。そのとき二人の関係は、大きく深まるのではないか。少なくとも紫式部はそう考えたかった、だからこそ、ほかのどの書物にも記されない御冊子制作の事実を、自分の日記だけには書き留めずにいられなかったのではないか。私はそう考えている。

## 伊周の敗北

敦成出産から間をおかず、翌寛弘六（一〇〇九）年冬、彰子は再び男子を産んだ。敦良《あつなが》親王である。一条の五人の子の中でこの末っ子にだけは、産ませるべき政治的必然性が見あたらない。一条の彰子への「寵愛」による懐妊だと、解釈するしかない。ならば肝心なのはその「寵愛」の中身である。歴史研究者の倉本一宏氏は、「円満な関係の構築を最優先とした」「定子に対するものとは別次元」の「寵愛」とされる（『一条天皇』）。また国文学研究者の加納重文氏は、敦成誕生後の一条には「道長家にたいする厚い配慮」とともに、敢えて楯突かぬ「無力感」が感じ取られるとされる（「一条天皇」『明月片雲無し　公家日記の世界』）。いずれもこの「寵愛」を道長との協調関係の一環と見るものである。

一方、文学資料はどうか。『栄花物語』はこの年の初めの記事として、彰子と二人で敦成を遊ばせつつ、行幸の時と同様、またも敦康の幼時のことを思い出す一条を描いている。ただ今度の一条は、その思い出を彰子に吐露している。物語は後に一条の後継問題とそれへの彰子の関わり方を描くことになるのだが、この場面は明らかにその伏線となっている。彰子と敦成と過ごすひとときに安らぎつつ敦康への不憫さを感じる一条と、そんな夫を理解する彰子の姿を示すのである。

また紫式部は、翌寛弘七年初頭に行なわれた彰子の次男敦良の誕生五十日の儀を記すにあたり、『紫式部日記』で初めて、一条と彰子の二人を一つの画面に並べて描写した。

帝と后は、並んだ御帳台に二人とも座っておいでになる。朝日が光り合うようで、まぶしいほど威厳有る御前の光景だ。

（『紫式部日記』寛弘七年正月十五日による）

新しい子の父と母、そして「帝」と「后」として、それぞれの帳台におごそかに座る晴れ姿である。彰子はようやく名実ともに一条の第一のキサキとなり、これからはこうして二人生きてゆく。式部から彰子へのそんな言祝《ことほ》ぎがこめられているようだ。

文学作品の描写は、それぞれの作品世界の文脈の整合性や作者の立場にしたがっている。鵜呑みにすることはできまい。だが諸説とこれらから憶測するに、一条は彰子を道長の娘として尊重しつつも、夫婦としての穏やかな感情を持つに至ったのではないか。歴史を見渡せば、常に後見の政治力を意識しつつキサキを愛すること、実はこれこそが平安期の天皇がキサキに抱いた通常の感情だった。一条の場合、定子への感情がそれを逸脱していただけだ。彰子は一条の普通のキサキになった。そう見るのが妥当だと思う。

ところで彰子が第一子敦成を産んだ後、政界に異変が起こっていた。定子の遺児敦康に縁のある高階家の一派が、彰子と敦成、さらに道長の死を願い呪詛したことが発覚したのである。首謀者は伊周と考えられた。ようやく政界に復帰していた彼を、一条は再び断罪せざるを得なかった（『日本紀略』寛弘六年正月三十日・二月五日・同二十日）。内裏への出入り禁止。一条にも精神的にこたえる措置だったのだろう、しばらく寝込むほどだった（『権記』同年二月二十五日）。この義兄とは、青春時代に定子を含め三人で漢文の話題に夜を明かした思い出がある。また、もし敦康が帝位に即くことがあれば後見になってほしい存在だ。この時になっても一条はその可能性を諦めてはいなかった。前の流罪の時同様、伊周の罪を短期間で許し（『日本紀略』同年六月十三日）、復活を期待した。しかし伊周にはもう精神的余力がなかった。加えて、父譲りの糖尿病が彼を蝕《むしば》み始めていた。水ばかりを飲み、身は細った。

寛弘七年正月、第二子敦良誕生五十日の儀に沸く彰子周辺をよそに、伊周は死の床についていた。彼は妻子を枕元に呼び、遺言を告げた。

「父がもう持ちこたえられないからには、お前たちどうするつもりだ。今の世の中、りっぱな帝や太政大臣の娘でも、皆、宮仕えに出るようだな。この姫君たちを何とか女房に欲しいと思う者はたくさんいるのだろうな。そんなことはほかでもない、私にとって末代までの恥だ」

（『栄花物語』巻八による）

伊周の目には、自分の死後、没落し路頭に迷う妻子たちがはっきり見えているのだった。そしてその時に、中関白家ゆかりの娘らを侍女として食い物にしようとする道長のやり方も。「自分より先にこの娘たちを死なせてくれれと、早く祈るべきだった」。泣く泣く言う父を、娘たちはただ呆然と見ていたという。父の言う通りなのだ。これまでは、落ちぶれたとはいえ中関白家の令嬢、世間の風にさらされることもなく生きてきた。だが父という傘を失えばどうなるのだ。事態はすぐそこに迫っている。娘たちは恐ろしいほどの不安に襲われていたに違いない。

息子道雅《みちまさ》に向かっても伊周は泣きながら言った。

「世渡りが苦しいあまり、官位が低いだの人と並びたいなどと思って、世間に尻尾を振ったり、心にもない追従をしたり、人の家来になったりしてみろ。片時も生きてはおかせないぞ。そんな時は出家して山にでも林にでも入ってしまえ」（同）

道雅は十九歳だった。伊周はその歳には既に三位、権大納言になっていた。しかし息子はまだ従四位下、将来も公卿までようやく辿《たど》り着けるかどうかだろう。零落した家の子として世に屈して生きてゆくしかない。それが何と悔しいことか。伊周が最後までこだわったのはプライドだった。道長の世に迎合などするものか。我こそは世に輝いた九条流中関白家の嫡男、誰にも負けぬという矜持《きょうじ》だった。時代がどんなに道長のものになろうとも、ただこの意識においてだけは、伊周は道長の好敵手だったのだ。

伊周は正月二十九日、死亡した（『権記』同日）。まだ三十七歳であった。結局、娘はほどなく彰子の女房となった。息子は世をすねたか、数年後には三条天皇の内親王当子と醜聞事件を起こし処分された（『小右記』寛仁元〈一〇一七〉年十一月三十日）ほか、しばしば暴力沙汰や博奕《ばくち》に絡み、世間からは荒くれ者の意で「荒三位」と呼ばれる一生を送った。二十五歳で公卿最末端の従三位非参議に取り付きはしたが、その後六十三歳で死ぬまで昇進は一度もなかった。

一条にとっても伊周の死は大きかった。零落したといえども正二位、もとは内大臣という後見人を、敦康から永遠に喪わせることになったからである。

## 清少納言批判

この年、伊周の死からほどない三月末以降に、紫式部は宮仕え回想録『紫式部日記』を書いた。よく知られるように、この作品には清少納言を話題にした次の一節がある。

清少納言こそ、得意顔でとんでもない人物でございます。あんなに利口ぶって漢字を書き散らしていますが、そのレベルは、よく見るとまだ知識不足の点が多々あるというもの。あのように人と違いたがるばかりの人は、必ず最初よりも見劣りしていって、最後はどうしようもないだけ、というものでございます。ですから彼女のように風流を気取ってしまった人は、たいそう寒々として風流とはなんの関係もない折にも感動の心が募り、風流を見逃さないでいるうちに、自然と不適当で中身のないことにもなるのでございましょう。そうなってしまった人のなれの果てが、どうしてよいことなどございましょうか。

（『紫式部日記』消息体による）

内容はあまりに漠然としていて、具体的に清少納言の何を批判しているのかよく分からない。だが彼女の漢文素養や風流心を空疎な贋物《にせもの》と決め付けていることは確かのようだ。「なれの果て」の不遇を断定する目は呪いに近いとも指摘される。

定子の死は長保二（一〇〇〇）年。それから十年もの年月がたってからこの文は書かれた。その間、清少納言は定子の遺児などのもとに勤めた可能性はあるが、後宮勤めからは身を引いたと考えられている。そのためこの批評は、既に過去の人である清少納言に対して、言わば死屍《しし》に鞭《むち》打つものと見られてきた。また式部がこれを書いた理由については、自分と同じ文芸の才を持つ清少納言への敵対心とされてきた。つまりは紫式部という個人の奥底の醜く濁った一面が覗き見える文章と解釈されてきたのである。

確かに紫式部という人には複雑な一面もあるのだろう。だが、問題をすべて彼女個人に帰してしまう前に、一つ考えるべきことがある。それは式部や清少納言が勤めていた後宮という場の特殊性である。貴族社会では政治力が争われる。したがって当然、死んだものは競争から消え去る。だが、後宮でキサキたちが争うのは、帝の「寵愛」という、限りなく情念に近いものである。また彼女たちは文芸やおしゃれなどの文化面でもしのぎを削ったが、これも評価は貴族たちの主観による。どちらの場合も人の思いに左右されるのだ。そしてそれは、死によって簡単に消し去られるものではない。

言いたいのはつまり、たとえ死んでしまっていても、定子は依然として一条や貴族たちの心に生きており、その意味で彰子のライバルであり得たということである。十年の歳月は人の記憶を朽ちさせるには短すぎる。しかもその間、『枕草子』は世に流布して、一条に愛された定子、華やかだった定子の姿を文章中に蘇らせていた。

二月末ごろ、風が強く、空は暗く雪が舞い散っている時に、黒戸の所に主殿寮《とのもづかさ》の役人が来て呼ぶので近寄ると、「こちら。公任様の」と差し入れる。見ると懐紙に「少し春ある心地こそすれ（少しは春めいた感じだなあ）」とあるのは、なるほど今日の天気にぴったりの歌句だ。「これに上の句をつけろということね。でもどうしよう。できない」と心が乱れた。

「そちらには誰々がいるの」と聞くと使いは「誰それ」と答える。みな、身も縮む錚々とした方ばかりだ。そんな殿方の前に、しかも文化の重鎮藤原公任様の歌に対して、どうしてつまらない答えが返せようか。一人で内心悶々《もんもん》とし、中宮様にお目にかけて相談しようとしたが、あいにくと帝がいらっしゃって二人でお休み中だ。

（『枕草子』「二月晦ごろに」による）

内容はもちろん定子生前のことだが、問題は清少納言がこれを執筆した年次である。考証の結果、それは寛弘六（一〇〇九）年、『紫式部日記』成立の前年とする説が有力である。この段には、一条と故定子がむつまじく同衾した事実がはっきり記されている。また右に続く部分には、和歌や有職故実などの世界で名を馳せる藤原公任の歌に、気の利いた上の句をつけて殿上人たちの称賛を浴びる清少納言が描かれている。清少納言は、たとえ宮仕えからは引退していても、このような文章を世に広め続けていたのだ。

彰子付き女房たちが世間知らず揃いだったとは先に触れたが、実はそのせいもあって、彼女たちの貴族たちへの評判は決してよくなかった。

役人にとっては場所がら朝な夕な勤めて珍しげもないこの内裏で、ただの会話の端々に趣深く答えたり、ふと風流を口にしたり、もしくは素敵な言葉をかけられて恥ずかしくない答えのできる女房は本当に少なくなった、などと貴族の方々は言っているようでございます。私自身は昔を見ているわけではございませんので、本当のところは分かりませんが。

（『紫式部日記』消息体による）

内裏で勤務中の役人の、乾いた心をふと和ませる女房。知的な会話で太刀打ちできる女房。そんな女房が「少なくなった」という貴族たちの言葉には、「昔はもっといた」という響きがある。彰子付き女房たち以前の内裏の主役は、定子付き女房たちだった。つまり貴族たちは、言外に「定子付き女房たちはよかった」と懐かしんでいると解釈できる。事実を否定しきれない紫式部の口調には苛立ちがにじむ。紫式部にとって清少納言は、決して死屍などではなかった。人々に故定子とその後宮の記憶を呼び覚まし、いつまでも忘れさせず、彰子とその女房たちを阻む「眼前の敵」だったのだ。

中世以降、『源氏物語』の聖典化によって紫式部は絶大な影響力を持つようになった。そのため、彼女のこの言葉が温床となって清少納言零落説話が生まれたとも考えられている。結果として、清少納言にとっては迷惑このうえない一文だったとしか言いようがない。だがこの清少納言批評を書いている現在、紫式部は地位も権力もないサブカルチャー作家にすぎなかった。生身の一女房として、彼女は主人のために必死だったのではないか。私にはそう思えてならない。

## 敦康の元服

寛弘七（一〇一〇）年七月十七日、十二歳になった敦康の元服の儀式が、一条臨席のもと執り行なわれた。「みずら」に結んだ髪を解いて髻《まげ》に結い上げ、初めて冠をかぶる。初冠《ういこうぶり》を授ける役は道長が務めた。移動のとき敦康の装束の乱れに気がついた道長は、小さく歩み寄って整えてやった。事情は変わったが、八年の間「孫」として世話してきた間柄なのだ。

儀式と宴会が終わると、敦康は彰子の御前にやって来て挨拶した。彰子は一振りの剣と横笛を贈ったけて笛を好んだのだろう。（『御堂関白記』同日）。そういえば一条も、元服のとき父の円融から笛を贈られていた。敦康も一条の血を受

『栄花物語』によれば、敦康が一条・定子父母から譲り受けた知性は、この頃すでにその片鱗を覗かせていた。一条にはどんなに愛しても愛し足りない秘蔵っ子だった。跡を継ぎ、輝かしい人生を歩んでほしいと願ってきた。それがこんなに巡り合わせの悪いことになるとは、思ってもみなかったという。例によって、物語は人物の心に入り込む。

帝は、「帝位はすべて兄弟の順番どおり」とはお思いになりながら、一方で敦康親王には有力な後見人がおらず、「結局断念するしかない、返す返すも無念な運命よ」と、悲しく思えてならなかった。中宮はそんな帝をご覧になり、心が痛んだ。ともあれ帝のご在位中に敦康親王の処遇を、帝の願いどおりに

実現させたいと思われたのだ。

（『栄花物語』巻八による）

もし、一条の後継の座は一つだけで、敦康がその座を射止めれば彰子の息子二人は天皇になれないことが確実だったとすれば、この『栄花物語』の描く彼女はお人よしに過ぎる。そのため、道長びいきの『栄花物語』が彰子のことをも美化した虚像にすぎないと、この箇所は長く否定されてきた。しかし最近では研究者の間で違う見方がなされつつある。

当初、円融・一条系統は兄冷泉・その子花山という本家筋から見れば傍流の存在として始まった。だが冷泉の病、加えて花山治世の短命、それに比べて円融十五年、一条既に二十年以上という安定的治世が、いつの間にか貴族社会の見る目を変え、一条の系統をも正統と認めさせていた。したがって今後とも一条の血筋は尊重され、皇位が二つの系統を互い違いに行き来する状態が続くと見込まれた。

さて現在、天皇は一条。彼が退位して、現東宮の三条が即位する時、空いた東宮の席には一条の子の誰かが座る。これがもしも敦康となったとしよう。ではその次は。三条の子の番である。歳の具合も悪くない長男（敦明親王、後の小一条院。寛弘七年には十七歳）がいる。では、その次は。敦成が最有力候補だ（290ページ図版参照）。

一条から数えて四代先と言えばあまりに遠い未来のようだが、そうでもない。一条朝のように二十五年もの治世は滅多にないことなのだ。三条は一条より歳上だし（寛弘七年現在で三十五歳）、敦康には後見がいない。三条の長男も外戚の力が弱い。三人とも道長一家と縁が薄く、したがって長く帝位にいそうにない。十五年か、長くても二十年後にはその「四代先」の時代が来るだろう。もしも二十年後としても、敦成は二十三歳。颯爽《さっそう》とした青年天皇にふさわしい年齢だ。彰子もまだ四十三歳、十分に息子を見守り支えてやれる。

万が一ライバルがいるとすれば、敦康が結婚し男子が生まれている場合が考えられよう。彰子はその時にこそ動けばいいのだ。現在の中宮の地位は皇太后か太皇太后に上り、退位して上皇になる敦康の養母としても強大な権力が備わっているに違いない。彰子の後押しがあれば敦成はまず負けない。

つまり、敦成にはほぼ確実に天皇になれる見込みがあり、急いで次期皇太子を狙う必要はなかった。ならば彰子が敦康を応援したというのも、決してありえないことではない。十年後、二十年後を見通してゆったり構える心地でいればできることで、現実離れしたお人よしの所業でも、物語作者による無根拠な美化でもなかったのだ。

# 終章　一条の死

## 発病

　寛弘八（一〇一一）年五月二十三日、一条は発病した。具体的な症状は伝えられていない。だがまだ数えで三十二歳という壮年でもある。もとから病気がちではあったものの、彼がこのまま寝付いて死に至るなど、おそらく誰も思いつきもしなかっただろう。

　ただ行成は、胸騒ぎを覚えていた。この月上旬の深夜、敦康宅の天井におびただしい瓦礫《がれき》を投げつける音が響いた。怪異である。さっそく占いを命じたところ、結果は「国家慎みおはしますべきか」。一条の身に大事が起きる危険ありというのだ。三十日以内、「丙」か「丁」の日が凶日と指摘した。占ったのは賀茂光栄《かものみつよし》。安倍晴明の師として知られる大家、賀茂保憲の子で、父から暦道を譲られた第一人者だ。それから半月、一条発病の二十三日はまさに「丙申」の日に当たっていた（『権記』同年五月九日）。

たまたま自らも腹痛で動けなかった行成が、ようやく一条のもとに駆けつけたのは二十七日。彼はこの日聞いたことを克明に日記に記している。以下、この日の内容については、特に注記のない箇所は基本的に彼の記述に拠る。

## 死の覚悟

一条の前に上がる直前、行成は台盤所《だいばんどころ》辺りから漏れる悲痛な泣き声を耳にした。

「ご病状が特に重いわけではありませんのに、突然御世代わりとは」

内裏女房たちが、一条の時代が終わることを惜しんで泣いているのだった。

やがて一条は「昼の御座」に現れると行成を呼び、言った。

「譲位すべき時が来たようだ」

女房の言葉を聞いた行成には、既に心の準備ができていたはずだ。譲位。長かった一条天皇の御代が終わるのだ。ただ、彼にはおそらく病をきっかけとした代替わりというほどの認識しかなかったろう。一条は天皇位から降りるが、上皇として今後も後代を見守る、と。ところが一条の心は違っていた。彼は既に死を覚悟していたのだ。行成に打ち明けた話に拠れば、その原因を作ったのは、悪意はなかったとはいえ道長だった。

一条の病は、実は二十五日にはほぼ回復を見ていた。にもかかわらず道長は、その日、儒学者大江匡衡を呼び、一条の病状について易占をさせた（『御堂関白記』同日）。「譲位」との卦《け》が出ることを願ってと推測される。一条の時代が続く限り、道長は最高権力者ではあるものの、役職は「内覧」に過ぎない。摂政・関白の座に近づくためには時代が動かなくてはならない。一条に退位してほしい。それが道長の本音だったはずだ。

ところが、出た卦はそれどころではなかった。「豊の明夷《めいい》」。匡衡は占文に記した。

この卦は、醍醐天皇・村上天皇が死に至る病にかかられた時にも出た卦です。加えて今年は陰陽道で「三合厄」という大凶の年にもあたっております。特に慎まなくてはならないと、昨春にも奏上致しました。

（『権記』寛弘八年五月二十七日、『日本紀略』寛弘七年閏二月九日による）

ここまで聞いて、行成も思い当たったことだろう。二十五日、道長に易を命ぜられた大江匡衡は、まさにその夕方、行成の自宅を訪れたのだ（『権記』同日）。ひどく取り乱したありさまで、「帝がご病気と聞き驚いて来た」と言っていた。蔵人頭の話では回復ということだったので、情報が混乱してでもいるのかと感じていたが、これで合点がいく。おそらく匡衡は自分の出した卦に驚愕したのだ。いてもたってもおられず、とりあえず一条に近い行成にほのめかしに来たというあたりだろう。

さて、匡衡から易の結果を聞いた道長も、一条の死を確信した。彼とてまさかそこまで願っていたわけではない。うろたえる心のままに、一条が寝ている「夜御殿《よるのおとど》」の隣室で、御体護持のため控えていた僧慶円に占文を見せてしまった。二人はすすり泣き、これを聞いた一条は不審に思って几帳の隙間から二人を覗き見、万事を知った。まるで小説のような展開だが、これが『権記』の記す事実なのだ。

回復に向かっていた容態は一変した。非科学的と思ってはならない。匡衡の易占を、道長も僧慶円も一読で信じたではないか。確かに現代の私たちは、ケガレ、物の怪、占い等は基本的に無根拠なものと認識している。平安時代にも、ケガレと物の怪は人や場合によって信不信があった。だが占いは異質だった。それは現代の私たちが想像するような霊感的なものではない。易は、儒学者匡衡が行なっていることにも明らかなように、儒学の経典の筆頭『周易』に基づいている。また陰陽寮の占いは、天体の動きと暦から割り出される客観的データに基づいて予知を行なう。言わばこの時代の「科学」なのだ。陰陽寮は国家機関であり、政の大事に際しても、勅命を受けて占いを行なった。そして一条はその政を率いてきた当人だった。占いを受け入れてここまでやってきたのだ。理由もなく否定するなど、少なくともこの時の彼には無理としかいえまい。彼の堅物な性格もあだになった。結果、目の前に突きつけられた「崩御」を受け入れることになった。もしもこれを現代風に説明するなら、もともと病弱なうえ、長くストレスにさらされて慢性的に健康が害されていたところに、精神的打撃を受けて急激に体のバランスが崩れた、とでも考えるほかない。

道長は二十六日、譲位の発議を行なったが、日柄の悪さから奏上は一日延期された。そして翌二十七日早朝、一条の受諾を受け、道長は待ちかねたように東宮居貞（三条帝）への連絡に赴いた。行成が一条の御前に参ったのは、この後のことだったのである。

敦康後継、断念

場面をもとに戻そう。行成が昼の御座に参上した時、一条が最初に言ったのは、実は譲位に至る顚末《てんまつ》ではなかった。

「譲位すべき時が来たようだ。一の皇子敦康のことを、どうすればよいか」

何より気にかかるのは敦康のことだったのだ。行成は敦康の家司別当でもある。彼をおいて相談できる相手はいない。行成は即座に答えた。

「帝が敦康様のことを不憫に思われるのは、もっとも至極でございます」

そう認めながら、しかし行成が勧めたのは敦康ならぬ次男敦成の立太子だった。

かつて文徳天皇は、紀氏の寵妃が産んだ第一皇子を可愛がり、後継に立てたいとの意志を持っておられました。しかし結局は第四皇子が、東宮となりました。外祖父良房公が朝家の重臣だったからです。現在は道長様こそさしあたっての重臣であり、皇子の外祖父当人です。孫の敦成様を東宮になさりたいのは当然でしょう。帝が「長男だから」と敦康様を東宮になさろうとしても、道長様はやすやすとは承知なさいますまい。

(『権記』寛弘八年五月二十七日による)

行成が引き合いに出したのは、百五十年前に起こったとされる、惟喬親王と清和天皇の位争いの話だった。

後に『平家物語』（巻八「名虎」）に載る説話は実におもしろい。それによれば文徳天皇は長男の惟喬親王を溺愛していた。彼の死後、後継をめぐり、有能な惟喬（十五歳）と藤原一門に補佐される第四皇子清和（九歳）が対立、公卿たちは悩んだ末、競馬と相撲の勝負によって後継を決めることにした。スポーツは天の意志を反映するものと信じられていたからである。戦いを応援するため、惟喬親王には弘法大師の弟子紀真済《きのしんぜい》、清和には比叡山の恵亮がついて祈禱合戦を展開、位争いは真言宗対天台宗という密教二大宗派対決の様相をさえ呈した。結局は清和側の僧恵亮が「自分は死んだ」とのデマを流して敵を油断させた挙句、自らの脳を砕いて護摩壇で焚くまでの壮絶な祈禱を施し、競馬・相撲ともに清和の勝利に終わったという。もちろん事実ではありえない。文徳の後継は彼の在位中からすでに決まっており、死後に悶着が起きることはなかった。

　だが説話は説話として、清和立太子の経緯は、一条の時代には既に皇位継承の一つの見本となっていた。それは皇位継承には第一皇子という順序や母キサキの受ける寵愛よりも外戚の力こそが重要だということの、最も分かりやすい例だったのだ。行成の意図も、「順序でも心情でもない、後見第一だ」と一条に言うことにあった。とはいえ惟喬の外祖父は紀名《きのな》虎《とら》、死後になってようやく大納言を贈られた程度の貴族である。いっぽう敦康の外祖父は道隆、生前に関白にまでのぼりつめた人物である。格が違う。また惟喬の母紀静子はキサキの中でも身分の低い更衣であり、いっぽう敦康の母定子はキサキ中最高位の中宮、のちには皇后だった。惟喬を持ち出して、それと同じように敦康を論じるのは適切でない。

　実際、文徳は清和を生後数カ月で東宮に立てた。もしも惟喬同様、敦康に立太子の望みがありえなかったのなら、むしろことは容易だった。彰子が次男敦成を産んだ時点で、一条もきっぱりと諦めたはずだ。だが一条は、今日まで敦康の立太子を諦めず、悩み続けてきた。敦康には敦成と対抗できる要素があったからだ。かつて敦康誕生の章で記した、天皇の第一皇子、加えて母が中宮という点である。じっさい平安時代、敦康以前にも以後にも、この条件を満たしながら東宮にならなかったケースはないのだ（倉本一宏氏「一条天皇最期の日々」）。敦康は文句なく後継とされてよかった。この時代が強固な先例主義に支配されていたことを考えれば、先例にならうことを躊躇するほうがむしろおかしい。だがそれにもかかわらず一条が押し切らなかったのは、たぶん一つには敦康の後ろ盾である伊周の死、そして一つには、腹心行成の諄々《じゅんじゅん》とした説得ゆえだった。

帝がご病気とあらば、時代はたちまち音を立てて変わることでしょう。弓矢も持たない者が言い争っても、益はありません。帝、いたずらにお心を煩わせてはなりません。光孝天皇のように、運あって五十五歳の高齢になってから帝位にお即きになった例もございます。いっぽうでは恒貞親王のように、当初は東宮に立てられながら、承和の変に連座したとされ、結局は位から降ろされてしまった例もあるではありませんか。（同）

「弓矢も持たぬ」とは物騒な言い方だ。単なるものの喩えとしても、道長は実際、今にまで伝わる源頼光ら名うての武士たち暴力集団を子飼いにしていた。争いが起きるなどとは考えにくいが、東宮に立った者が政治抗争の末に位から降ろされたり流されたりといった痛ましい例は、行成が言うとおりこれまでにもあった。

実際問題、後継になることが即座に敦康の幸福につながるとは言えない状況だったかもしれない。

行成の意見は、前年の春以来、一条から暇あるごとに相談され、答えてきたことだったという。前年春といえば伊周が死んだ時期である。一条はやはり伊周を頼みにしていた。彼を喪って心が揺らぎ、行成に相談していたのだ。しかも何度断念するように言われても諦めきれずに、とうとう今日まで来たのだ。

行成の真意はどこにあったのか、はっきりとは分からない。道長に恩を売りたかったのか。あるいは心から一条と敦康を思い、政の安定を思っていたのか。いずれにせよ、彼が目先の利益だけを考えていたとすれば、自ら世話をする敦康の立太子には一も二もなく飛びついたはずだ。だからこそ、逆にこの反論は説得力を持った。一条は言った。

「行成、お前がこのことを道長に伝えてくれるか?」

「仰せとならば致します。ただこれほどの大事、帝から直々に仰せになるべきかと」

後継は決まった。執着し続けてきた敦康擁立という夢を、一条はこのとき断念した。

## 彰子の覚醒

後で聞いたことだが、中宮が道長様をお怨みになったとのことだ。

「お父様が譲位の連絡を届けるために帝の御前から東宮のところに行かれた道は、私の上の御局の前を通っていました。私は、たとえこの議をお聞きしたとしても、何事の口出しもするはずがございません。

事はこれ重大事です。もしお父様が私に隔て心を持っていらっしゃるのでなかったら、教えて下さって当然です。それなのにお父様は、私に秘密にしようとして、お告げにならなかったのです」

（『権記』寛弘八〈一〇一一〉年五月二十七日による）

この日、行成の日記の最後に書き込まれているのは、後に小耳に挟んだという噂話である。彰子が父道長を「怨んだ」という。具体的にその言葉までも記されている。定子と違って、彰子はこれまでどの資料を見ても自己主張のほとんどない中宮だった。そのほぼ初めて伝えられる肉声が父への怨み言だったとは、どういうことなのだろう。右の記事を手掛かりに、このとき彰子の心に起こった事件を考えてみたい。

二十七日朝、道長は一条の譲位の意を受けて、東宮の御殿へ連絡に走った。通り道に彰子の控え室があった。だが道長はその前を素通りし、彰子には何も告げなかった。それを彰子は残念と感じたのだという。譲位に反対したかったのだろうか。それは違う。彰子ははっきりと「この議（譲位）には口出ししない」と言っている。自分の分際も、今さらこだわっても仕方がないということも分かっているのだ。彰子が収まらないのは、何も告げてくれなかったという、父のやり方に対してだ。

事実としては、道長はただ急いでいただけなのかもしれない。時代が動こうとするさなか、彰子など注意を払う価値もない存在として、すっかり忘れていたのかもしれない。だが彰子は、父は自分への「隔心」から、わざと自分に「隠し秘めん」としてそうしたのだと言い切っている。なぜそう思ったのだろう。推測するに、わざわざ「たとえ聞いても口出しなどしない」などとことわっているところから見て、彰子は内心では一条の譲位に反対だった。そして父がそれを察しているとも感じていたのだ。そのため、父に素通りされたとき、自分をうるさがって故意に避けたのだ、私は外された、そうした感覚を抱いた。これが、彰子の無念の核心である。

彰子の人生を振り返れば、これが彼女にとってどれだけつらい事件だったかが見えてくる。たった十二歳で入内。十四歳からは父に命ぜられて敦康を育てた。入内から八年経っても懐妊せず、父は願掛けの登山をした。翌年ようやく懐妊、敦成を産むと父は狂喜した。その翌年には敦良を産み、父は「左に右に孫宮を見る嬉しさよ」と目を細めた（『紫式部日記』寛弘七年正月二日）。この時まで、彰子はずっと父の意のままに生きてきた。そんな生き方に、もともと疑問がなかったのかもしれず、あっても表に出さなかったのかもしれない。ただ、どうあろうとも彰子は信じてきたのだろう。父と自分はつながっていると。

家との強固な絆。それはあるいは、家の武器として皇室に送り込まれた女性たち皆にとって、心の支えだったかもしれない。だが彰子はこの日、その絆を父によって断ち切られたと感じたのだ。父と違う意思を抱いたから、心を隔てられ無視された。ならば翻って、今まで父との絆と思えたものは何だったのか。父の言うなりだったから可愛がられていた、ただそれだけのことだったのではないか。要するに彰子は、自分は今まで父の人形だったと悟ったのだ。彼女の受けた衝撃は、こうした意味を持っている。

もちろん道長には道長の言い分があろう。最高権力者の娘が入内するのは当然の道だ。父にすべて任せておけばよい。悪いようにはしない。すべて娘を思う親心ゆえのことだ、そう考えてやってきたのだろう。彰子もまた、これまではそう信じてきたのだろう。だがこの日、父の素通りを「隔心」と受け取った彰子には、父が父の都合のために自分を排除したという、そればかりが強く感じられた。そのため無念の情には怒りが混じった。それが彰子を駆り立てた。それまでのように感情を胸に秘めるのではなく、吐露したのだ。女房も役人も、宮廷社会の人間はみな口さがない。案の定、話はやがて行成の耳にまで入った。だがそれも、彰子にとって予測のつかなかったことではあるまい。ならばもうこの彰子は、おっとりと波風をたてなかった以前の彰子とは違う。変わったのだ。

彰子は、摂関家と天皇家の間という自らの位置を認識し、譲位問題では一条に寄り添おうとした。そしてその態度を、こうしたコメントの形で世に表明したのだ。もう、何の意見も持たず父に従順なだけの彰子ではない。彰子はこの時、政治的存在として覚醒したといえる。それは、天皇家の女性としての自分自身への脱皮でもあった。

## 道長への直談判

六月二日、東宮居貞が病床の一条を見舞い、譲位に向けての会談が行なわれた。一条の表情は厳粛で、公卿も殿上人も涙を拭わない者はいなかった（『日本紀略』寛弘八年六月二日）。誰もが一つの時代の終焉《しゅうえん》を痛感していたのだろう。

「譲位の次第となりました。次期東宮には次男敦成をと存じます。兄弟の順に随うならば敦康をとは思いますが、はかばかしい後見もおりませんので……。今後の国政一般は、長年あなたが信頼してきた臣下たちに配慮して進められるがよいでしょう。私のほうは、もしこの病が癒えたとしても、出家し世を捨てるつもりです。どのみち生きながらえられる気が致しません」

覚悟を済ませた一条帝の言葉に、東宮も涙を流された。

（『栄花物語』巻九による）

政への助言に、貴族との協調重視という一条の信念が覗く。果たして居貞（三条天皇）は即位後、道長との協調に失敗、彼はストレスからか失明のあげく五年で位を降りることになるのだが、もちろんこの時点ではそんなことを知る由もない。

この日、一条は東宮に敦康への破格の配慮を頼んだ。東宮は「仰せがなくとも、そのつもりでした」と応えた（『御堂関白記』同日）。一条の敦康への愛情、遺して逝く無念、また何よりも敦康自身の敗北感に手当てが必要なことは、誰もが分かることだった。

さて、敦康の問題はこれで決着したかに見える。だが一人『栄花物語』だけは、彰子の起こした反乱を記しとどめる。決定を撤回し、敦康を東宮に立てるよう、父に直談判したというのである。

敦成親王の立太子が決定し、普通の人間ならば文句なく嬉しく思うところだが、中宮はそうではなかった。「帝は兄弟の順にとお思いのはず。敦康親王も、やはり自分がという心積もりをなさっているだろうに。世が騒ぎ立てるから、帝は意に反するご決心をなさったのだろう。敦康親王は『事情は分かるけれど……』と嘆き、心を揺らしておいでだろう。それを思うと胸が痛む、かわいそうに。敦成のことなら、まだとても小さいのだし、ただ運命に任せていればいいのだ」。そうお思いになり、道長殿にも、「立太子の件は、やはり何とかして撤回していただきたいと存じます。敦康様が何年も自分の将来として心積もりしてきたことが覆るなんて、痛々しくてやりきれません」

そう泣く泣く申し入れなさった。

（『栄花物語』巻九による）

この一件は、『栄花物語』が彰子を美化した作り話だと、長く考えられてきた。だが、現在は新しい見解が主流になりつつある。前章末で説明したように、彰子にとって敦康は息子の敵ではなかった。敦成は、この時点でなくても数代先には確実に東宮の座につく。いっぽう敦康には今しか機会はない。ならば彰子が敦康を推そうと考えても不自然ではないという見方だ。理由とされるのは『栄花物語』が記すとおり、一つには一条への思い、そしてもう一つには敦康への思いである。

黒板伸夫氏をはじめ、育ての子敦康に対して彰子が政略を超えた愛情を抱いていたと考える研究者は少なくない。従来の研究では見過ごされがちだった彰子にようやく光が当てられてきた成果といえよう。

振り返れば、彼女は十四歳の時から七年間、敦康の養母を務めた。本書が見てきた限り、その七年は彼女にとって試練の時代だった。一条は、死んだ定子を思い続けていた。定子の妹御匣殿を懐妊させ、彼女が逝って後も彰子のほうを向いたわけではなかった。彰子は表向きにこそ彼の第一のキサキであり、下へも置かぬ扱いをされてはいたものの、自分が懐妊することはなかった。それは一条から普通の妻として扱われる前の、長く孤独な時期だった。そんな時をずっと彼女とともに過ごしたのが、幼い敦康だった。

初めて彰子に預けられた時、敦康は三歳。だが満で言えばわずか一歳と九カ月、やっと上手に「あんよ」ができ、「まんま、ちょうだい」など簡単な会話ができるようになる頃だ。実母の顔はおそらく覚えていない。そんな敦康にとって、母とはまさしく彰子でしかなかっただろう。引き取った日、彰子の藤壺で皆とともに食事をした。着袴の儀式も彰子の御殿で行なった。内裏が焼けた時も同じ場所に避難した。二人はいつも近くにいて、彰子が敦康の髪を撫でたり抱きしめたりしたことも、時にはあったのではないだろうか。

やがて彰子に子が生まれ、以前に比べれば関係は疎遠になってしまった。だが元服の時には、敦康は儀式が終わると真っ先に彰子の部屋に挨拶に行っている。子ども姿から冠姿になった敦康に、彰子は横笛を贈った(『御堂関白記』寛弘七〈一〇一〇〉年七月十七日)。その昔、一条の演奏にそっぽを向き「笛は聴くもの、見るすべなどございませぬ」などと言い返した彰子だったが、一条が笛を愛することはよく知っている。その彼の息子に、横笛を贈った。形ばかりのものと言えるだろうか。道長には想定外のことだったかもしれないが、二人の間に母と子の情に似た心の通い合いができていたことは十分有り得ると、私も考える。

だが、談判は父に反旗を翻すことだった。敦康の立太子で不利益をこうむるのは、実はただ道長ひとりなのだ。敦成が天皇の位に即くとしても、それが四代先、二十年後では彼には意味がない。原則として、成人の天皇には摂政は立てられない。「外祖父摂政」の夢は破れてしまう。いや、それ以前に彼自身の年齢が問題だ。道長はこのとき四十六歳、二十年後に命があるかどうか疑わしい。つまり道長にとって孫敦成の即位は、敦成が元服する前、自分の元気な間のことでなければならない。道長がどうしても敦康を排除し、この時点で孫敦成を擁立しなければならなかった理由は、ここにあった。彰子の涙ながらの説得にも折れる道理がなかった。

彰子にしても、父の一生の夢とそれへの段取りが分かっていなかったはずがない。じゅうぶん承知していて、それでも談判した。彼女にはそれだけ強い思いがあったのだ。『栄花物語』によれば、彰子はこの後も後継選びの機会のたびに、道長に敦康擁立を申し入れたという（巻十二・十三）。だがそれは入れられなかった。一条の皇統は結局彰子の二人の息子が継ぐことになり、敦康は寛仁二（一〇一八）年、失意のうちにわずか二十歳の若さで亡くなった（『日本紀略』同年十二月十七日）。

しかし、彰子はそれでも諦めなかった。何とそれから二十年近くを経た長暦元（一〇三七）年、帝の座にいた自らの次男敦良（後朱雀天皇）に、敦康の遺した娘を入内させたのだ。彼女は愛され、中宮となって二人の皇女を産んだ。そのうち次女の禖子内親王は勅撰集にも歌の入る歌人で、サロンの華麗な歌合わせや物語制作など、国文学の世界ではよく知られる。定子の血が遠く及んでいると見るのは先入観ゆえだろうか。ともあれ、一条が愛し、自らが育てた敦康の血を皇統に入れる、それは彰子自身の切実な願いだった。

## 一条朝の終わり

譲位は六月十三日に行なわれた。容態はこの日一段と悪化し、そのため儀式は前帝不参加という異例の形で行なわれた。「皇太子に定まりましたまへる居貞親王に、天日嗣を授けたまふ。敦成親王を立てて、皇太子と定めたまふ」。宣命使《せんみょうし》が譲位の詔を読み上げ、新帝が謝辞を述べる。おごそかに儀式は進んだ。こうして一条の時代は二十五年の幕を閉じてゆくのだ。ところが儀式が終わりに近づいた頃、急報に一座は騒然となった。一条の具合が急変、危急の状態という。高僧が加持に駆けつけた（『日本紀略』『御堂関白記』『権記』同日）。

病は一進一退を続け、十五日には一条は時たま「たはごと」を口にするようになった（『御堂関白記』同日）。意識の朦朧《もうろう》とするなか、どんなうわごとを語ったのだろうか。『栄花物語』（巻九）によれば、彰子は片時も傍を離れず、また敦康も、一条が発病してからずっとつききりで介抱に当たっていた。

いっぽう道長は、一条の見舞いをこなすかたわら、新帝や東宮や院の御所やと忙しく飛び回って諸事万端を運んだ。夢の実現がすぐそこに見えてきた彼を、『栄花物語』は「あきれるほどの御幸運」と表現している。確かに十六年前、あの長徳元（九九五）年の疫病流行以前の、長兄道隆も次兄道兼も元気な時に、誰がこの道長という摂関家末弟の天下取りを予想しただろうか。彼こそは稀有な幸運で登りつめた平安朝のシンデレラボーイだった。

だが思い返せば、彼をここに至らしめたのは一条なのだ。『古事談《こじだん》』は記す。

一条院崩御の後、遺品の手箱の中の反古《ほご》紙を道長殿が御覧になっていたところ、中に、

叢蘭《そうらん》茂らんと欲するに秋風破りて吹く

王事（王者）章《あき》らかならんと欲するに讒臣《ざんしん》国を乱す

草や蘭は茂ろうとするのに秋風が痛めつける。
王者は公明正大にしようとするのに邪臣が国を乱す。

と書かれた物があった。殿は「私のことを思ってお書きになったのだ」と見て破り捨てられたという。

（『古事談』巻一の三十三による）

故一条の遺した告発を道長が握りつぶすという、劇的な説話である。だが事実とは考えにくい。この句は一条の作ではなく、唐の太宗による『帝範』、つまり帝王学の基本書の有名な一節である。帝がこの書を読みこの一節を書き写すのは普通のことで、底意を読み取るべきではない。何より史実では一条と道長は敵対関係になく、執政上のパートナーだった。

とはいえ、こうした説話が生まれる素地は確かにあった。若い日の一条は、何度も道長に理不尽を強いられ、そのたびに自分を抑えた。定子をいじめられても無理に彰子を立后させられても、道長と決裂しなかった。彼の政務執行能力を信頼し、彼と組むことが国の安定のため最良の策だと信じたからだ。一条が耐え忍んだからこそ、藤原道長は御堂関白となったといえる。道長が世に知られる和歌「この世をば我世とぞ思ふ望月の欠けたることもなしと思へば」を詠むのはこの七年後、寛仁二（一〇一八）年のことである（『小右記』同年十月十六日）。

## 出家と詠歌

六月十九日朝、一条は自ら望んで出家した。高僧たちが儀式を執り行なう中、道長は自ら、一条の髪を洗う役を務めた。清められた髪を役僧が剃り落とすと、禿頭《とくとう》に対して病床で伸びっぱなしの無精髭が目立ち、一条の顔をまるで邪悪なものの仮面のように見せた。行成は腹立たしく思った。髭をまずきれいに剃るのが当たり前だろう（『権記』『御堂関白記』同日）。たとえ短時間でも、一条の最期の姿が醜くなることは、彼には無念だったのだ。

二十日からは危篤状態が続き、二十一日、一条は行成を枕元に呼んだ。


お呼びなので近くに参って、飲み物を差し上げた。院はおっしゃった。

「とても、嬉しい」

さらに傍にお呼びになり、

「これは……生きているのか？」

そうおっしゃるご様子は、もう尋常ではないようだった。


（『権記』寛弘八年六月二十一日による）

もはや誰の目にも、覚悟すべき時が迫っていた。夜半、一条は目を覚ました。そして一首の歌を詠んだ。院が体を起こされると、控えていた中宮はさらに几帳の下に身を寄せられた。院は仰せになった。

露の身の草の宿りに君を置きて　塵を出でぬることをこそ思へ

人という露のようにはかない身の住《す》み処《か》である、草のようにはかない俗世にあなたを置き去りにして、私は一人俗界を離れてしまった。それが気がかりでならない。

そうして横になると、意識を失われた。見守る者たちはみな雨のごとく涙を流した。

（『御堂関白記』寛弘八年六月二十一日による）

彼の遺志を伝える最後の言葉となったこの歌は、現在五つの史料と作品によって伝えられている。ところがそのすべてにおいて、歌句がみな少しずつ違っている。大方共通するのは「露の身の」「の宿りに君を置きて」「出でぬること」の三箇所に過ぎない。その最も大きな理由は、はっきり聞き取れたのがこれだけだったということだろう。一条は衰弱しきっていた。まさに虫の息のもとで、だがそれでもこの歌を詠みおきたいと願ったのだ。

## 行成の思い

道長の日記では、歌は枕元に寄った彰子に向けて詠まれたように読める。しかし行成はそうは受け取らなかった。

亥の刻（午後十時前後）頃、帝はしばらく起き上がり、歌を詠まれた。

露の身の風の宿りに君を置きて　塵を出でぬることぞ悲しき

人という露のようにはかない身の、風にさらされ吹き散らされそうな無常の世、そのような俗人の宿世《すくせ》にあなたを置き去りにして、私は一人俗界を離れてしまった。そのことが悲しい。

この歌のお志は皇后に寄せたものだ。だがその意味は、はっきりとは分かりにくい。その場の人々は公卿も臣下も男女も僧俗もなく皆が涙を流した。

（『権記』寛弘八年六月二十一日による）

行成がここで「皇后」と呼ぶのは彰子のことではない。定子のことである。定子が崩御して以来、『権記』は定子を呼ぶときにしかこの呼び名を使っていない。行成はこの歌を、一条から故皇后定子への歌と感じたのだ。無論、定子はすでに亡くなっており、俗世に残ってなどいない。だからこそ彼自身も「意味ははっきりとは分かりにくい」と言っている。だがそう言いつつも定子への歌と聞き取ってしまう理由が、行成にはあったのだ。

死を覚悟した人の歌では、「露の身」はほとんどの場合自分の命を喩えるものになる。ところが一条の歌は「露の身の」で始まりながら、その住み処に「君を置きて」と詠んでいる。「露の身」は自分のことではなく「君」のことなのだ。では「君」とは誰か？　おそらく行成の脳裏に浮かんだのは、十一年前、定子が詠み置いて逝った辞世だった。

煙とも雲ともならぬ身なりとも　草葉の露をそれと眺めよ

私の身は、煙となって空に上がることも、そこで雲になることもありません。でも、どうぞ草の葉におりた露を、私と思って見てください。

（『栄花物語』巻七）

「草葉に下りた露」。定子は自分をそう言っていた。ならば一条の歌の「君」とは定子、この歌は十一年を隔てていま定子に詠む返歌なのではないか。行成はそう思ったのだ。

一条の歌は、「君」を俗世に置いて出家する悲しさを詠んでいる。確かに定子は俗世の人だった。長徳の政変で一度は出家したはずなのに、ほかならぬ一条が俗界に引き戻したのだ。定子が死んだ日、自分が日記に「還俗」と書きとったことも、行成の脳裏にはあったのかもしれない。また、彼女は出産で死んだ。俗信では、産褥《さんじょく》死の女性の魂は往生しないという。定子は露となり風にさらされて今もこの世にいる。そうさせた原因の一端は、一条にあると言えなくもない。ところがそれをおいて、一条自身は往生を求め、出家をとげてしまった。定子に対して済まないことに違いない。だから一条は「悲しい」のだ。行成はそう感じたのではないだろうか。

思えば彼自身、長徳元（九九五）年に蔵人頭に取り立てられて以来、幾度となく定子のもとを訪ね、その人柄に触れた。清少納言とも楽しい言葉を交わした。だが彰子が入内すると、彰子を后にすべきと進言したのは行成だった。また定子の遺した敦康に最も近く仕え、一条からも信頼されながら、その立太子を断念させたのも行成だった。あるいは、だからこそ、一条の最期の歌を定子に向けたものだと信ずることが、一条と定子に対する、行成の最後の忠誠心だったのかもしれない。

真実としては、この歌は誰にあてたものだったのだろうか。それは一条にしか分からない。最早、永久に知ることのできないことだ。そっとしておいたほうがよいという気もする。

ただ、この歌を詠む彼の肉声を最も近い距離で聞いたのは、彰子である。病床のかたわらに立てられた几帳のもとににじり寄り、起き上がった一条の顔におそらく自分の耳を近づけて、一言も聞き漏らすまいとして彼女は聞いたのだ。今に残る一条の歌には、定子に詠んだ歌や元子に詠んだ歌は伝わっている。だが不思議なことに、彰子に詠んだとされる歌はこれ以外伝えられない。生涯一度も歌を贈られなかったなどとは考えにくいが、ともに暮らすことの多かった二人は文を交わす機会にとぼしく、歌が残りにくかったということはあろう。「あなたをおいてゆくのがつらい」。最期に一条の口から聞き取ったこの言葉を、彰子は紛れもなく自分の人生への言葉として受けとめた、私はそう考えている。だからこそ、その後の彼女の生き方があるのだと思う。

一条は、六月二十二日正午頃、崩御した。享年三十二歳。不思議なことにこの日付は、この物語が始まった、あの日の日付と同じである。夜半、清涼殿の藤壺の上の御局の戸を静かにあけて、花山天皇が内裏を抜け出した、あの日にすべてが始まったのだ。治世は二十五年。終わってみれば、聖代と崇められた御世だった。

## 陵墓と哀傷

一条は七月八日夜半、茶毘《だび》に付された。この夜、空には不祥の雲がかかり、二つの人魂《ひとだま》が目撃されたという（『権記』寛弘八年七月九日）。また敦康邸に詰めていたある人物は、火葬場と同じ北西を指して飛んでゆく人魂を見たという（『権記』同年七月二十日）。葬送の方法についても、問題があった。本人が土葬を望んでいたのを道長が忘れていて、ちょうど茶毘が終わった時に思い出したというのである（『権記』同年七月二十日）。土葬は、一条が憧れた延喜・天暦の帝、醍醐天皇と村上天皇がともに付せられた葬送法である。道長は生前の一条から意向を聞いていた。それを本当に忘れていたのか、それともわざと土葬しなかったのか、もしそうならなぜなのか。今はまだ分からない。今後の研究を待つしかない。

遺骨は二十日には鹿ヶ谷《ししがたに》円成寺に納められたが、九年後、本人の生前の遺志に随って、父円融の火葬塚近くに遷《うつ》された。現在「一条天皇陵」とされているのは、その推定地である。石庭で知られる竜安寺の裏、せせらぎを聞きながら林間の道をほんのしばらく登った所に、堀河天皇と合祀の形でそれはある。眼下に京都市内が一望できる清々しい場所だ。目をやると、定子の鳥辺野陵がある東山連山を、遥か遠くに、しかし確かに望むことができる。

彰子は長く悲しみから立ち直れなかった。無邪気な敦成を見ては涙が流れ、主のいなくなった玉座を見ては胸がつまって、何首もの歌を詠んだ。一年近くが過ぎても心は癒えず、道長が泣いて心配するほどだった(『小右記』長和元年六月九日)。

そんなある日、彰子は夢にかすかに一条を見た。目覚めて彼女はこう詠んだ。

一条院かくれたまひにければ、その御ことをのみ恋ひ嘆き給ひて、夢にほのかに見え給ひければ
逢ふことも今はなきねの夢ならで　いつかは君をまたは見るべき

一条院がお亡くなりになったので、ただ院のことだけを恋い慕って嘆いていたところ、夢にぼんや

りと出てきてくださったので
あなたに逢うことも、今はない。だから泣き寝入りで眠る、その夢以外に、いつまたあなたを見ることができるのでしょう。もう、それはできないのですね。
（『新古今和歌集』哀傷 811 上東門院〈彰子〉）

明け方の夢だった。詠んで彰子は、涙をこらえることができなかったという（『栄花物語』巻十）。

## 人々のその後

一条の死から二年後の長和二（一〇一三）年。例のご意見番、時に五十七歳の実資は日記にこう記した。

昨夜、養子の資平を密かに皇太后彰子様のもとに遣わし、東宮敦成様がご病気なのに休暇中でお見舞いできなかったとの旨、挨拶させた。資平は今朝方帰って報告した。

「夕べ彰子様のところで逢った女房ですが」

現越後の守藤原為時の娘（紫式部）だ。私は前々からもこの女房を彰子様への諸事伝言係にしてきた。

「彼女が言うには『東宮のご病気は重くはありませんが、まだ完全にご回復ではございません、少しお熱がおありです。それから道長様もすこしだけ具合が悪くていらっしゃいます』ということです」
（『小右記』同年五月二十五日による）

紫式部は彰子に仕え続けていた。道長に対してさえも辛口な実資の信頼を得、彼から彰子へのたびたびの、また秘密の言上なども受け付ける、最前線の実務女房として生きていた。

今井源衛氏は、式部は一条朝末年に『源氏物語』を宇治十帖まで書き終え、なすべきことをすべてなした虚脱感の中で、仏道に惹かれていったと想像されている。それでもすぐに宮廷を去らなかったのは、彰子への愛情と尊敬によるとされる（『紫式部』）。『源氏物語』の完成時期には諸説があるが、今のところすべて推測の域を出ない。だがその多くの部分は、紫式部が宮廷に出仕し、彰子と出会ってから執筆された可能性が高い。彰子の後援とともに、その人生が紫式部に教示したことも多かっただろう。北山茂夫氏は、一条没後の紫式部について「一寡婦としての彰子の生き方の中に、摂関家の女の運命を考えつづけたはずである」と想像される（『藤原道長』）。史料上、式部らしき姿は寛仁三（一〇一九）年まで確認することができる（『小右記』同年正月五日）。

最晩年の式部は宮仕えから身を引き、実家で静かに暮らしていたと思われる。自撰家集『紫式部集』は、そのころ編集されたものと思しい。それは次の二首で終わっている。

ふればかく憂さのみまさる世を知らで　荒れたる庭に積もる白雪

生き永らえればこんなにつらさばかりが募る世の中とも知らないで、荒れ果てた我が家の庭に降り立ち、積もる白雪。思えば、人もみな最初はこのように無垢なのだ。

いづくとも身をやるかたの知られねば　憂しと見つつも永らふるかな
（『紫式部集』113）

現実を生きざるを得ない身、どこへ行こうと気の晴れるところなど分からないから、憂いに満ちたものと分かりつつも、こうして生き永らえていることよ。
（『紫式部集』114）

「世」そして「身」。誰にとっても憂いばかりの現実と、それを生きる人間とを、紫式部は見つめ続けていた。人は何も知らず生まれ、人生の海に乗り出し、やがてそこにある苦悩と悲哀を知る。だがそれでも、人は生き続けるしかない。初雪が積もる庭を眺めながら、そんな感慨にふけったのだ。彼女が最後に辿り着いた思いは、人生への諦念だったのだろうか、それとも達観だったのだろうか。

清少納言は都にいた。

清少納言が月の輪にかへり住む頃
ありつつも雲間にすめる月のはを　いくよながめて行き帰るらん

　清少納言が月の輪の山荘に帰って夫と住みだした頃

空にありつつ雲の切れ間に澄んだ光を見せる月。あなたがいた宮中も「雲」の上と申しますね。そこに住む月を幾夜……幾代眺めて、一度離れた「月の輪」の地へと帰ってきたのですか。（『公任集』539）

藤原公任が清少納言に贈った歌である。月の輪は、清少納言の元夫の藤原棟世が山荘を持っていた地と考えられている。三田村雅子氏はこの歌を、宮仕えに憧れて歳の離れた棟世の下を飛び出した清少納言が、何年も経って結局は復縁したことを公任がからかったもの、と解釈される（「月の輪山荘私考――「清少納言」への疑問――」『枕草子　表現の論理』）。清少納言は四十歳前後、夫はもう七十を超えていたと思われ、貴族社会の小さな噂になったのだろう。清少納言は歌を受け取ってもしばらく返事をしなかった。さすがにむっとしたのだろう。

月の輪という地名は今も京都市東山区に残っていて、地内の門跡寺院泉涌寺の境内には清少納言の「夜をこめて」の歌碑がささやかに置かれている。先にも触れたが、説話の世界では清少納言は晩年落ちぶれたとされ、田舎に下って菜を干しながら「宮廷の殿方のなほし（直衣）姿よ」と思い出にふけったり（『無名草《むみょうぞう》子《し》』）、刃傷沙汰に巻き込まれ、相手に女性だと示して難を逃れるために陰部を見せたり（『古事談』巻二の五十七）など、ひどい話もある。だが事実としては、晩年はこの月の輪か、あるいは亡父清原元輔《もとすけ》の遺した京中の邸宅で暮らしたと思われる。元輔邸では隣人が、学者大江匡衡の妻にして彰子の女房、『栄花物語』正編の作者ともされる赤染衛門だった。大雪の日に、二軒を隔てる垣根が倒れてしまったという歌が残っている（『赤染衛門集』158）。

また清少納言は、和泉式部とも文通していた。平安随一の女流歌人にして『和泉式部日記』の主人公でもある恋多き女性で、やはりこの時期を彩った才女の一人だ。和泉式部は寛弘六（一〇〇九）年頃から彰子に仕えたが、清少納言との歌のやりとりは、互いの男性関係をからかいあったり、清少納言から海苔《のり》を贈ったりと親密である（『和泉式部集』538〜541）。

清少納言には明るく元気というイメージがあるが、今に残る家集『清少納言集』には、意外にも老いの悲しみや恋の涙を詠むなどしみじみした歌が多い。逆境の中でこそ笑いを、という『枕草子』の姿勢は、本当はもろい清少納言自身がことさらに気丈であろうとしてとったものだったのかもしれない。ともあれ赤染衛門や和泉式部とのやりとりからは、友人の多い晩年だったと想像される。

## 彰子のその後

彰子はどうしていただろう。彼女は平安時代には珍しい、実に八十七歳という長寿を生ききった。一条が死んだ時はまだ二十四歳。名実ともに、その人生の本番は一条が死んでから始まったと言っても過言ではない。

実は、彼女は見違えるような変貌を遂げた。権力の中枢に座し、女院「上東門院」として世に君臨するに至るのだ。『紫式部日記』が記していた臆病な彰子、女房に指図一つできない彰子は、後年の彼女からは考えられない。だがその人生の原点は一条との十二年の生活にあった、そして転機は行成に書きとどめられた父への怨みの一件だったと、私は考えている。その当否はともかくとして、史料を見よう。彰子が変化し、それをはっきりと世の中への行動に示すようになったのは、一条の死後二年近く経った頃からのことだった。

その日は、道長の主催で宴が催されるはずだった。彰子の住む枇杷殿を会場に、客に酒肴を持ち寄らせる「一種《いっす》物《もの》」という宴会が計画され、道長自身が公卿や殿上人たちを招いたのである。ところが当日、客たちがめいめいの酒肴を提げて行くと、宴会は中止だという。実資の養子資平が彰子の弟頼通に聞くと、彰子が許さないのだという。頼通は父邸と彰子邸の間をこの日三度も往復し、それでも宴会が中止になったのだから、彰子が頑として譲らず、枇杷殿を父に使わせなかったと分かる。彰子付き女房によれば、彰子は次のように言ったという。

最近、中宮（三条帝のキサキで彰子の妹の妍子）が頻繁に宴会を開いているので、公卿たちは困っているのではないでしょうか。私にはいま月もなく花もなく、心は事に触れて夫を悼み悲しむばかりです。公卿たちには必ずや腹に据えかねる思いがあるでしょうし、これで私が宴会をしたのでは、妹の繰り返しになってしまいます。

貴族たちは、お父様が宴席にいる間は酒や肴でご機嫌をとるでしょうが、ひっこんでしまえば悪口を言うでしょう。ましてお父様の死後はどうなるか、容易に想像がつきます。

連日の宴会で、人々は負担を強いられ疲弊しています。今考えるに、実に無益なことであり、中止するのが最も適切と思います。

（『小右記』長和二〈一〇一三〉年二月二十五日による）

一条は生前何度も贅沢禁止令を出し、道長も当時はそれに従っていた。だが三条の時代になるや、彼は天皇に非協力の態度を取り、あからさまに贅沢を行なった。そのため世の雰囲気は一気に派手になった。それに拍車をかけたのが、彰子の妹妍子の贅沢好きだった。彰子が指摘するとおり、彼女の主催する宴会はこの正月以来の二カ月間に限っても、既に四度になる。招かれたほうも空手では行けず、貴族たちはそのつど料理や菓子を持参した。特に右で彰子の中止した「一種物」とはホストでなく客が酒食を持ち寄る形式の宴会なので、貴族の負担はさらに重かった。彰子はそうした貴族たちの心に配慮し、自らの邸宅を父に使わせず、宴を中止に持ち込んだのである。

この日道長は「気分が悪い」と貴族たちの前に姿を現さず、いっぽう貴族たちは喜んで彰子の措置に従った。資平から一部始終を聞いた実資は、「賢后と申すべし。感あり感あり」と手放しで彰子を称えている。

ここで大切なのは、彰子が饗宴自体を嫌ったわけではないということだ。別の機会には、自ら豪華な宴を催し貴族たちを招くこともしている。服藤早苗氏が「貴族を招き政治的結集を謀る饗宴そのものを彰子はむしろ積極的に活用した」（「宴と彰子――一種物と地火炉――」）とされるのは慧眼《けいがん》である。彰子は貴族たちに負担となる宴会はやめ、そうでない宴会は開いて、人心を掌握したのだ。

貴族たちに対して彼女がとったのは、自ら貴族たちのつぶやきに耳を澄まし、彼らの不満を解消し、彼らと協調しようとする姿勢である。これは一条の方法だった。彰子の原点に一条との十二年があると私が考えたのは、このためである。

## 権威としての人生

一条が死んで五年後の長和五（一〇一六）年、彰子の息子敦成が即位した。後一条天皇である。秋の新嘗《にいなめ》祭《さい》は一代一度の大嘗会《だいじょうえ》として大々的に開催された。

帝が賀茂川で潔斎なさる「御禊《ごけい》」の日となった。先例にならわず諸事万端が一新され、殿方・公達の馬や鞍、弓や矢筒の飾りに至るまで特別である。選ばれて女御の代わりを務められる女御代の役には、道長殿の明子腹の姫君寛子様があたった。その車からは、収まりきらぬ装束の袖口が外にこぼれ出て、何枚を重ね着したとも数え切れぬ豪華さで輝いている。帝が御幼少なので、輿には彰子皇太后が同乗なさる。何とも描きようのない素晴らしさだ。

（『栄花物語』巻十二による）

行列に同行する近衛大将は、左大将が彰子の弟頼通、右大将は例の実資。二十五歳の若い頼通に負けず六十歳の実資はかくしゃくとし、微笑をたたえて馬を歩かせたという。道長の倫子腹の次男教通と明子腹の長男頼宗はともに衛門府の長官で、華麗な武官姿にみずみずしい若さを匂わせてゆく。女房たちの車が四、五十台も続く。右大臣、内大臣も馬で行く。すべての行列の最後を行くのは、貴族の中では一人だけ牛車に乗った道長だった。選りすぐりの美形ばかり三、四十人を供とし、摂政ゆえに許される十人にさらに異例の二人を加えた十二人の警護騎馬隊を前に立て、大声で先払いをさせながら、彼の牛車は進んだ。それは彼の栄花の実現を人々の目に見せ付ける光景だった。

だが、彰子はその父さえ及びもつかない場所、鳳輦《ほうれん》の上にいた。母が帝と同乗するのは、一条の大嘗会に一条の母詮子が同乗した例にならっている。それはちょうど三十年前、一条は七歳だった。いま敦成は九歳である。息子を抱きながら彰子は、父を含め貴族官人のすべてを見下ろす位置にいた。それは、これから天皇の母として権力の一角を担ってゆく彰子の人生を象徴するかのようだった。

敦成が後一条天皇となって二年目、三条天皇の長男で東宮だった敦明《あつあきら》が東宮の位を返上した。『大鏡』は道長の圧力に屈したともいうが、史料に従う限り、自発的に位を降りたというほうが事実に近いと考えられている。もとより人望がなく、何度も乱闘事件を起こすなど、政治向きでない性格でもあった。新東宮は彰子の下《した》の息子敦良となった。後の後朱雀天皇である。冷泉・円融兄弟に始まった両統迭立状態はこれで終わった。一条の皇統が残ったのだ。

天皇と東宮を擁した彰子を『大鏡』は「天下第一の母」（「道長」）と呼ぶ。後一条の治世は足かけ二十一年、後朱雀は十年。彰子は息子たちを後見し、父を、また父を継いで摂政・関白となった弟頼通を支え、積極的に政治に介入した。その間、万寿三（一〇二六）年、出家し法名「清浄覚」となる。と同時に、通常は天皇経験者に与えられる称号「院」を授けられて、その後の彰子は「上東門院」と呼ばれた（『日本紀略』同年正月十九日）。天皇家に血を受けない人間でありながら、当時において人としての地位を極めたのである。

なお、彰子の出家には六人の女房が自主的に随い、同時に尼となった（『左経記《さけいき》』同日）。母や妻や女性としての生き方を捨ててまで彰子に殉ずる道を選ぶ女房を、彰子はこれだけ持ち得たことになる。

長く生きる間には、多くの近しい人の死も看取った。万寿二年、末の妹嬉子が死んだ。彰子より二十歳近く年下の十九歳、彰子の次男敦良（当時十七歳）に嫁しており、東宮妃として男子を出産した二日後の死であった（『日本紀略』同年八月五日）。『栄花物語』（巻二十六）によれば、嬉子は父道長に男子誕生の感想を求め、父に褒められると、安心したように気分の悪さを告げてそのまま死の床に就いた。最期は号泣する父の腕に抱かれて息を引き取ったという。彰子は妹のこの出産に立ち会ってもいる。翌年の出家は、その死に強く感じるところがあったためとも想像されている。また出家のあくる年、万寿四年にはすぐ下の妹の妍子が亡くなった。三十四歳であった（『日本紀略』同年九月十四日）。お洒落の好きな彼女だったが、最期は虫の息の下で髪を切る仕草をして、父に出家の意志を伝えた。道長は遺髪を捧げ、「一緒に連れて行ってくれ」と泣いたという（『栄花物語』巻二十九）。

その言葉通り、道長も同年十二月四日、他界した。妍子の四十九日に床に就き、十日ほど後には重態となった。彰子は父のために僧百人を動員して『寿命経』を読ませたが、容態は悪化、震えを繰り返し、背中の腫れ物の毒気が腹部に回ったと診断された。治療は及ばず、うめき声をあげながら衰弱して、自らが建立した法成寺阿弥陀堂内で六十二歳の生涯を閉じた。偶然同じ日に行成も急逝した。五十六歳だった（『小右記』十月二十八日・十一月十日・十四日・二十四日・十二月二日・四日）。

息子たちも彰子より先に逝った。後一条は長元九（一〇三六）年、享年二十九歳。また後朱雀は寛徳二

(一〇四五)年、享年三十七歳。後朱雀の後は彼の子の後冷泉が足かけ二十四年間、同じく後三条が五年間、相次いで帝を務めた。そしてそれぞれ、五十歳になる前に世を去った。彼らの時代は、閉塞とも爛熟《らんじゅく》とも、また新制とも評されるが、それは第三者の、あるいは後代の視点から見てのことである。時代がどう遷ろうと、彰子は自らの血を分けた天皇たちを、母としてまた祖母として見守り、見送った。その間も、そしてその後も、摂関家と天皇家を支え、摂関制を見守る存在として彰子は生きた。それは権威であることを自ら引き受けた、長い長い人生だった。彰子の崩御は承保元(一〇七四)年。父と同じ法成寺阿弥陀堂内で、八十七年の天寿を全うした(『百錬抄』同年十月三日)。彼女のひ孫、白河天皇の代のことだった。

その白河によって、間もなく時代は院政期へと遷った。が、彰子にまつわる話は以後も語り継がれた。キサキの入内につけても、出産につけても、彰子の例こそがあやかるべき先例とされて見習われたのだ。摂関家にとってはその黄金時代を築いた女性、天皇家にとっては家長のように君臨した国母として、彰子はなかば伝説のように尊敬され慕われ続けた。

彰子が話したとされる昔語りも、聖典のように伝えられた。その一つに言う。所収の作品は聞き書き『中外抄』、語り手は平安時代の最末期を生きた関白、藤原忠実(一〇七八~一一六二)である。

天皇や摂政・関白は、慈悲の心をもって国を治めなくてはならないものだな。これは私が祖父の故関白師実公(頼通の子)から伺った話だ。
昔祖父に、上東門院(彰子)様がこうおっしゃったという。

「かつて一条院は、寒い夜には、わざと暖かい夜具を脱いでいらっしゃいました。どうしてですかとお聞きすると、『日本国の人民が寒がっているだろうに、私がこうして暖かく居心地よく寝ているのでは、良心が痛むのだ』。そうおっしゃいましたよ」

（『中外抄』上巻四による）

彰子の心の目には、ほほえましいほど真面目な一条の姿がいつまでも焼きついていた、私はそう信じている。

## 参考文献（直接関わるもののみ、本文の内容に従って掲げた）

### 図書


土田直鎮『王朝の貴族』（中公文庫　日本の歴史5、一九七三年）
田中貴子『安倍晴明の一千年「晴明現象」を読む』（講談社選書メチエ、二〇〇三年）
村山修一『日本陰陽道史話』（朝日カルチャーブックス、一九八七年）
高橋昌明『武士の成立　武士像の創出』（東京大学出版会、一九九九年）
倉本一宏『一条天皇』（吉川弘文館　人物叢書、二〇〇三年）
今井源衛『花山院の生涯』（桜楓社、一九七一年）
今井源衛『紫式部』（吉川弘文館　人物叢書、一九六六年）
岩佐美代子『宮廷文学のひそかな楽しみ』（文春新書、二〇〇一年）
角田文衞『日本の女性名』（国書刊行会、二〇〇六年）
北山茂夫『藤原道長』（岩波新書、一九七〇年）
目崎徳衛『貴族社会と古典文化』（吉川弘文館、一九九五年）
大津透『道長と宮廷社会』（講談社　日本の歴史6、二〇〇一年）
吉川真司編『平安京』（吉川弘文館　日本の時代史5、二〇〇二年）
萩谷　朴『紫式部日記全注釈』上下（角川書店、一九七三年）
西山良平『都市平安京』（京都大学学術出版会、二〇〇四年）
枕草子研究会等編『枕草子大事典』（勉誠出版、二〇〇一年）
三田村雅子『枕草子　表現の論理』（有精堂出版、一九九五年）
小森潔『枕草子　逸脱のまなざし』（笠間書院、一九九八年）
小林賢章『アカツキの研究―平安人の時間』（和泉書院、二〇〇三年）

勝浦令子『女の信心―妻が出家した時代』（平凡社選書、一九九五年）
黒板伸夫『藤原行成』（吉川弘文館　人物叢書、一九九四年）
圷美奈子『新しい枕草子論　主題・手法　そして本文』（新典社、二〇〇四年）
服藤早苗『平安王朝社会のジェンダー―家・王権・性愛』（校倉書房、二〇〇五年）
服藤早苗『平安朝　女の生き方―輝いた女性たち』（小学館、二〇〇四年）
加納重文『明月片雲無し　公家日記の世界』（風間書房、二〇〇二年）
藤本勝義『源氏物語の〈物の怪〉―文学と記録の狭間』（笠間書院、一九九四年）
山本淳子『紫式部集論』（和泉書院、二〇〇五年）
伊井春樹編『物語文学の系譜』（世界思想社、一九八六年）
増田繁夫『源氏物語と貴族社会』（吉川弘文館、二〇〇二年）
川口久雄・本朝麗藻を読む会編『本朝麗藻簡注』（勉誠社、一九九三年）
関口力『摂政時代文化史研究』（思文閣出版、二〇〇七年）
後藤昭雄『大江匡衡』（吉川弘文館　人物叢書、二〇〇六年）
藤本一恵『平安中期文学の研究』（桜楓社、一九八六年）
保立道久『平安王朝』（岩波新書、一九九六年）

## 論文

村山修一「日本の陰陽道と安倍晴明」（『国文学解釈と鑑賞』852、二〇〇二年六月）
山下克明「安倍晴明の邸宅とその伝領」（『日本歴史』632、二〇〇一年）
所功「皇位の継承儀礼―『北山抄』を中心に―」（『平安時代の儀礼と歳事』至文堂、一九九四年）
加納重文・檜垣康代・冨谷智子・山本奈津子「触穢考―平安中期の状況」（『講座平安文学論究』11、風間書房、一九九六年）
西山良平「王朝都市と《女性の穢れ》」（『日本女性生活史』1、東京大学出版会、一九九〇年）

島田武彦「萩戸について」（『日本建築学会大会学術講演梗概集（計画系）』、一九七一年）
滝澤貞夫「枕草子『小白河といふ』段試解」（『言語と文芸』98、一九八六年一月）
南波浩「紫式部の意識基体」（『同志社国文学』5・6合併号、一九七一年三月）
藤本宗利「中関白と呼ばれた人―藤原道隆の創ったもの―」（『国語と国文学』79-5、二〇〇二年五月）
安藤太郎「円融院御集と藤原詮子」（『講座平安文学論究』7、風間書房、一九九〇年）
沢田和久「円融朝政治史の一試論」（『日本歴史』648、二〇〇二年五月）
斉藤国治「日本上代の日始の時刻について」（『古代文化』、一九八一年二月）
中島和歌子「枕草子「香炉峰の雪」の段の解釈をめぐって―白詩受容の一端」（『国文学研究ノート』25、一九九一年三月）
中島和歌子「『枕草子』初段「春は曙」の段をめぐって―和漢の融合と、紫の雲の象徴性」（『むらさき』41、武蔵野書院、二〇〇四年十二月）
山本奈津子「藤原道長の性格―その政治的態度についての小考」（『女子大国文』115、一九九四年六月）
藤本勝義「紫式部の越前下向をめぐっての考察」（『青山学院女子短期大学総合文化研究所年報』2、一九九四年十二月）
勝浦令子「尼削ぎ攷―髪型からみた尼の存在形態」（『シリーズ女性と仏教1　尼と尼寺』平凡社、一九八九年）
西口順子「女性の出家と受戒」（『京都女子大学宗教・文化研究所研究紀要』5、一九九一年三月）
栗原弘「平安時代の出家と離婚について」（『日本宗教文化史研究』1巻2号、一九九七年十一月）
福長進「藤原道長の栄華と結婚」（『日本文芸研究』51-4、二〇〇〇年三月）
平林盛得「平安期における一ひじりの考察―皮聖行円について―」（『史潮』、一九六二年四月）
橋本義彦「里内裏沿革考」（『平安時代の歴史と文学　歴史編』吉川弘文館、一九八一年）
柳澤良一「『本朝麗藻』を読む―寛弘二年（一〇〇五）、敦康親王の読書始の儀について―」（『国語国文』59-6、一九九〇年六月）
村井幹子「紫式部日記の比喩表現―「夢のやうに」をめぐって」（『中古文学論攷』7、一九八六年十月）

増田繁夫「紫式部伝研究の現在―渡殿の局、女房としての身分・序列・職階―」(『源氏物語研究集成』15、風間書房、二〇〇一年)
山本淳子「拒絶と順応―女房紫式部への自己陶冶―」(『紫式部の方法』笠間書院、二〇〇二年)
山本淳子「彰子の学び―『紫式部日記』「新楽府」進講の意味―」(『国語国文』76-1、二〇〇七年一月)
大谷雅夫「聞き紛う音」(『文学』、二〇〇二年三・四月)
山本淳子「倫子の不愉快―『紫式部日記』五十日の祝い」(『京都語文』9、二〇〇二年十月)
山本淳子「彰子賛美の真情―『紫式部日記』寛弘五年秋―」(『中古文学』75、二〇〇五年五月)
安藤重和「寛弘五年彰子懐妊中参内への経緯をめぐって―紫式部日記首欠説存疑―」(『平安文学研究』59、一九七八年六月)
山本淳子「「真名書き散らし」ということ」(『国語国文』63-5、一九九四年五月)
野口元大「同時代の読者と受容―『紫式部日記』を視点として」(『源氏物語講座8　源氏物語の本文と受容』勉誠社、一九九二年)
山本淳子「『紫式部日記』清少納言批評の背景」(『古代文化』、二〇〇一年九月)
岡村幸子「平安時代における皇統意識―天皇御物の伝領と関連して―」(『史林』84-4、二〇〇一年七月)
倉本一宏「一条天皇最期の日々」(駒沢女子大学日本文化研究所『日本文化研究』4、二〇〇二年三月)
小坂眞二「古代・中世の占い」(『陰陽道叢書』4、名著出版、一九九三年)
下玉利百合子「試論枕草子の周辺をめぐって―第一皇子　敦康親王(中の三)―」(『平安文学研究』74、一九八五年十二月)
山本淳子「『権記』所載の一条院出離歌について」(『日本文学』、二〇〇六年九月)
服藤早苗「宴と彰子―一種物と地火炉―」(『文化史の構想』吉川弘文館、二〇〇三年)
末松剛「即位式における摂関と母后の登壇」(『日本史研究』447、一九九九年十一月)
高松百香「院政期摂関家と上東門院故実」(『日本史研究』513、二〇〇五年五月)
藤原克己・高橋亨・高田祐彦「《座談会》源氏物語のことばへ」(『文学』、二〇〇六年九・十月)

# あとがき

①女はもともと高貴な血筋であるが、親が亡くなるなどして、ほかに有力な後見もなく、不安定な境遇にある。
②男は、まさに女がそのような境遇にあるがゆえにこそ、世俗的な利害打算から自由な、純粋な愛を流露させる。
③女も、そのような男の愛情が「あはれ」と胸にしみていながら、しかしその男の愛情以外によりすがるもののない境遇にあるだけに、いっそう深刻な愛の不安を経験しつつ、ついに亡くなってしまう。が、その今わの際に、女も男を「あはれ」と思う心情を全面的に流露させる。
④あとに残された男は、女の面影を恋い慕いつつ、尽きることのない悲しみにくれ惑う。
これは、平安文学研究者の藤原克己氏が指摘される、『源氏物語』に描かれる愛のパターンである。氏は、

『源氏物語』では、冒頭の光源氏誕生にまつわる桐壺帝と更衣の物語、第一部・第二部の光源氏と紫の上の物語、そして宇治十帖の薫と宇治の大君の物語と、三度にわたりこの愛の形を反復する方法が取られていると言われる（「《座談会》源氏物語のことばへ」『文学』二〇〇六年九・十月号）。

だが、本書を読了された読者の目には、これは一条天皇と定子の愛情関係そのものとしか見えないのではないだろうか。私も、強くそう感じる。本書を『源氏物語の時代』と名付けた真意は、一つにはそこにある。

本文中でも触れたが、それは一条と定子が『源氏物語』のモデルであったなどということではない。『栄花物語』作者が『源氏物語』によって世界観を揺さぶられたように、『源氏物語』作者紫式部は二人の事件によって精神の最も深い部分を揺さぶられた、ということだ。

紫式部は彼らとほぼ同世代の女性として、彼らの事件を目の当たりにした。そのとき感じたであろうことは、本書から読者が感じられたであろうことと、そう変わるまい。一言で言うなら、人間の愛や執着というものへの果てしない思い、ということだろう。そこに立脚し、大胆を恐れずに夢想してみよう。やがて夫を喪い、実人生に絶望して物語という架空の世界に生き場を見出したとき、紫式部は自らの生んだ人物たちをこの愛の形に投げ込んだ。彼らは、あるいは甘く劇的に、あるいは現実にまみれ、またあるいは愛自体におびえる痛々しさを見せつつ、この愛を生きた。式部はつまり、一条と定子の愛の形を装置として、人の愛執というものを、繰り返し検証しようとした。愛は人をつなぐのか、引き離すのか。癒すのか、傷つけるのか。満たすのか、飢えさせるのか。

とはいえ、これは実証できない。紫式部に尋ねることはできないし、できたとしても正しい答えが返るとは限らない。事件は紫式部の無意識下に作用したとも考えられるからだ。時代が作家に与える影響とはそうしたものだ。

ただ、タイトルの理由はそれだけではない。『源氏物語』は紫式部の彰子への出仕後に長編化された。彰子は最高権力者藤原道長の娘でありながら、むしろそれゆえに夫一条との心の疎隔に苦しみ、努力した。彼女に仕えたことが紫式部の人間観を鋭く深化させたことは間違いない。それもまた人生や愛執というものへの、別の果てしない感慨をかき立てたことだろう。人生とは報われるものなのか。人は何を支えとして、長い孤独を生きるのか。

一条朝に『源氏物語』が誕生したことは偶然ではなかった。一条、定子、彰子、それぞれの試練は、『源氏物語』の精神を形作った原点でもあったと、私は考えている。だからこそ、『源氏物語』を知る一人でも多くの方に、彼らの物語を知っていただきたい。本書はそうした思いで書いた。

それは「はじめに」に記したように、彼らについて書き留めた史料の記主や作品の作者、説話の伝承者たちの末端に自らをつなぐことであった。本編ではできるだけ恣意を抑え、研究者としての節度を超えないことに努めたつもりである。本書に少しでも読者の心をとらえるものがあるならば、それは一条をはじめ総勢百人に余る、個性あふれる登場人物たちの魅力、また彼らを伝えた数えきれぬ人々や研究者の情熱のたまものである。瑕疵があれば、それは著者の至らないところと弁えている。特に、人物史でなく政治史上の一条朝については、日本文学を専門とする私には到底力が及ばない。土田直鎮氏をはじめ「参考文献」に掲げた歴史研究者の方々の御著書を御覧いただければ幸いである。

本書は長い月日をかけ多くの方々の応援を得て上梓に至った。京都大学大学院人間・環境学研究科で薫陶を授けてくださった、島崎健先生、西山良平先生。本書を内容とした講義を受講してくれた、勤務校京都学園大学をはじめ幾つもの大学の学生たち、長期間の講座に熱心に耳を傾けてくださった、金沢の古典文学愛好会の方々、コンソーシアム京都での受講生の方々。日本文学研究者として最初に原稿を読み励ましてくださった出雲路修先生、歴史研究者として最初に御覧くださった服藤早苗先生。服藤先生には、出版に向けてのご尽力をいただいた。また、倉本一宏氏には、ご著書の人物叢書『一条天皇』を通じ、様々なご教導を授かった。

だが、執筆の最初から最後まで最も根気強く背中を押してくれたのは、夫だった。高等学校の日本史教員である彼は、高校生が引き込まれる副読本、物語に読みふけって泣いたり笑ったりしているうちに、自然に歴史や古典の基礎知識が身につくサブテキストを求めていた。彼の厳しいチェックと叱咤激励には、心から感謝している。

そして誰よりも、今この「あとがき」を読んでくださっているあなたに、私はありがとうと言いたい。このささやかな書物が、あなたの心にほのかな灯をともすことを祈っている。

二〇〇七年三月

著者記す

# おもな登場人物の邸宅位置

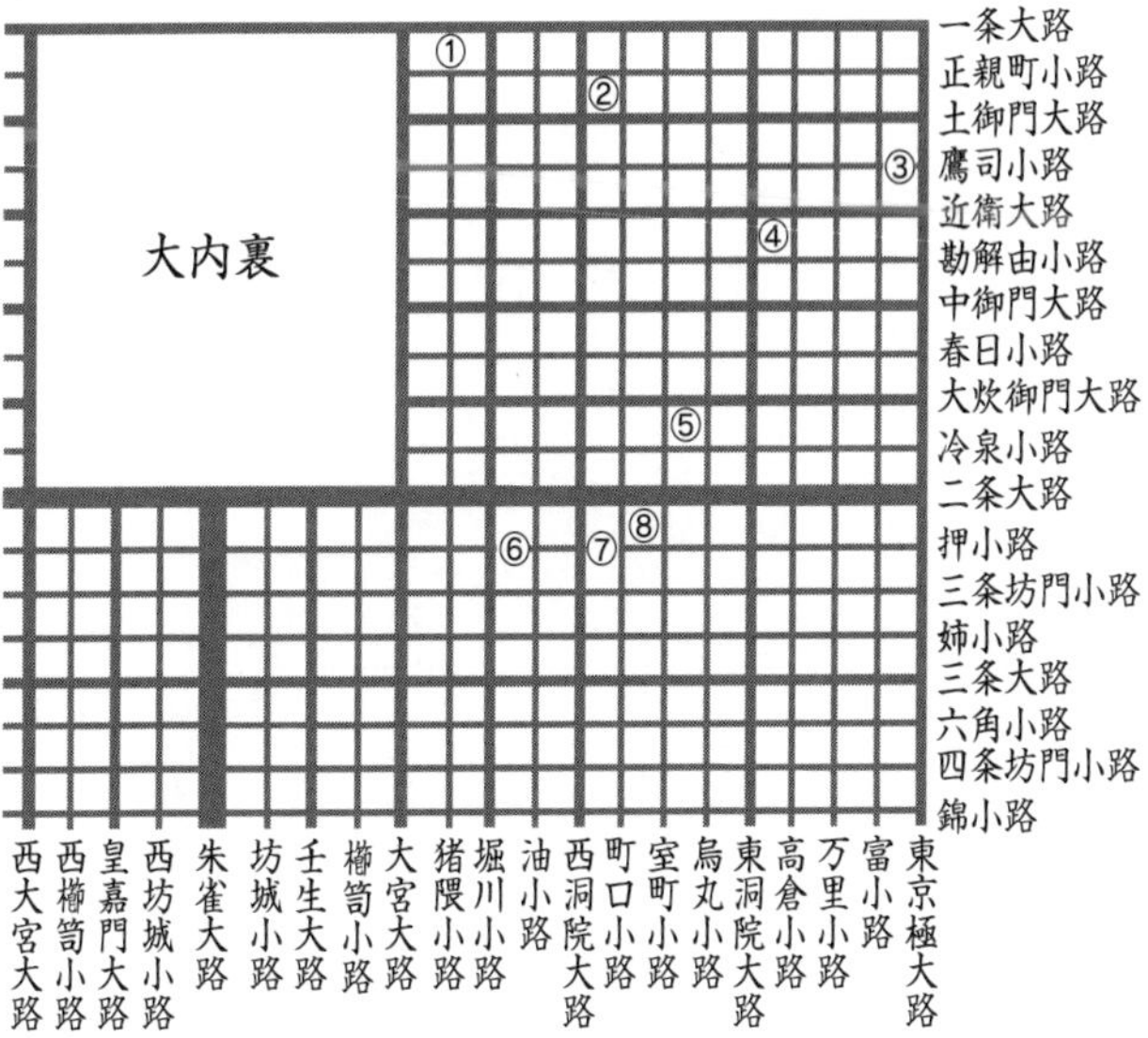


① 一条院
（藤原為光・一条）

② 安倍晴明宅

③ 土御門殿
（藤原道長・彰子）

④ 花山院
（花山）

⑤ 小野宮
（藤原実資）

⑥ 堀河院
（藤原兼通・顕光・元子）

⑦ 東三条殿
（藤原兼家・詮子）

⑧ 二条宮〈北半、二条北宮〉
（藤原道隆・定子）

# 大内裏図（週刊朝日百科51『日本の歴史』〈朝日新聞社〉より）

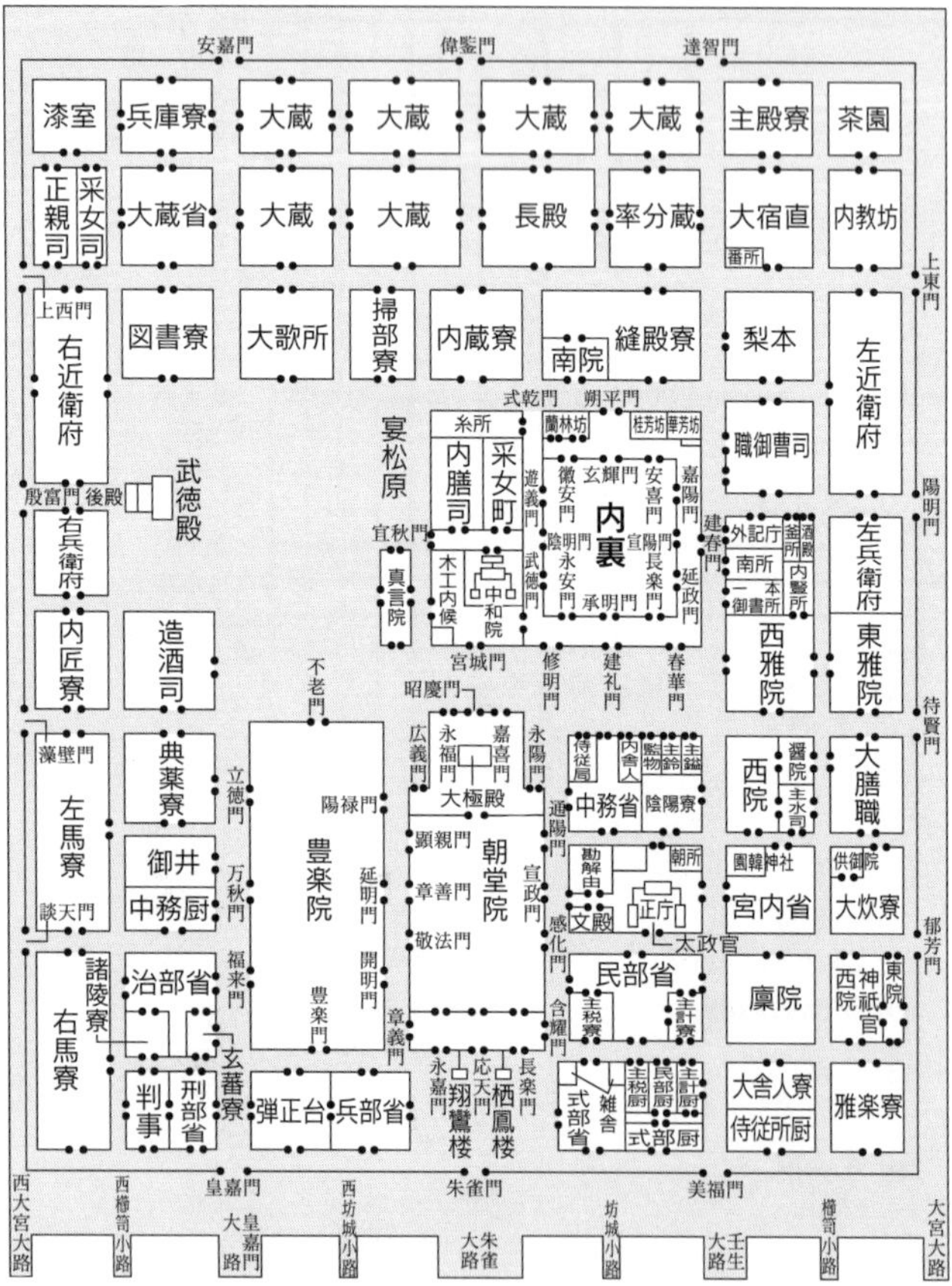

# 清涼殿平面図

（島田武彦氏の説による〈岩佐美代子『宮廷文学のひそかな楽しみ』文春新書から〉）

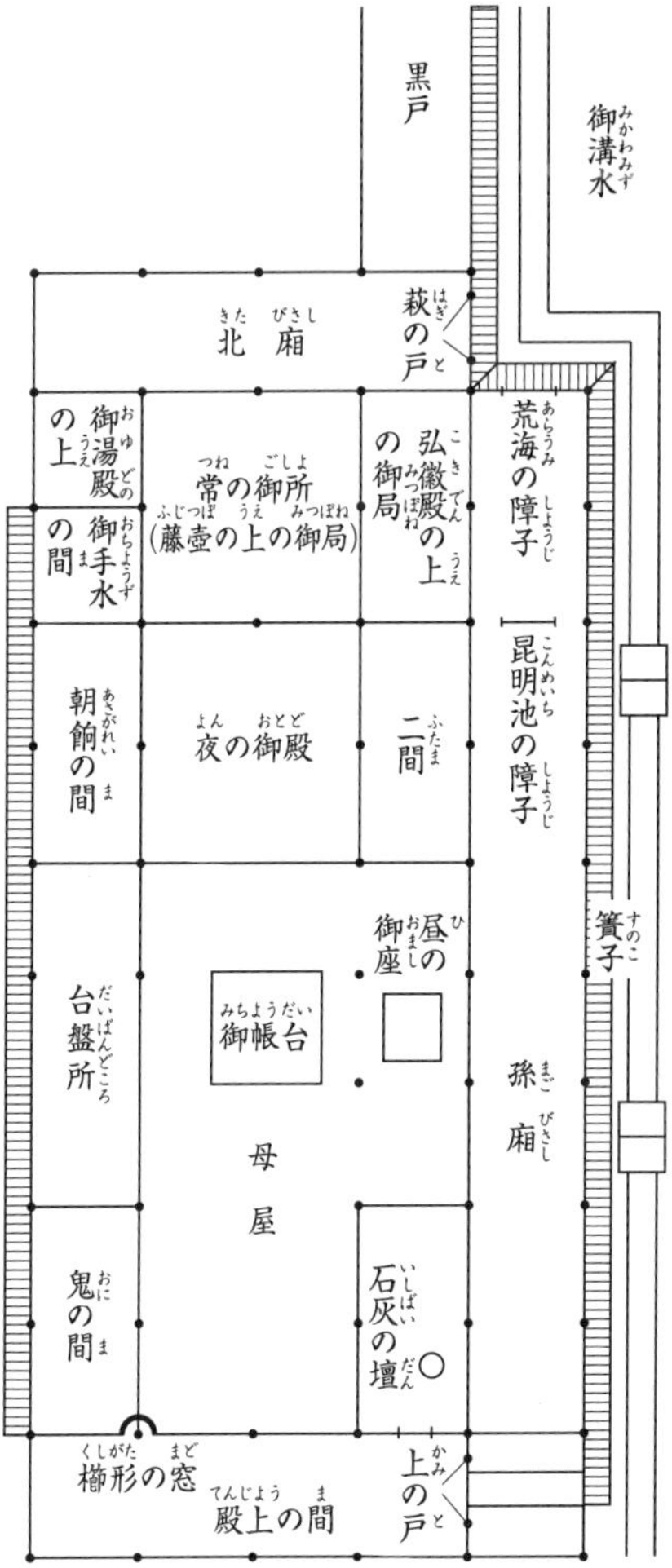

一条退位後に想定可能な皇位継承順（年齢は一〇一〇年当時）

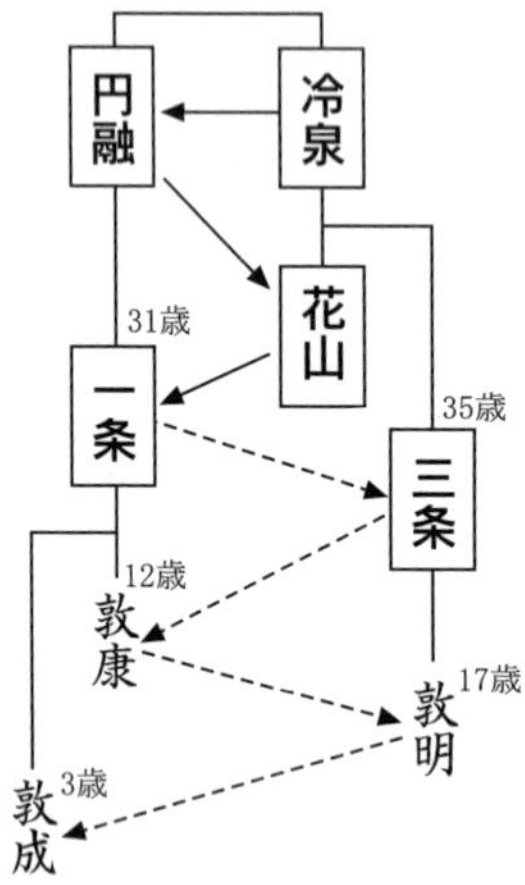

山本淳子（やまもと・じゅんこ）
1960年，金沢市生まれ。京都大学文学部卒業。石川県立図書館加能史料編纂室室員・石川県立金沢辰巳丘高校教諭を経て，1999年，京都大学大学院人間・環境学研究科修了。博士（人間・環境学）。現在，京都学園大学人間文化学部教授。本書で第29回サントリー学芸賞を受賞。そのほかの著書に『紫式部集論』（和泉書院）がある。

朝日選書 820

源氏物語の時代
一条天皇と后たちのものがたり

2007年 4 月25日　第 1 刷発行
2023年 7 月20日　第14刷発行

著者　山本淳子

発行者　宇都宮健太朗

発行所　朝日新聞出版
〒104-8011 東京都中央区築地5-3-2
電話 03-5541-8832（編集）
03-5540-7793（販売）

印刷所　大日本印刷株式会社


Published in Japan by Asahi Shimbun Publications Inc.
ISBN978-4-02-259920-9
定価はカバーに表示してあります。

落丁・乱丁の場合は弊社業務部（電話03-5540-7800）へご連絡ください。
送料弊社負担にてお取り替えいたします。